Peter F. Drucker

管理者，就是把事情做得正确的人
企业家，就是做正确的事情的人

钱 亮◎编著

10分钟读懂 德鲁克

中华工商联合出版社

图书在版编目(CIP)数据

10分钟读懂德鲁克 / 钱亮编著. —北京:中华工商联合出版社,2013.12

ISBN 978-7-5158-0786-7

Ⅰ.①1… Ⅱ.①钱… Ⅲ.①德鲁克,P.F.(1909~2005)–管理学–通俗读物 Ⅳ.①C93-49

中国版本图书馆 CIP 数据核字(2013)第 253380 号

10 分钟读懂德鲁克

作　者:	钱　亮
责任编辑:	吕　莺　李伟伟
装帧设计:	天下书装
责任审读:	李　征
责任印制:	迈致红
出版发行:	中华工商联合出版社有限责任公司
印　刷:	三河市燕春印务有限公司
版　次:	2014 年 2 月第 1 版
印　次:	2024 年 1 月第 2 次印刷
开　本:	710mm×1000 mm　1/16
字　数:	260 千字
印　张:	16
书　号:	ISBN 978-7-5158-0786-7
定　价:	68.00 元

服务热线:010-58301130
销售热线:010-58302813
地址邮编:北京市西城区西环广场 A 座
　　　　　19-20 层,100044
http://www.chgslcbs.cn
E-mail:cicap1202@sina.com(营销中心)
E-mail:gslzbs@sina.com(总编室)

前　言

1954年11月6日，是管理学中一个划时代的日子，彼得·德鲁克在这一天出版了他的《管理的实践》一书。该书的出版标志着管理学作为一门学科的诞生——在此之前，没有一部著作向管理者解释管理，更没有一部著作向管理者传播管理。

很少有人能享有开创一门学科的殊荣，作为公认的"现代管理之父"，德鲁克享此殊荣当之无愧——他从社会、历史的高度，分析组织及组织管理的变迁。这一独特的视角使其避免了一叶遮目的狭隘，从纷繁复杂的社会现象中，准确把握和预测组织发展和管理的变化。

德鲁克先生的渊博知识、深刻思想不仅影响了学术界，也影响了企业界可以说，没有一个著名学者和成功的商界领袖不从他那里汲取养分，这是其他任何一个管理学家都难以企及的。

在过去的60余年里，他的著作、讲座和咨询工作为攻读管理学的学生建立了丰富的宝库，并且为管理者与企业家提供了取之不尽、用之不竭的灵感和相关方法的源泉。

如今，在企业经营与商管顾问领域当中，德鲁克先生依旧是最受人尊敬的学者之一，即便称他为"管理的发明者"也无不可。

阅读德鲁克的著作不难发现，他的文字往往天马行空，各学科的知识信手拈来，互为印证，尤其是他留下的许多语录，同一观点可能受到不同学者的启发，不同观点亦可能受到同一人的启迪。

另鉴于翻译的关系，一些观点难免留有理解上的争鸣——比如德鲁克先生强调用人的关键是"Making Strength Productive"，中文就翻译成"如何发挥人的长处"，似乎也贴切。但中文中，发挥人的长处却是个仁者见仁的事,比如,有的老板喜欢下属服从,于是服从也成了某些人的长处,这显然是有失偏颇的理解。

"Making Strength Productive",严格地翻译,应当叫"有效用人",或者叫让优点创造价值。也就是说,德鲁克强调,人的优点与缺点只有一个标准,那就是是否能为客户创造价值。至于老板或上司喜不喜欢,那并不重要。

为了让现代的管理者,或者是有志成为管理者的青年朋友们,更好、更快、更准确地体会这位大师的管理学思想精要,我们从他的语录出发,带读者在最短的时间内了解德鲁克关于工作、人际沟通、带动生产力、有效管理等各项的思考哲学,帮每一个有志成为管理者的人建立起于实态基础上的思考方式,同时也是成功人生的思考方式——通过本书,你将掌握一流的工作力、交涉力、管理力。

这是一本"活学活用"的书,不管是上班路上还是等待的时间,活用空闲的10分钟,你就能掌握"卓有成效"的管理能力!

目 录 Contents

第一章 **10分钟认识德鲁克——因为他,管理可以变得卓有成效**
.... 1

从1966年出版的《卓有成效的管理者》(The Effective Executive)到2004年在《哈佛商业评论》上发表的《高效经理人为何高效》,都充分体现了他的这一信念,这也解释了为什么他如此地关心管理者的成效。

德鲁克坚信:卓有成效的管理可以提高人类的生活质量。

1.德鲁克对管理的定义 3

2.管理的重心应当是"理"而不是"管" 5

3.管理者最重要的意识是角色意识 8

4.决策智慧是决定管理者成败的关键 14

5.拨开笼罩在战略规划身上的迷思 17

6.执行力是企业管理成败的关键 22

7.不断地、创造性地变通 27

8."卓有成效"是可以学会的 34

9.取得成效的关键是做对事 37

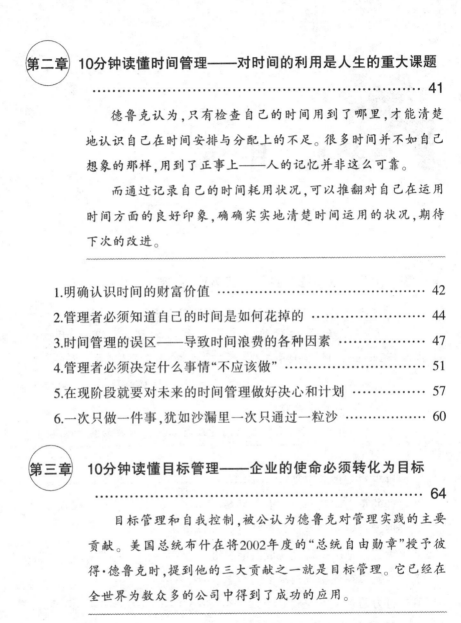

第二章 10分钟读懂时间管理——对时间的利用是人生的重大课题
·············· **41**

　　德鲁克认为,只有检查自己的时间用到了哪里,才能清楚地认识自己在时间安排与分配上的不足。很多时间并不如自己想象的那样,用到了正事上——人的记忆并非这么可靠。

　　而通过记录自己的时间耗用状况,可以推翻对自己在运用时间方面的良好印象,确确实实地清楚时间运用的状况,期待下次的改进。

1.明确认识时间的财富价值 ················ 42

2.管理者必须知道自己的时间是如何花掉的 ········· 44

3.时间管理的误区——导致时间浪费的各种因素 ······· 47

4.管理者必须决定什么事情"不应该做" ··········· 51

5.在现阶段就要对未来的时间管理做好决心和计划 ····· 57

6.一次只做一件事,犹如沙漏里一次只通过一粒沙 ····· 60

第三章 10分钟读懂目标管理——企业的使命必须转化为目标
·············· **64**

　　目标管理和自我控制,被公认为德鲁克对管理实践的主要贡献。美国总统布什在将2002年度的"总统自由勋章"授予彼得·德鲁克时,提到他的三大贡献之一就是目标管理。它已经在全世界为数众多的公司中得到了成功的应用。

1.经营目标是企业的罗盘 ················ 65

2.设定目标一定要采取"有意识"的主动 ·········· 67

3.目标管理和自我控制 ················· 70

4.目标管理的五大原则 ························· 72

5.目标管理要避免"机械化" ··················· 76

6.与下属一起设定客观标准和目标 ············ 81

7.目标管理与绩效考核 ······················· 87

第四章 10分钟读懂愿景管理——企业的愿景如何启动

··· 96

德鲁克指出："使命、愿景和价值观之间的联系可以归纳为：使命是一切的根本，一切源于使命；愿景把使命转变为真正富有意义的预期结果；价值观是以什么样的方式和行动去实现真正富有意义的预期结果。"

1.企业必须思考的三个问题 ··················· 97

2.打造适合自己发展的企业愿景 ·············· 100

3.好的愿景管理应是企业的永动机 ············ 105

4.管理者VS员工的双赢愿景——不是投入，而是奉献 ·········· 107

5.愿景管理的核心环节——"启梦" ············ 111

6.企业愿景与企业文化建设 ·················· 116

7.越是困难时期，越要重视企业文化 ·········· 120

第五章 10分钟读懂团队管理——用人所长，容人所短

··· 128

德鲁克认为，我们应该用人之长，学会容忍员工的缺点。如果一家企业招聘的依据是拥有最少缺点的人，那么招进来的人往往会沦为平庸。

1.因事择人，量才任用 ······················· 129

2.学会容忍员工的缺点 ……………………………………… 133

3.对员工最大的激励就是帮助他们获得业绩 ……………… 138

4.自我管理是管理的最高境界 ……………………………… 141

5.有效沟通是合作的关键 …………………………………… 146

(第六章) **10分钟读懂知识管理——提高知识工作者的生产力**

………………………………………………………… 155

德鲁克从历史的角度断言:21世纪,管理所面临的挑战是如何提高知识工作者的生产力。因为,21世纪知识工作者的总体数量将高于体力劳动者。知识是发达经济中的主要产品,发达国家的绝大多数人口也靠它来维持生计。

1.重新认识"科学管理"——使知识工作更具生产力 ……… 156

2.最宝贵的资产是知识型员工和他们的生产力 …………… 163

3.知识型员工的绩效管理 …………………………………… 165

4.如何打造知识型的组织 …………………………………… 171

5.定制适合知识型员工的激励机制 ………………………… 176

6.使知识型团队发挥最大潜力的手段 ……………………… 180

(第七章) **10分钟读懂领导力——德鲁克的有效领导力模式**

……………………………………………………… 190

德鲁克说:"领导力并不是一种具有磁性魔力的个性……领导力是将一个人的愿景提升到更高层次的视野,是将一个人的绩效提升到更高的标准,将个性推到超越常规局限的地步。"

1.当人们几乎不知道有领导者存在时,这时的领导才是最佳的领导

……………………………………………………… 191

2.如果没有品格和诚信,领导者将一事无成 ……… 195

3.卓有成效的领导者必须清楚的四件事 …………………… 199

4.领导力修炼的关键是以身作则 …………………… 203

5.领导者的价值就是"贡献"和"承诺" …………………… 205

6.导致领导者失败的十大致命错误 …………………… 207

7.领导者与管理者的本质区别 …………………… 209

第八章 **10分钟读懂创新——必不可少的企业家精神**

…………………… 216

创新与企业家精神，一个在企业管理中并不算新鲜的话题，但是德鲁克先生却给我们带来了深邃的理解与洞见，令人回味无穷。

1.创新是体现创业的特定工具 …………………… 217

2.创新就在脚下，值得不断"反刍" …………………… 221

3.创新的成功在于"赢得市场" …………………… 225

4.给创新设立简单明了的目标 …………………… 228

5.有效的创新必须从小事做起 …………………… 231

6.创新的益处远远大于它的风险性 …………………… 237

7.创新原则的另一个方面是禁忌 …………………… 241

第一章

10分钟认识德鲁克

——因为他,管理可以变得卓有成效

从1966年出版的《卓有成效的管理者》(The Effective Executive) 到2004年在《哈佛商业评论》上发表的《高效经理人为何高效》,都充分体现了他的这一信念,这也解释了为什么他如此地关心管理者的成效。

德鲁克坚信:卓有成效的管理可以提高人类的生活质量。

★彼得·德鲁克人物简介

1909年11月19日,出生于维也纳,父亲为奥国财务官员,曾创办萨尔茨堡音乐节,母亲是奥国率先读医科妇女之一。

1938年,父母因反对纳粹,逃往美国,父亲任大学教授,1967年逝世。

1931年,德鲁克获法兰克福法学博士。

1942年,受聘为通用汽车公司顾问。

1946年,出版《公司的概念》,对成功的大企业有细腻而独到的分析。

1954年,出版《管理实践》,奠定大师的地位,并标志着管理学的诞生。

1966年,出版《卓有成效的管理者》,成为经典之作。

1973年,出版《管理:任务、责任、实践》巨著,该书被誉为"管理学"的"圣经"。

德鲁克的著作多达30余本,传播及130多个国家,甚至在苏联、波兰、南斯拉夫、捷克等国也极为畅销。其中最受推崇的是他的原则概念及发明,包括:将管理学开创成为一门学科、目标管理与自我控制是管理哲学、组织的目的是为了创造和满足顾客、企业的基本功能是行销与创新、高层管理者在企业策略中的角色、成效比效率更重要、分权化、民营化、知识工作者的兴起、以知识和资讯为基础的社会。

德鲁克著书和授课未曾间断,自1971年起,一直任教于克莱蒙特大学的彼德·德鲁克管理着研究生院。为纪念其在管理领域的杰出贡献,克莱蒙特大学的管理研究院以他的名字命名。1990年,为提高非营利组织的绩效,由弗朗西斯·赫塞尔本等人发起,以德鲁克的声望,在美国成立了"德鲁克非营利基金会"。该基金会十余年来选拔优秀的非营利组织,举办研讨会、出版教材、书籍及刊物多种,对社会影响巨大。

2002年6月20日,美国总统乔治·W.布什宣布彼得·德鲁克成为当年的"总统自由勋章"的获得者,这是美国公民所能获得的最高荣誉。

1.德鲁克对管理的定义

管理被人们称之为是一门综合艺术——"综合"是因为管理涉及基本原理、自我认知、智慧和领导力;"艺术"是因为管理是实践和应用。

——德鲁克

掌握德鲁克管理思想精髓,要从德鲁克对管理的定义入手。

身为一名管理者,我们首先要弄懂管理是什么、管理为什么。

在德鲁克的管理定义中,他使用了一个关键词:使命。什么是使命呢?使命就是组织存在的原因、组织的目的;为什么做自己所做的事情;多年以后,你希望人们把关于组织的什么铭记在心。关于使命的假设,规定了组织把什么结果看作有意义的,指明了该组织认为它对整个经济和社会应作出何种贡献。

企业的宗旨和使命对于"企业是什么"这个问题,商业界人士典型的回答可能会是:"企业是一种以盈利为目的的组织。"类似的,典型的经济学家可能也会这样回答。但是,这种回答不仅是错误的,而且答非所问,人们不能用利润来说明或界定企业的概念。

有关企业使命及其行为的主导经济理论,即利润最大化——它只不过是用复杂的方式来表述"贱买贵卖"这句老话——也许可以恰如其分地说明理查德·西尔斯(Richard Sears)本人是如何经营的,但却不能说明西尔斯·罗巴克公司(Sears Roebuck)或任何其他企业是如何经营的,也不可能说明应该如何经营企业。事实上,利润最大化这一概念毫无意义,而且,它的危险在于它使营利性变成了企业追逐的唯一目的。

但对社会来讲,利润和利润率还是极为重要的,甚至比对个体企业的意义还要大。可营利性并不是企业和商业活动的最终目的,它只是其中的一个限制性因素。利润不是企业的行为和决策的解释、原因或其合理性的依据,而是对其有效性的一种考察。

德鲁克说的"对外部环境做出贡献",是指任何一个组织都要有社会使命感。一个企业在形成之初可能是源于对利润追求的冲动,但随着企业的诞生,其相应的社会使命也就同时落到了它的肩上,企业不得不思考如何为顾客提供什么样的产品和服务,因为这是企业能否生存和持续发展的根本性思考。

我们曾经为"社会效益"和"经济效益"谁摆在第一位的问题争论不休;在计划经济的年代,曾强调没有充分效益的社会效益,使社会效益成为生产力落后的托词。

而进入市场经济时代,一些企业则扛着经济效益的大旗横扫社会伦理道德,将人和组织推动社会进步和发展的社会使命置之脑后。社会效益要通过经济效益来体现,经济效益是社会效益得以显现的基础,二者共生共存;但是,当社会效益和经济效益发生冲突的时候,就必须存"义"让利,把社会效益放在首位。正如GE总裁韦尔奇所说,当经济效益有悖先进企业价值观念的时候,必须毫不犹豫地放弃对利润的追求。

在企业的经营哲学里一定要有这样的思考:利润是企业对社会奉献的合理回报。追求利润是企业的使命之一,企业可以追逐利润最大化,但不能有唯利是图的思想。

很多人都错误地认为,一个企业的存在只是为了赚钱,实际上,我们应该更深入地寻求我们存在的真正原因。世界知名的药品公司默克的领袖乔治·默克二世曾说:"我们要始终不忘药品旨在救人,不在求利,但利润会随之而来。如果我们记住了这一点,就绝对不会没有利润;我们记得越清楚,利润就越大。"世界基业常青的企业都从为社会做贡献中获得了丰厚的利润,并寻求到了企业存在的根本理由。

企业必须加强企业文化的建设,建立先进的价值观念体系,对企业的社会责任、社会使命进行深入的思考,确立自己的终极目标。企业有了正确的发展方向,才能健康地发展。

世界上那些经久不衰的企业都是有强烈使命感的企业,像默克,"把挽救和改善生命"作为自己所从事事业的使命,中国的海尔则追求"真诚到永远";而一些失败的企业都能够从它们的使命感中找到失败的基因,近年来在我国企业发生的一系列恶性事故,如冠生园变质月饼事件、三聚氰胺事件、矿难等,都是因为经营者只知道攫取利润,缺乏对企业生存哲学的深入思考。

一些企业对企业存在的社会使命感是有所思考、有所认识的,但由于缺乏有效的检查监督管理体系来贯彻这些思想和价值观念,或者是仅仅停留在思想的认识上,当浅薄的思想认识与强大的利益发生矛盾的时候,它们最终还是做了违背社会利益、损害企业利益的事情。

2.管理的重心应当是"理"而不是"管"

有效的管理者都知道,一项决策不是从搜集事实开始的,而是先有自己的见解。

——德鲁克

"管理"是当今社会使用频率最高的一个词汇,但对于"管理"一词的理解则是见仁见智。有人认为管理就是控制之术,一个企业没有控制力,没有权威性,就会成为一盘散沙;有人认为"管"字从官,就是讲上对下的威慑之力、约束之术,下对上的执行之道、服从之理;还有人认为管理就是控制加协调。

那么,管理到底是什么呢?在相关的教科书中大都是这样表述的:管理的职能是预测、计划、组织、协调、指挥、控制、激励;管理的内容是产品研发、生产作业、行销经营、市场竞争、人事组织。普通的老百姓看管理的"职能"和"内容"大都有点蒙,自己身边的领导人和管理者好像没怎么计划、组织、协调,权力之剑一直在头上晃来晃去。

德鲁克表示，管理本来应当是很轻松、很愉快的，是人的欲望把它搞复杂了，人的控制欲和指挥欲把管理的经念歪了。表述管理最合适的英文词汇是Enable——帮助人提高并成功，而不应当是Manage——主管和控制。

他认为，管理的重心应当是"理"，就是让人明理，理顺关系。而不是"管"——控制、约束、指挥。

在具体的管理工作中，我们不难发现，偏重于"管"而不重视"理"的领导和管理者，一般都把个人和部门的权力和控制力看得很重，习惯个人说了算，大事小事都要亲自过问，钟情于人治，忌讳于法治，常常以个人感觉代替制度和规定。仔细考查便会发现，其所辖区域和部门的基础管理薄弱、工作波动大、人员不稳定，尤其是员工缺乏创造性，即使在重压下能出一点业绩，一般也很难持久。

为什么会这样？因为管理的精髓在于"理"。所谓管理的四大功能——计划、组织、协调、控制，前三项都是理，最后一项才是管。

管理说复杂相当复杂，说简单也相当简单。悟透管理真经，其实不外乎是明理安心、理顺安人。

管理的"理"实质是道理和理念的意思。它要求管理者以理服人，让员工明了企业的经营理念、远景目标、发展计划，告诉员工组织的前行方向，让员工知道自己的未来。

同时，这里的"理"也有认同和接受的意义。任何一种目标和理念都必须得到广大员工的认同才具有其存在的空间。如果简单地、强制性地推行个人意志，不仅不利于组织发展，反而会产生负面影响。所以，管理者在发布和推行相关的理念和目标时，首先要了解各阶层的诉求和心态，然后让员工了解和认识公司的意图，从而转换观念、沟通思想、达成共识，最后才是颁布行动的指令。

管理的根本目的是实现企业的战略目标，而企业目标的达成实际上就是全体员工个人目标实现的汇总。企业只有与员工建立起彼此信任和相互沟通的机制，才能使员工在心理上有一个比较正确的定位，这样才有利于企业理念和目标的实现。员工理解并认同了企业的经营理念、远景目标、发展计划之后，自然就能达到明理安心的目标。

管理所谓的"理顺安人"，首先，指理顺企业各级人员的责任关系，也就是要从职责关系上明确企业上上下下的各级人员的角色定位。

总体上讲，上级是制定战略、目标和政策的机构，处于决策的上游；下级是执行部门，是实现上级意图的基础，处于接受命令的下游。管理者的天职就是成为上下之间的桥梁，工作的重心就是理顺上级和下级的决策与执行关系，始终保证上政下达、下情上知，使企业的信息顺畅。

内部有了良好的沟通，有了共同的价值观和行动目标，企业才能成为一个有机的整体，全体员工才能心心相印、步调一致，企业也才能健康成长、快速发展。

其次，"理顺安人"还指理顺企业的管理关系，也就是要建立管理制度、管理体系和工作流程来规范企业的运作。

我们都知道优秀企业的共同特点是"有法可依，有章可循，淡化个人的色彩，突出组织的功能"。若一个企业出现领导和管理者不时大呼小叫的场面，这只能说明该企业组织机制不健全，管理关系不顺。只有在制度或流程被弱化的背景下，"能人"才有机会吆喝，并且一般都是向下吆喝，而不是向下负责。

一句话，优秀的管理者通过理顺制度和流程享受工作的快乐；低水平的管理者手握权力的大棒，在人治的氛围下，在直接指挥的过程中，常常被自己的怒火灼伤。

每一个管理者都希望在快乐的工作中实现自身的价值，但是由于人性的弱点——控制的欲望，又使自己放不下权力，在制度建设和流程管理上常常不会下真功夫，存在叶公好龙的老毛病。因为制度不仅约束了下属，也限制了领导的自由量裁权，令其不能随心所欲。

如果企业领导和管理者走不出个人权力自恋的圈子，制度化的大厦便只能是空中楼阁。俗话说："舍得，首先是舍，然后才能得。"当我们从内心把"管"字放下，"理"字自然就有了立足之地。

最后,指理顺企业人与物的关系,理顺人与其他机构的关系,保证企业内部资源的优化配置。企业管理是对资源的管理,管理者的重要任务就是把企业有限的资源投入到最有效的项目上。

具体而言,管理者在理顺了业务部门的经营思路和增长模式后,不应当过多干涉下属部门的操作业务,而应当向上研究政策、争取资源,为业务的开展创造条件。如果把企业比作一条溪流,那管理者的主要责任就是疏通渠道,让溪水欢快顺利地流淌。

3.管理者最重要的意识就是角色意识

人在社会中生活,我们与周边人群的关系构建是以身份角色来进行的,而我们也通过各种身份角色来完成个人的自我定位,通过角色定位来确立我们与他人的关系。如果说人贵有自知之明,那么这种智慧的体现就在于了解自己的角色并且承担和扮演好这种角色。

——德鲁克

如何解读大师的这段话呢?我们可以打一个通俗的比方:在孩子面前我们是父母;在父母面前,我们是孩子;在爱人面前,我们是丈夫或妻子;在朋友面前,我们是知己;在老师面前,我们是学生;在学生面前,我们是老师;在上司面前,我们是下属;在下属面前,我们是上司……我们与周边的人是由各种角色来定义的:同学、朋友、恋人、夫妻、球友、车友、师生、父子、驴友、战友、队友……别人对你的行为的预期来自这种角色关系的定义。

同理,一个人之所以能够得到别人的信任,与别人和谐相处,是因为他的一举一动都符合大家对他的身份定位。

管理其实就是一场表演,管理者最重要的意识就是角色意识。"什么都得有个什么样"产生的悲剧与冲突往往就在于角色错位,做了他不应该做或者是不符合身份的事情。

首先,管理者永远站在舞台中央!

作为一个管理者,任何时候你都是大家关注的焦点,你的一举一动会传递出各式各样的信号,而周围的人也会因此作出各种不同的解读和应对。管理就是这样一个人际互动的过程。

很多管理者经常跟员工讲:"弟兄们,上班的时候我们是上下级,下了班咱们都是兄弟、哥们儿。"这句话说说可以,但别当真去做。对一个管理者而言,只要你在员工面前,任何时刻你都是他们的上级,你陪他们喝酒、唱卡拉OK都是一项工作。假如一个经理,下了班后和下属去酒吧喝酒、唱歌,然后喝醉了发酒疯,在那里吐得一塌糊涂,骂街,乱说话,丑态百出。第二天早上清醒了,回到办公室说:"不好意思,昨天是因为喝醉酒了,那是下班时间,到了上班时间,我还是领导。"请问有用吗?你的威信已经完全没有了。

所以,管理者任何时刻都是管理者,哪怕是去员工家里做客,那也是一项工作。什么叫职业经理人?以管理为职业的人。既然以管理为职业,任何时刻你在下属面前都是领导。就像营销人员一样,只要在客户面前,他永远是你的客户,你永远是一个服务者。

在美国的军队里面,军官俱乐部和士兵俱乐部是严格分开的,士兵永远不许进入军官俱乐部。为什么?因为他们知道,不能让士兵看到原来军官们喝完酒也是那副德行,否则以后就没有管理威信了。

请注意,你周围的人随时随地都在注视着你,你的影响力比你想象的要大得多。

其次,一个管理者,在管理当中所扮演的角色主要有几个:

(1)一个榜样。

对于孩子来说,他的第一个榜样是父母,所以为人父母,你的第一角色是孩子的榜样,他所有的东西都是跟你学的,你在孩子身上会看到自己的影子;对于管理者来说,你的首要角色是成为下属的榜样,让他们从你的身上能看到他们的未来。身教重于言传,你今天所有的行为都会成为下属的模仿对象,所以管理者要有强烈的"因果观念",你今天对付上级的一些不正当的做法或者小聪明今后会被你的下属用在你的身上。

什么人带什么兵,所以管理者永远要身先士卒,永远是所有人的行为标杆,下属要在管理者身上得到力量。很多事情不光要让下属做到,管理者更要先做到,这就是力量。其实,我们从员工的表现上也能看出他们上级的管理特点甚至个人风格,尤其是一些个性色彩比较浓厚的管理者,他们所带的队伍往往也是特点非常鲜明的。

(2)一座桥梁。

一个组织其实是目标的集合体,也就是一群人为了一个共同的目标,聚集在一起协作,这就叫作组织。每一个组织都围绕着一个最核心的目标而存在。军队的目标是打胜仗;宗教的目标是传播信仰;企业的目标是赚钱、盈利。组织管理第一步就是从设定目标开始,因为要有一个共同的目标才能成为一个组织。企业有目标,那么员工有没有个人目标呢?当然有。企业的起点是人,终点是企业的目标,所以在员工与组织的目标之间,它需要有一个沟通的管道或者桥梁,而管理者就是员工个人与组织目标之间的桥梁。

在一个组织当中,管理者所承担的不只有上下级之间的协调问题,还有左右之间的协调问题。作为一名管理者,你向谁汇报、请示,你指挥谁、指导谁,你跟谁协调、跟谁沟通,这些都应该很清晰,这就是管道或桥梁的作用。

(3)一个教练。

你就是员工的一面镜子,你要能够给下属指导,指引他成长的方向,你要告诉他如何去发展。当他做了错事时,你要指导他、纠正他,并且给他正确的方法,让他能从你这里学习技能、传承经验、增长见识、获得反馈,从而不断进步,取得成绩。

最后,管理者还有三项任务。

第一,发挥员工的优势。怎样把每一个员工的优势发挥出来,这是管理者要注意研究的。否则,员工再厉害,就像一台法拉利跑车到你手上,结果每天却只能以20公里/小时的速度行驶,没有把它的能量充分发挥出来。这是一种资源的浪费,员工也会因为没有成就感而离开。

第二,保持团队的状态。不但管理者自己要保持最佳状态,整个组织也要保持最佳状态。不管这个团队的技能基础如何,背景出身如何,如果不能保持一种积极、乐观、团结的状态,是很难在工作中取得好成绩的。

第三,达成组织的目标。你的任务就是帮助你的上级达成目标,因为他代表了组织的目标;同时也要帮助你的下属达成目标。管理工作的实质是什么?就是通过成就别人来成就自己,通过帮助别人达成目标来达成自己的目标。你在中间起到的就是这样一个沟通桥梁和协调的作用。

提醒:管理者不该说的话:

工作当中,很多时候都是说者无心,听者有意。有一些话,管理者是千万说不得的,因为对下属说一句这样的话语很容易将自己的形象彻底颠覆;对同事说一句这样的话语会激发矛盾、产生误解;对上司说一句这样的话语可能意味着你该调整岗位了。

下面,我们来盘点一下管理者的禁语有哪些。

(1)"不关我事"。

身为管理者,只要是公司的事情,事无巨细,都有一份责任。即使是完全在职责之外,如果你能态度和蔼地给予一些指引,不是更能表现出自己的成熟大度和礼节吗?

(2)"为什么你们……"

在责问别人时,先想一想自己有没有什么过失,尽了多少力多少心。有时,宽容地对待别人的错误,会使人更加振作,更加进步。用一连串的"为什么"去发难于人,得到的也可能是一连串的"为什么"的答案;若你能反过来问:"为什么我没有配合好你们?你们有什么地方需要我?"也许事情会解决得更快一些。

（3）"上面怎样骂我，我就怎样骂你们"。

作为管理者，起的是一个上传下达的桥梁作用，但绝不是一个简单的传递。对上，要忠诚尽责，完成任务；对下，要想方设法，给予激励、帮助、支持。敢于承受来自上面的压力，担负起责任；敢于缓和下级的紧张，创造和谐的工作环境，才是一个管理者最应该做的事情。

（4）"我也没办法"。

管理者的能力，从某方面来说，是用解决问题的能力来衡量的。只会强调客观原因，不会以积极的心态去调动一切可用的资源，显露出来的肯定是无可奈何和对上级以及下属的打击。要相信，办法总是比困难多，集体的智慧可以攻克一切堡垒。

（5）"我说不行就不行"。

以自我为中心的话语，与事实没有合理性的解释，很难服人的。凡事不能以事实为依据，不能本着商讨的态度来解决，可能会使事态更进一步恶化。其实，即使是错的意见，听听也无妨，应该本着有则改之、无则加勉的心态来对待自己和别人。片面地做出判断，有时就是一种武断。事情不是你说不行就不行，一定要有科学的分析和依据，这样才能降低判断结果错误的风险，保证判断的正确性。

（6）"你说怎样就怎样"。

听起来像是气话，又像是不负责任的话。在产生一些争议时，当一些意见没有被采纳时，这样的话脱口而出，听者会认为，你的见解毫无是处，即使本来还有可接受的地方，也会全盘否认，而且从此将可能不再向你征询看法和想法。所以，保持冷静的头脑和清晰的思维，说出所有的思想以作参考，而不因没有被使用而太过激动，才是一个管理者该有的良好品质和性格。

（7）"我随时可以怎样"。

强权气势的话语，会让人有一种很不舒服的感觉。换句话来说，你以为你是谁？你想怎样就怎样，你到底有多大的能耐？以势压人，只会贬损个人的形象,在大家心中埋下抱怨的种子。这种抱怨,一旦爆发,其威力之大,是无法想象的。所以,保持平易近人,多尊重他人,是自己尊严的体现。

(8)"你真的很笨"。

奚落、讽刺、挖苦的话语会伤害到员工的自尊及感情。"哀莫大于心死",表面上,员工是在听你的,按你说的去做,但实际上,员工只是在敷衍了事,因为他根本体会不到工作的乐趣,工作质量自然也高不到哪里去。而且,长此以往,员工的自尊被摧毁,自信被打击,智慧被扼杀,工作可能会干得更不好,最后干脆抱着"死猪不怕开水烫"的态度,这对员工、对管理者、对企业都是不利的。

(9)"不行啦,我能力有限,谁行谁来做"。

如果是真正认识到自己的能力有限,之后再迎头赶上,自我充电,或许可说是一种有自知之明而且有上进心的表现,也算是一大幸事;但如果是用这句话来抵触工作,以嘲笑挖苦他人,来掩饰自己内心的慌张,而全无挑战工作的意识,则可以说,说这句话的管理者无形中已丧失了一个管理人最基本的素养,他已不配再做管理者。

(10)"都很好"、"蛮不错"。

泛泛的表扬,既缺乏诚意,又不能振奋整体、激励个体,因为人们都不喜欢廉价的、言不由衷的恭维。因此,表扬的言语策略应该是及时的、有代表性的、有充实具体的内容,能够体现出被表扬者的风貌。不实的表扬表现在用夸大的言辞去称赞不足为奇的小事,有用心炮制的嫌疑。该类表扬的危害在于,只令被表扬者高兴,而令所有其他人反感,其结果往往会导致民心的背离。因此,人才管理中,及时且适度的赞美言辞是管理者必须掌握的一门学问。

4.决策智慧是决定管理者成败的关键

有效的管理者不做太多的决策。他们所做的,都是重大的决策。

——德鲁克

德鲁克认为,决定管理者成败的关键在于他是否具备特定的认知能力。正是这些能力形成了一套新智力理论的基础。这里的智力指在商业环境中游刃有余而需要的一种认知技能,也称为"决策智慧"。

有一个有趣的试验:

荷叶上有3只青蛙,其中1只青蛙决定跳下水。请问:过了一会儿,荷叶上还有几只青蛙?

这道题目看似简单,其实不然。

有人说,荷叶上还有2只青蛙。最简单的算术:3-1=2。

有人说,荷叶上还有1只青蛙,给出的理由是青蛙也像人一样,对环境的变化和事态发展有判断力。如果荷叶上有1只青蛙跳下水,按从众心理理论分析,估计荷叶上另外2只青蛙跳下水的概率各为50%,因此,荷叶上还剩下1只青蛙。

这两种答案符合一般人的思维习惯。可实际上,问题并没这么简单。

答案是:荷叶上还有3只青蛙。为什么会得出这一结论呢?其实,你只需要再仔细读一遍题目就知道了。

荷叶上有3只青蛙,其中1只青蛙决定跳下水(请注意"决定"两个字)。

这次你明白了吧!原来决定跳下水的那只青蛙,只是做了一个决策而已,实际并没有真正行动,它还站在荷叶上。

你可能会问:何谓决策?决策就是从两个或两个以上的未来行动方案中选择一个最优方案的过程。决策力就是适时做出重大决定的能力,是企业家为维持企业生存必须具备的最起码的素质。管理者的决策会对其组织成员产生不可估量的影响。"运筹帷幄,决胜千里",决策正确乃成事之始;"一招不慎,满盘皆输",决策失误即败事之趋。决策的正确与否,决定着企业或组织的兴衰存亡。

不懂得预见的管理者不是真正的管理者。在任何组织中,只有管理者具备了预见功能的必要特质,才能高瞻远瞩,因势利导地制定出赢在起跑线上的路线、战略,才能起到领路人的关键作用,打造出组织经久不衰的核心竞争力,使组织实现可持续发展。

管理者,可以做错决策,但不能不做决策;可以独断专行,但不能犹豫不决。

2009年末,美国总统奥巴马给自己入主白宫后的表现做了一个总结。他说:"我对自己第一年的工作表现并不满意,但我起码证明了,面对艰难决策,包括那些不受人欢迎的决策,我是敢拍板的!"

美国麻省理工学院一位著名的管理学专家认为,作为管理者,在其综合素质上,有三方面是属于核心能力的,即决策、用人、专业。而这三方面侧重点又各不相同:最重要的是决策,占47%;其次是用人,占35%;专业只占18%。市场就如同一个没有硝烟的战场,同行业之间的竞争已经发展到了白热化的程度。谁在经营管理决策上善于筹谋、具有前瞻性,谁就有可能在市场上领先一步,抢占到制高点,并保持永不落后市场的结局;相反,如果目光短浅,只顾眼前,缺乏长远思想和深谋远虑,其结果只能是永远当"追随者"。

在紧急时刻,人们往往缺少力挽狂澜的气魄与机智的决策,在糊里糊涂地踏上一条离目标越来越远的路后,仍沾沾自喜地认为这是脱离困境的正确选择。人们被纷繁复杂的世界搞晕了,看不清最本质的问题,只去抓一些无关痛痒的细枝末节,结果当然会很糟糕。只有抓住最核心的问题,才能对症下药,使个人、团队、组织与企业赢得成功。决策能力不是与生俱来的,也不是在偶然中迸发出来或从别人那里得到的,它需要从我们成长的环境——家庭、学校和职场中培育。

每个人都是一名决策者,日常生活的各个方面都需要做决策。

在复杂多变的环境中,管理者必须在信息不充分、情况不确定的情况下做出影响个人和企业命运的决策。在这种情况下,个人和群体的决策心理和行为方式对决策起着无形而巨大的影响,识别决策的心理效应、跳出决策的心理陷阱、改善决策的心理过程是提高不确定性决策效果的关键。

那么,做决策时,我们应该考虑什么?

(1)决策质量的重要性。

决策有较高的质量要求吗?是否会由于质量要求而使得某种决策方式比另一种方式更合理?答案当然是肯定的。对决策质量的要求会大大影响决策方式的选择:时间压力不大、问题能否解决事关全局、需要发挥创造性、需要被下属广泛接受时,要采用团体决策;时间紧迫、问题能否解决不影响全局、有先例参考时,可以采用个人或小组决策。

(2)管理者为做出高质量的决策所掌握的信息和技能的程度。

为做出高质量的决策管理者掌握到足够的信息了吗? 管理者的技能是否有利于做出高质量的决策?如果只是信息不够,可以从多方面搜集信息;如果只是技能不够,可以依靠领导小组的集体智慧;如果信息和技能都不够,那就要尽可能地集思广益了。

(3)问题的结构性程度。

需要解决的是什么结构类型的问题?结构良好的问题(问题直观、目标明确、信息清楚且完整、方案结果确定、有先例)一般按照相应的规则与政策采用程序化决策,非结构性问题(问题新颖、唯一、不经常发生、信息不完全且模糊、无先例)一般要创造性地采用非程序化决策。

(4)下属对决策的接受或赞许程度是不是有效执行决策的关键。

是不是只有下属所接受的决策才能有效地执行?如果下属心里没有接受决策,但决策确实需要贯彻执行,此时是否有相应的规章制度保障下属不会故意犯错?如果相应的规章制度不够完善,管理者一定要设法提高下属对决策的接受程度。只有下属接受了决策,才会认真地执行决策。

(5)管理者自行决策被下属接受的可能性。

是否只有通过团体决策,下属才能够接受?如果管理者自行决策,是否肯定能为下属所接受？这需要管理者对自己的真实影响力(包括经验、权威、知识、水平、魅力、权力、人缘等多种因素)进行评估。简单地认为自己做出的决策只要没人反对,就是普遍接受,这对于解决问题有害无益。

(6)下属对明确清晰的组织目标所表现出的积极程度。

下属是否把解决工作问题所要达到的组织目标当作自己的目标？如果下属认为公事是公事、私事是私事,"公私分明",这肯定是不行的。管理者一定要设法将组织的目标转化为下属的目标,将组织的利益转化为集体的利益,毕竟"人们的一切奋斗都与他们的利益有关"。

5.拨开笼罩在战略规划身上的迷思

我们必须能够在各种承担风险的行动路线中,合理地加以选择,而不是以预感、传闻或经验为依据而投入不确定性之中。

——德鲁克

德鲁克有关战略规划的思想独树一帜。跟随他深邃、犀利的目光,拨开笼罩在战略规划身上的层层迷思,我们发现,战略规划其实很简单,它不过是"为未来做现在的决策";但它又不简单,别指望从左边输入一些东西,从右边就会生出战略。它不只是规划书,更是行动;它不是预测,而是承担风险和责任。

我们已经知道每个企业都应依据一套"事业理论"运作。这一理论,界定了企业的使命是什么、企业的核心竞争力是什么、客户是谁、客户的认知价值是什么。

德鲁克认为,战略可以将"事业理论"转变成行动,它的目的是使企业在变幻莫测的环境中,达成希望获得的结果。战略使一家企业能够果断地把握机会,战略也是事业理论的试金石。如果战略不能产生预期的效果,那就是事业理论需要重新思考的第一个严重警告;同时,出乎意料的成功也是事业理论需要重新思考的征兆。一家企业只有在拥有了一套战略以后,才能判定一个机会是否真的是机会;否则,就无法判断组织是往预期的方向前进,还是走上了歧途,分散了资源。

战略规划不是什么

德鲁克界定问题的思路确实与众不同,他在界定问题时,不但界定该问题是什么,还界定该问题不是什么。下面,让我们一起按照德鲁克的典型思路,来认识和理解企业的战略规划。

(1)战略规划不是一个魔术箱,也不是一堆技术,它是理性思维并把资源应用于行动所做出的承诺。

在制定战略规划的过程中,可能要用到许多技术,但这并不表明这些技术是必不可少的。战略规划可能需要计算机,但是最重要的问题,即"我们的事业是什么"、"我们的事业应该是什么"是不能量化并编制成计算机程序的。建立模型或模拟可能有所帮助,但它们不是战略规划,只是用于特殊目的的工具。

量化并不是规划。战略规划中一些最重要的问题只能用这样的语句来表达:"较大"或"较小","较快"或"较迟"。这些语句虽然也是量化的,但都不易用计量技术来运算。还有些同等重要的领域,如政治气候、社会责任或人力资源(包括管理资源)等,根本不能量化,它们只能作为限制条件或参数,而不能作为方程式中的一个因素。

战略规划不是"科学方法对企业决策的应用"(如一本有名的有关规划的教科书所下的定义),它是思想、分析、想象和判断的应用。它是责任而不是技术。

(2)战略规划不是预测。战略规划并不是要掌握未来,任何想要掌握未来的企图都是愚蠢的。未来是不可预测的,如果我们试图预测未来,就只能使我们怀疑自己目前正在做的事。

我们必须从这一前提出发,即预测并不是值得称道的人类行为,而且,短时期的预测也没有什么价值。之所以需要战略规划,正是因为我们不能预测。

预测不是战略规划,还有另一个更有力的理由,那就是预测试图找出事件发展的必经之路,或至少是一个概率范围。但是,企业的问题是独特的事件,它将改变概率。企业的世界是一个社会的世界,而不是物理的世界。企业之所以能有所贡献,正是因为它促成了某项“特定事件”的出现,也就是所谓“创新”——改变经济状况、社会状况或政治状况的“创新”。

这正是施乐公司在20世纪50年代发明并销售复印机时所做的, 也是生产活动房屋的企业家在60年代所做的。活动房屋已成为一种新的、永久性的固定住房,实际上占领了美国全部的低价住房市场。

这就是说,企业家不考虑所谓“概率”。而所谓“预测”以“概率”为基础,并不能适合战略规划的要求:战略规划在于将一个组织引向未来。战略规划的制定者要的是创新和改变我们的工作和生活方式,所谓“预测”对他们没有什么用处。

(3)战略规划并不是做未来的决策,而是为未来做现在的决策。决策只存在于目前。企业决策总是将现在的资源投入到不确定的未来之中。

战略规划并不是要预言将来会发生什么事,也不是提前做好以后5年的决策。它只是一种思考的工具——思考为了取得未来的结果现在应该做些什么。战略规划的最终结果并不是信息,不是一本装订精美的战略规划书,而是工作。我们现在就必须知道该做些什么,应该让谁去做。如果我们想让新产品在3年后上市,就应具备服务客户所需的销售能力、售后服务能力、拥有经销商和适当的仓储支援,到那时才能真正地提供产品给客户。谈到战略规划, 美国前总统艾森豪威尔有一句名言:“规划书没有价值,规划过程才有价值。”(A plan is nothing, planning is everything.)

(4)战略规划并不是消除风险的企图,它甚至连使风险最小化的企图都不是。这样的一种企图只能导致不合理的和无限的风险,甚至造成某些灾难。

经济活动的本质就是承担风险。经济学中有一个理论,叫作“贝姆—巴威克定律”(Boehm-Bawerk's Law),该定律认为,现有的经济手段只有通过更大的不确定性,即更大的风险,才能提供更大的经济成果。

德鲁克认为,虽然试图消除风险是无用的,试图使风险最小化是值得怀疑的,但是,所承担的风险是应该承担的风险,这一点却是极为重要的。任何成功的战略规划,其结果必须是提高我们对风险的承担能力,因为这是提高企业绩效的唯一途径。但是,为了提高这项能力,我们必须了解我们所承担的风险。

战略规划是什么

战略规划是"决策—执行—衡量"的循环。

战略规划是从事下列各项工作的持续过程:系统地制定目前的企业的(承担风险的)决策,并尽可能地了解这些决策对未来所产生的影响;系统地组织执行这些决策;通过系统的反馈,对照着我们的期望来衡量这些决策的成果。

如此看来,规划(无论是长期规划或短期规划)并不是什么新事物,它不过是把一项老任务加以组织,否则这项任务就很难完成。尤其重要的是,如果不是有目的地进行,这项任务就很难取得成就。

摆脱过去

规划从企业的目标开始。在每一个目标领域都应该提出这样的问题:为了实现我们未来的目标,我们现在必须做些什么?为了实现未来的目标,要做的第一件事始终是摆脱过去。绝大多数规划只讲到必须做的新的和增加的事物——新产品、新生产程序、新市场等。但是,要做一些未来的不同事情,其关键在于摆脱不再具有生产力的、陈旧的、失效的事物。

规划的第一步就是对每一项活动、产品、生产程序或市场提出这样的问题:"如果不是因袭至今,我们会投入这项活动吗?"如果答案是否定的,那就要问:"我们怎样才能摆脱它,迅速摆脱?"

系统地摆脱过去,本身就是一项规划——这对于许多企业来说都是适用的。它会迫使人们进行思考和行动。它会使新事物有可用的人力和财力,产生行动的愿望。

相反,一项规划如果只规定了要做的新的和增加的事物,而没有规定要摆脱旧的和无生产力的事物,那就不可能取得成果。它将始终是一个规划,而不会成为现实。但是,绝大多数企业的长期规划中却没有提出摆脱过去的决策——也许这正是导致这些规划未能实现的一个主要原因。

一切都要转化为工作

管理不在于"知",而在于"行",这是德鲁克管理思想的精要所在。

最好的规划也只是一项规划,即良好的愿望,除非它转化为工作。标志着一项规划能提供成果的突出特点是使关键人员从事于特定的任务。对一项规划的考验是,管理当局是否切实地把各项资源投入于将来会取得成果的行动之中。如果不是这样,那就只有诺言和希望,而没有规划。

工作不仅意味着由某个人来从事该项职务,也意味着责任、完成期限以及成果的衡量,即对工作成果和规划过程本身成果的反馈。

在战略规划中,衡量提出了许多现实的问题,特别是概念上的问题。正因为"我们衡量什么"以及"如何衡量"决定了什么结果将被认为是有关的,因而不仅决定了我们看到的是什么,也决定了我们(以及其他人)做的是什么,所以衡量在规划过程中极为重要。尤其重要的是,我们必须把期望包含于规划决策之中,以便我们能及早知道,这些期望实际上是否可以实现——包括比较清楚地了解在时间和数量方面有些什么重大的偏离。否则,就不能算规划,就没有反馈,没有什么从实际事件回到规划过程的自我控制方法。

决策过程应该基本上是一个理性的过程。由于企业决策的有效性取决于其他人的理解和自愿的努力,所以,决策的方法愈是合乎理性、有组织、以知识而不是以预言为依据,便愈是负责、有效。但是,最终成果不是知识而是战略。而战略规划的目的,则在于"现在即开始行动"。千里之行始于足下,为了明天的成果,我们今天必须迈出行动的步伐。

战略规划不是用事实来代替判断,不是用科学来代替管理人员。它也并不降低管理的能力、勇气、经验、直觉,甚至预感的重要性和作用——正如科学的生物学和系统的医学并不降低医生的这些品质的重要性一样。相反,规划工作的系统组织和为规划工作提供知识,加强了管理人员的判断力、领导能力和远见。

6.执行力是企业管理成败的关键

我们应该将行动纳入决策当中,否则就是纸上谈兵。

——德鲁克

很多管理者都乐于布置任务、做决定,但真正执行有效的管理者,都擅长使布置下去的任务和做出的决定得以执行。要改善执行部门的执行力,就要把工作重点放在这个部门的管理者身上。

可以这样说,一个好的执行部门能够弥补决策方案的不足;而一个再完美的决策方案,也会死在滞后的执行部门手中。从这个意义上说,执行力是企业管理成败的关键。

对于执行力,我们常常存在以下误解:

误解一:企业执行力低是因为员工的执行能力低。

很多管理者习惯性地停留在对员工执行能力的关注上,认为员工个体的执行能力低下,造成了企业执行力的低下,而没有去思考员工执行力低下的真正原因。其实,员工执行力低下80%是因为管理不到位或者整个企业的执行系统有问题。

误解二:执行力是一种技巧,只要短期内抓一下就可以。

很多管理者把执行力建设当成短期的工作,没有当作重要问题来抓,也没有长期建设的计划,因此导致执行的效果时好时坏,下属的执行能力也得不到提升。

误解三:重视结果,不重视过程管理。

很多管理者把任务分给员工之后,就什么事都不管了。他们总是抱着这样的态度:反正你给我结果就行,我不在乎你的过程。

误解四:让下属去执行,但执行什么却并不明确。

有些管理者在给下属分配任务时,没有明确的量化要求,或者没有过程的跟踪和辅导,最后导致员工无法获取完整的信息,没有方向感;同时,管理层也无法获取一线员工的动态,造成企业内部沟通协调的脱节,大量的时间和精力消耗在沟通的层面,自然导致执行力低下。

上面这4种认识都会造成整个部门执行力的低下。实际上,在整个执行系统中,管理者才是关键。如果某一管理者认为从事管理工作不需要执行力,所谓执行就是下达命令后由下属去实施,那就说明这个管理者角色定位有问题。企业要培养执行力,应把工作重点放在各层管理者身上。想要更好地实现企业经营目标,我们就必须反思管理者的角色定位——管理者应该不仅仅制定策略,还应该具备相当的执行力。

海尔集团的张瑞敏忍痛亲自抡起铁锤,砸烂了76台质量不合格的冰箱;奥康集团王振滔当着员工的面亲手剪掉数千双不合格的高档皮鞋。这些举动,传达的并不是要求他的属下把所有的不合格品全部砸掉,而是通过此事教育他的员工:要么不干,要干就要争第一,质量问题决不可轻视,不合格品就是废品。

在1995年5月25日的业绩发布会上,柳传志曾指出,联想要想做长期的公司,就要踏踏实实把公司业绩做好,不给投资者“造梦”。1995年,香港联想公司大亏损,但柳传志并没有因此拖延业绩公布时间,而是提早采取行动,发出业绩警示通告,按时向投资者和股民说明情况,如实地说明公司的现状和未来的发展战略,以及对决策层的调整。联想的股价在这一阶段虽然有大幅度的下跌,但其“信誉”却得到了空前的加强。在联想业绩回升的时候,他们给了联想极大的支持。1998年4月16日,联想在香港股市上配售15亿股,只在下定单后的两小时内,就超额认购了4倍。

由此可见,一个具有优秀执行力的公司无不是上到企业领导、部门主管,下到员工都具有超常的执行力,而且领导、主管的执行力更起着关键性的作用:一方面,企业大的决策、管理要靠他们去落实,而这些都是关系到企业生死的大问题;另一方面,领导、主管的执行力具有示范作用,能够影响下面的员工。

管理者的执行力受许多因素的影响,有客观的因素,也有主观的因

素,主要有:

(1)认识水准。

这是影响主管执行力最重要的因素。有的管理者认为,管理者只要管理好下属就行了,没有必要做事。因此,他们整天只管发命令、分任务,而不会去关注下属的执行进步、程度与水准,结果只能是上下沟通不畅,执行结果与远远偏于当初的构想。

(2)思维能力。

思维能力包括演绎思维和归纳思维两方面。演绎思维是指在理解问题时将其拆分成更小的部分,通过一步一步符合逻辑的演绎,排除不相关的资料,找出事物发生的前因后果;归纳思维就是运用已有的概念和理论作归纳性的分析和总结。执行力要求快速行动、简洁明快,因为当代世界,速度正在起着主导作用。速度就是一切,快慢决定成败。

(3)团队精神。

团队精神不仅仅是对员工的要求,更是对管理者的要求。团队合作对管理者的最终成功起着举足轻重的作用。据统计,管理失败最主要的原因之一是管理者和同事、下属处不好关系。

某公司有两位刚从技术岗位提升到技术管理职位的年轻主管:A主管和B主管。

A主管觉得责任重大,技术进步日新月异,部门中又有许多技术问题没有解决,因此,他非常有紧迫感,每天都刻苦学习相关知识,钻研技术文件,加班加点解决技术问题。他认为,问题的关键在于他是否能向下属证明自己在技术方面是如何的出色。

B主管也认识到了技术的重要性和自己部门的不足,因此,他花了很多的时间向下属介绍自己的经验和知识。当下属遇到问题,他也帮忙一起解决,并积极地和相关部门联系及协调。

3个月后,A主管和B主管都非常好地解决了部门的技术问题,而且A主管似乎更突出。但半年后,A主管发现问题越来越多,自己越来越忙,但下属似乎并不满意,他觉得很委屈;而B主管却得到了下属的拥戴,部门士气高昂,以前的问题都解决了,还搞了一些新的发明。

对管理者而言,真正意义上的成功必然是团队的成功。脱离团队去追求个人的成功,这样的成功即使得到了,也是变味的、苦涩的,长期下去对公司是有害的。因此,管理者的执行力绝不是个人的勇猛向前、孤军深入,而是带领下属共同前进。

要做一个优秀的执行者,应该有意识地提高以下8项能力:

第一,领悟能力。

做任何事以前,一定要先清楚上司希望你怎么做,然后以此为目标来把握做事的方向。这一点很重要,千万不要一知半解就开始埋头苦干,到头来力没少出,活没少干,但结果却事倍功半,甚至徒劳无功。清澈悟透一件事,胜过草率做十件事。

第二,计划能力。

执行任何任务都要制订计划,把各项任务按照轻重缓急列出计划表,一一分配给部属来承担,自己看头看尾即可;把眼光放在部门未来的发展上,不断理清明天、后天、下周、下月甚至明年的计划;在计划的实施及检验上,要预先掌握关键性问题,不能因琐碎的工作而影响了应该做的重要工作。要清楚,做好20%的重要工作,可以创造80%的业绩。

第三,指挥能力。

指挥部属,首先要考量工作分配,检测部属与工作的对应关系,也要考虑指挥的方式。语气不好或是目标不明确,都是不好的指挥。好的指挥可以激发部属的意愿,而且能够提升其责任感与使命感。指挥的最高艺术,是部属能够自我指挥。

第四,控制能力。

控制就是追踪考核,确保目标达到、计划落实。虽然谈到控制会令人产生不舒服的感觉,但企业的经营有其十分现实的一面,有些事情不及时加以控制,就会给企业造成直接与间接的损失。但是,控制若是操之过急或是控制力度不足,同样会产生反作用:控制过严会使部属口服心不服;控制不力则可能使现场的工作纪律难以维持。最理想的控制,就是让部属通过目标管理方式实现自我控制。

第五,协调能力。

任何工作,如能照上述所说的要求,制订完善的计划,再下达适当的命令,采取必要的控制,工作理应顺利完成。但事实上,管理者的大部分时间都必须花在协调工作上。协调不仅包括内部上下级、部门与部门之间的共识协调,也包括与外部客户、关系单位、竞争对手之间的利益协调,任何一方协调不好都会影响执行计划的完成。最好的协调关系就是实现共赢。

第六,授权能力。

要赋予下属责、权、利,下属才会有做事的责任感和成就感。要知道,一个部门的人琢磨事,肯定胜过自己一个脑袋琢磨事。这样,下属得到了激励,你自己又可以放开手脚做重要的事,何乐而不为呢?切记,成就下属,就是成就自己。

第七,判断能力。

判断对于一个管理者来说非常重要。企业经营错综复杂,常常需要主管去了解事情的来龙去脉、因果关系,从而找到问题的真正症结所在,并提出解决方案。这就要求管理者要洞察先机、未雨绸缪。这样才能化危机为转机,最后变成良机。

第八,创新能力。

创新是衡量一个人、一个企业是否有核心竞争能力的重要标志,要提高执行力,除了要具备以上这些能力外,还要时时、事事都有强烈的创新意识。这就需要不断地学习,而这种学习与大学那种单纯以掌握知识为主的学习是不一样的,它要求大家把工作的过程本身当作一个系统的学习过程,不断地从工作中发现问题、研究问题、解决问题。解决问题的过程,也就是向创新迈进的过程。因此,我们做任何一件事都要认真想一想,有没有创新的方法使执行的力度更大、速度更快、效果更好?创新无极限,唯有创新,才能生存。

7.不断地、创造性地变通

在人类众多的活动中,唯一一条永恒的规律就是变化。只满足于今天的企业,在变幻不定的明天就会感到难以生存下去。

——德鲁克

有一位著名企业家说:"遇上重要事项,如果你只有一种办法,那是最危险的,万一此路不通,你将措手不及。"可见,破除旧办法,创造新办法,不仅有变通的意义,而且有"狡兔三窟"的智慧。

德鲁克提到,变通是一种具有高度自主性的创造性活动,依赖于不同思想、意见的相互交流和撞击,依赖于全体员工的积极参与和真诚投入。正如某公司的一位项目经理所说的:"我们尽可能给予基层员工更多的责任,让他们比过去更多地参与公司的经营。"

企业作为一个经营运作体,靠获得利润来维持发展,每一家公司都需要用新的眼光关注这个世界的动态,以便采取相应的措施,谋求拓展。只有不断地、创造性地变通,公司才能跟得上时代的步伐,得到发展;不变通,企业就没有生命力。因此,公司的每个职员都应是善于变通之人,否则只能被淘汰。

有一个人在一家建筑材料公司当业务员。虽然产品不错,销路也不错,但产品销出去后,总是无法及时收到回款。当时,公司最大的问题是如何讨账。

有一位客户买了公司10万元的产品,但总是以各种理由迟迟不肯付款。公司先后派了3批人去要账,但都没能要到货款。当时,这个人到公司上班不久,就和另外一位员工一起被派去要账。他们软磨硬泡,想尽了办法,最后,客户终于同意给钱了,叫他们过两天来拿。

两天后他们赶去,对方给了他们一张10万元的现金支票。

他们高高兴兴地拿着支票到银行取钱,结果却被告知,账上只有

99930元。很明显,对方又耍了个花招,给的是一张无法兑现的支票。马上就要过春节了,如果不能及时拿到钱,不知又要拖延多久。

遇到这种情况,一般人可能就一筹莫展了,但是这个人突然灵机一动,赶紧拿出100元钱,让同去的人存到客户公司的账户里。这样一来,账户里就有10万元可以兑现。

当他带着这10万元回到公司时,董事长对他大加赞赏。之后,他在公司不断升迁,5年后当上了公司的副总经理,后来又当上了总经理。

这个业务员不过是有些聪明而已,他有什么突出的才能吗?我们没有见到。他有什么突出的人格魅力吗?我们也没有见到。我们见到的不过是他的灵机一动,但他却因此一帆风顺。

是的,当大家都认为工作只需要按部就班做下去的时候,偏偏总有一些优秀的人,会找到更有效的方法,将效率大大提高,将问题解决得更完美!正因为他们有这种"找方法"的意识和能力,让他们以最快的速度得到了认可!

1793年,守卫土伦城的法国军队发生叛乱。在英国军队的援助下,叛军将土伦城护卫得像铜墙铁壁,前来平叛的法国军队怎么也攻不下。

土伦城四面环水,且有三面是深水区。英国军舰在水面上巡逻,只要前来攻城的法军一靠近,就猛烈开火。法军的军舰远远不如英军的军舰先进,根本无计可施。

就在这时,法国军队一位年仅24岁的炮兵上尉灵机一动,对指挥官说:"将军阁下,请急调100艘巨型木舰,装上陆战用的火炮代替舰炮,拦腰轰击英国军舰,以劣胜优!"

果然,这种"新式武器"一调来,英国舰艇无法阻挡。仅仅两天时间,英军的舰艇就被火炮轰得七零八落,不得不狼狈逃走。叛军见状,很快就缴械投降了。

经历这一事件后,这位年轻的上尉被提升为炮兵准将。这位上尉就是后来成为法国皇帝的拿破仑!

像很多杰出人物一样,拿破仑的成功,相当程度上是由于在关键时刻找到了有效解决问题的方法，从而使自己走上了一个新的台阶，获得了一个有高度的新起点！有了这样的新起点，才有了更大的舞台，才能吸引更多的人向自己看齐，更多的资源向自己汇集。

一群伐木工人走进一片树林，开始清除矮灌木。当他们费尽千辛万苦，好不容易清除完那些矮灌木，直起腰来准备享受一下完成一项艰苦工作后的乐趣时，却猛然发现，他们需要清除的不是这片树林，而是旁边的那片树林！

有多少人在工作中，就如同这些砍伐矮灌木的工人一样，常常只知道埋头干活，却不清楚自己的工作方向和目的。

这种看似忙忙碌碌，最后却发现与自己的愿望背道而驰的情况是非常令人沮丧的。这也是许多效率低下、不懂得工作方法的人最容易犯的错误。他们把大量的时间和精力浪费在了一些无用的事情上。

做任何事情都不要太过匆忙，忙乱中容易出差错。凡事预则立，不预则废。一个人只有认清了自己的工作方向，才懂得如何去合理安排工作，制定工作进度，才能选择正确的方法。也只有这样，才能高效地办事，出色地完成工作。

在市场经济的新时代，做任何事都要有一个好的结果。不仅要做事，更要做成事；不仅要有苦劳，更要有功劳。因此，不妨问一问自己：是否解决了一个或几个棘手的问题，给别人留下了深刻的印象？是否做了几件业绩突出的事情，让领导和其他人十分欣赏？

只要仔细观察，我们都能从周围的人身上得到启发和教训。有这样一句古语：前车覆，后车鉴。成功者的头脑在于：他们善于总结他人的失败。

刘邦吸取了秦朝灭亡的教训，于是汉朝采用了休养生息的政策；东汉看到了西汉土地兼并的弊端，开始限制这个问题；唐朝吸取隋朝穷兵黩武的教训，开始推崇文教；宋朝吸取唐朝后期的大家族、外戚专政的教训，采取不杀读书人的政策；明朝吸取过去宦官干政的教训，专门在宫殿门口贴了一个牌子，规定宦官不能接触政事……

历史的发展，正是吸取之前的教训，因为这样能让人们少走很多弯路。别人的教训，是自己的免费经验；别人的智慧，更可以直接变为自己的智慧。

这个道理，哈雷摩托的管理者深有体会。

1982年，本田在美国重型摩托车市场拥有40%的占有率，是哈雷最强劲的对手。因为骑摩托车的人都认为本田的摩托车不但价廉，而且比哈雷耐用好骑。

哈雷为了扭转市场局面，便派遣主管前往本田摩托车设在俄亥俄州的工厂访问，结果令他们大吃一惊。哈雷原本只想学习本田的科技，但是他们在本田厂内看不到电脑，也没有机器人，只有少量的纸上作业。他们找到的除了30名领导职员以及470名装配工人外，再没有别的东西。

哈雷发现，日本摩托车只有5%会在生产线末端被剔除，而哈雷却有五至六成，光因为缺少零件而被剔除的就比日本机车的总退件率高出好几倍；有的时候是因为零件在仓库储存过久，等到送上生产线时已经生锈了。

苦心研究本田的经验之后，哈雷终于发现了问题的症结所在。譬如说，哈雷以电脑化库存管理来控制整个制造过程，当时以美国的标准而言是先进的；但是当研究过日本工厂之后，哈雷发现美国式的这套做法其实只会生产出许多废料而已。

日本人的秘招则很简单：本田和其零件供应商每天只生产一点点所需零件，而不是像美国那样每年只生产几次，每次就是一大批。零件得以"及时"生产，公司每年就可因无库存而节省数百万美元的利息，也没有零件因储存而耗损，既节省空间，又简化了整个工厂的作业。如果发现不良零件，通常也只生产了一两天，容易更正。

5年以后，哈雷重整旗鼓，在美国重型摩托车的市场占有率从23%增至46%，销售额也达到了空前的1770万美元。

为什么？因为在本田的参观使哈雷的态度有了革命性的转变，从美国式的好勇斗狠变成了谦卑可亲的形象。在一年之内，哈雷采用了最好的人事管理制度和经营策略，使哈雷脱胎换骨。

哈雷引进了本田的库存管理系统,将其中的员工参与模式和以统计数据为基础的品质制度,与扎根美国本土、了解美国人心理的特长相结合,使哈雷在美国国内重型机车市场的占有率提高,并且成为世界级的角逐者。

本田的赢,赢在它的仔细与统筹,而这也是哈雷可以学习的地方。哈雷董事长在比较两个工厂时说:"实在很难相信我们会那么差,但我们的确是很差。"

哈雷公司借鉴了本田摩托的经验,终于走上了复兴之路。如果哈雷没有去自己的对手那里参观,没有及时学习本田成功的经验,哈雷未必能够取得成功;即使成功了,花费的时间也一定比直接借鉴本田的经验要多得多。

人,最大的悲哀不在于无知,而在于不知道自己无知;即使知道了自己无知,也不愿意学习,这更是无知中的无知。

我们在生活中总会遇到各种各样的麻烦、各种各样的问题,这个时候,从别人那里学到经验是保证我们成功规避不必要失败的重要手段。并不是所有的道路都需要重新再走一遍,经验的意义也正在于此。

梁启超说:"变则通,通则久。"在生活中,没有东西是一成不变的。面对变化着的事物,如果我们固守过去的思想或者按照常规的思路,很可能会陷入死胡同里出不来。

知变与应变的能力是一个人的素质问题,同时也是现代社会办事能力高下的一个很重要的考察标准。办事时要学会变通,放弃毫无意义的固执,才能更好地办成事情。如果你陷入了思维的死角而不能自拔,不妨尝试一下改变思路,打破原有的思维定式,反其道而行之,开辟新的境界,这样才能找到新的出路。

在2004年9月阿里巴巴成立5周年时,马云宣布公司战略从"Meet at Alibaba"全面跨越到"Work at Alibaba"。

马云为这个转型做的解释是:"Meet"就是把客户聚在一起,就像做水库,如果养鱼,没什么意思;如果做旅游,还要花费水电。所以,"Meet"的钱都是小钱。"Work"则意味着水库要铺管道，把水送到家里变成自来水，自来水厂赚的钱一定比水库多。我就希望电子商务对每一个中小企业来说都能像拧自来水一样方便。

这次转型主要是向更专业化的方向调整。马云认为，几年之后，电子商务必然会有一个爆发。阿里巴巴必须抢在这个变化前先变，而不是等到出了问题再去想法解决。这是阿里巴巴保持变革能力的关键。

马云说："我们阿里巴巴在过去的创业经验告诉我，懂得去了解变化、适应变化的人很容易成功。而真正的高手就在于制造变化，在变化来临之前变化自己！"

因此，马云给那些有志创业的人们提出了这样的忠告：面对各种无法控制的变化，真正的创业者必须懂得用主动和乐观的心态去拥抱变化！当然，变化往往是痛苦的，但机会却也在适应变化的痛苦中获得！

苏轼的《题西林壁》一诗中有这样的名句："横看成岭侧成峰，远近高低各不同。"原本同样的事物或问题，只要选择不同的角度去观察分析，就能够得出大相径庭的结果。

美国威克教授曾经做过一个有趣的实验：将一些蜜蜂和苍蝇同时放进一只平放的玻璃瓶里，使瓶底对着光亮处，瓶口对着暗处。结果，那些蜜蜂拼命地朝着光亮处挣扎，最终气力衰竭而死；而乱窜的苍蝇竟都溜出了细口瓶颈，成功逃生。看来，逆境当前时，我们需要的不是对规则的遵循，而是对规则的突破。我们应该看到，在一个经常变化的世界里，灵活机动的行动比有序的衰亡好得多。

循规蹈矩，一味守旧的求稳求安，只能裹足不前；要想有所发展，就要能够变通、勇于创新，要学会变通的本领，善于打破一切常规。

1924年，美国家具商尼克尔斯的家突然起火，大火将他准备出售的家具烧了个精光，只留下一些残存的焦松木。

看着家中一片狼藉，尼克尔斯伤心不已。突然，这些烧焦的松木独特的形状和漂亮的纹理将他的目光吸引住了。他小心翼翼地用碎玻璃片削去焦松木上的尘灰，用砂纸打磨光滑，然后涂上一层清漆，居然产生了一种温馨的光泽和红松非常清晰的纹理。尼克尔斯惊喜地狂叫起来,不久便制作出了仿木纹家具。一场大火,给他带来了灾难,同时也带来了创造和财富。现在,尼克尔斯的第一套仿木纹家具还完好地收藏在纽约州美术馆中。

俗话说:"树挪死,人挪活。"种子落在土里长成树苗后最好不要轻易移动,一动就很难成活;而人就不同了,人有脑子,遇到了问题可以灵活地处理,这个方法不成就换一个方法,总有一个方法是对的。

即便有一天我们失业了,或者是我们的生意做不下去了,这并不是上帝要逼我们走向绝境,而是在告诫我们该转弯了。

坚持一个方向走到底是不太现实的,就像开车,你不可能一直直闯,偶尔也需要调整方向。有时候,环境变化得太厉害,如果你还不另辟新路,就一定会栽跟头。同样的动作、语言、事情,会使我们的头脑产生一种定式。要摆脱这种思维定式,需要你发挥想象力。想象力是创造力的灵魂,有了它,你才能变化自如。

马云说:"市场变化的很重要原因是需求变化了。"他在讲述这一问题时举例说,在他很小的时候,人们听说哪一件衣服在北京城里一天能卖出五千件,那大家就会争相来买这件衣服,因为这就是当时人们眼中的时尚观;但现在的人们则更加追求个性化,因此,如果一款衣服只有一件,就算价格非常贵也会有人买,但是如果你宣扬说这件衣服已经售出了五百件,那么人们就会立刻对它失去兴趣。

经验是我们的宝贵财富,我们常常以过去的成败来看将来的机会。但是,经验也会限制我们的头脑,使我们看不到新东西,创造不出新方法。

变通不是朝令夕改,不是故意寻求不同,它只是让你更好地实现目标。我们要敢于打破一切常规,有积极进取的精神和挑战的勇气,善于改变不适宜的东西,重塑新的起点。只有懂得变通,才可以灵活运用一切自己所知的事物,还可巧妙地运用自己并不了解的事物,在恰当的时间内把应做的事情处理好。

8."卓有成效"是可以学会的

卓有成效的管理可以提高人类的生活质量。

——德鲁克

管理者为什么要卓有成效？现代社会是组织的社会，我们赖以生存的产品和服务都是由相关的组织所提供的，因此，我们生活的质量也依赖于这些组织的管理质量。而管理的质量是由管理者的成效所决定的，卓有成效是管理者的职责所在。2002年，德鲁克在给中国管理者致辞中说："中国发展的核心问题，是要培养一批卓有成效的管理者。"

德鲁克坚信：卓有成效的管理可以提高人类的生活质量。从1966年出版的《卓有成效的管理者》(The Effective Executive)到2004年在《哈佛商业评论》上发表的《高效经理人为何高效》，都充分体现了他的这一信念，这也解释了为什么他如此地关心管理者的成效。

下面8项实践是德鲁克65年管理咨询实践的结晶，也是他作为独立实践者的心路历程。他在文章中引用的实例都是他的客户，从通用电气的杰克·韦尔奇、通用汽车的阿尔弗雷德·斯隆到纽约的红衣主教弗朗西斯·斯佩尔曼。

这8项实践是：

他们会问："什么事情是必须做的？"

他们会问："什么事情是符合企业利益的？"

他们制订行动计划。

他们承担起决策的责任。

他们承担起沟通的责任。

他们更专注于机会而不是问题。

他们召开富有成效的会议。

他们在思考和说话时习惯用"我们"而非"我"。

(1)什么事情是必须做的?

管理者问正确的问题是卓有成效的必要条件。什么是正确的问题?在《高效经理人为何高效》一文中,"什么事情是必须做的"就是正确的问题。只有在提出这个关键问题后,卓有成效的管理者才能确定哪些属于优先要务。对于CEO而言,第一要务是重新定义公司的使命,以回应外部环境的变化。杰克·韦尔奇每隔5年就会自问:"现在,什么事情是必须做的?"每一次,他都确定了优先要务。

(2)什么事情是符合企业利益的?

这是卓有成效的管理者要问的第二个问题。为什么把企业的利益作为判断的标准?管理是一种职业,像其他职业人士,如医生或律师一样,职业经理人也有"客户":企业。对客户负责任是"职业化"的特征。

(3)制订行动计划。

管理者是实干家,他们的任务就是执行。计划是一个思考的工具,思考为了取得将来的结果现在应该干什么。计划的最终结果并不是信息,而是工作。光有计划没有行动,就是徒劳。管理者要通过提出以下问题来确定未来的成果:"在未来18个月到2年的时间里,企业期望我做出哪些贡献?我要致力取得什么成果?什么时间取得这些成果?"据此,将有限的资源分配到最需要的领域上,然后就马上开始干。

(4)承担决策责任。

只有了解了以下信息,决策才算制定了:

谁对决策的执行负责;

最后期限;

哪些人会受到决策的影响,这些人必须知道、理解和赞成(至少不会强烈反对)这个决策;

必须把决策通报给那些人,即使决策对他们并无直接影响。

(5)承担沟通的责任。

卓有成效的管理者要通过提出以下问题来承担沟通的责任:"我工作

中需要什么信息？应向谁索取？用什么方式得到？应什么时候得到？我应该给其他人什么信息？用什么方式传递？应该什么时候给他们？"

学习德鲁克管理思想最有效的方法，莫过于将他提出的方法付诸实践。建议每一位管理者，你和你的管理团队都分别从自己的角度以书面的形式回答以上7个问题，然后再坐在一起彼此交流，你们一定会取得意想不到的收获。

(6)专注于机会。

卓有成效的管理者专注于机会而非问题。专注于机会有两个关键的步骤：第一步，应当从德鲁克提出寻找机会的7个窗口去审视企业内部和外部的变化。这7个窗口分别是：意外的成功或意外的失败；不协调；程序的需要；产业结构和市场结构的变化；人口结构的变化；认知的变化；新知识或新技术。把变化视作机会。第二步是把最优秀的人员与最佳的机会进行匹配。日本丰田公司成功推出雷克萨斯汽车就是这方面的经典案例。日本丰田总工程师铃木一郎亲自挂帅，成功地将雷克萨斯打入美国市场，现在雷克萨斯是美国市场上最畅销的豪华车。

(7)提高会议成效。

召开高效会议的关键除了要事先确定会议的类型，因为不同类型的会议有不同形式的准备工作，更为重要的是会后的跟进和落实。掌管美国通用汽车公司长达35年的斯隆就是会议跟进的高手。他每次会后做的第一件事，就是给每位与会者写一份简短的备忘录。这份备忘录的内容包括：会议讨论的议题和结论，会议决定的工作任务和完成这些工作的人员，以及完成的最后期限。斯隆就是通过这些备忘录把自己打造成卓有成效的管理者。

(8)以"我们"来思考和说话。

不要以"我"而以"我们"来思考和说话。管理是一种团队工作，一个人再强，也无法完成团队的工作。卓有成效的管理者的工作不是提供能量，而是释放他人的能量。对结果负责是卓有成效的管理者的责任所在。

人与制度并重。

在管理方面,德鲁克一生都在强调两件事:第一,管理是实践;第二,管理者要卓有成效。

为此,1954年,德鲁克出版了标志着现代管理学诞生的《管理的实践》一书,1966年又出版了《卓有成效的管理者》。

德鲁克这样解释他的这两本书的作用:"回溯到柏拉图和亚里士多德的年代,从那时起就有了相互平行而又彼此独立的两种治理方式。一种是立宪主义:政治(或组织)的治理必须建立在一个清晰的结构之上。这种结构最重要的是使权力交接井然有序和避免暴政。另一种方式则在政治思想史上被称为'君主教育'——最为要紧的是统治者的品格和道德准则。我们一直都很清楚,这两者都是不可或缺的。实际上,我的著作可以纳入这两个范畴之中(1954年出版的《管理的实践》基本上就是立宪主义,而1966年的《卓有成效的管理者》则秉承了'君主教育'的传统)。"

由此可见,管理者要有高尚的品格和道德准则。

9.取得成效的关键是做对事

管理者,必须卓有成效。

——德鲁克

人们永远不可能通过思考养成一种新的实践习惯,只能通过实践来学会一种新的思考方式。

所以说,取得成效的关键,是做事和做对事。

那些卓有成效的管理者们一般都具有以下六个特点:

(1)他们对自己的业务足够了解,能够在一些重大决策中贡献自己的力量。

(2)他们能够为企业的发展确立明确而清晰的目标。复杂会导致误解,简洁则会排除迷惑。

(3)他们了解并勇于接受现实,不会带领自己的公司向毫无胜算的方向(根据自己公司的经验和文化来判断)发展。

(4)他们有着坚强的性格。这种管理者不会因为小小的胜利而沾沾自喜,他们永远秉承着一种信念——止步不前者必将被淘汰。

(5)他们会经常给自己的下属提供指导和培训。在这些人看来,判断自己领导能力的标准是自己所聘请的人的质量,所以他们会在确定提升对象之前对其进行充分了解。

(6)他们会通过在报酬和升职机会方面对表现不同的员工加以区别对待的方式来建立一个强大的领导基因库。此外,他们确信,如果自己能够对那些具有执行精神的人给予充分的回报,自己的公司就会逐渐建立起一种执行文化。

卓有成效,不意味着职务地位,也不是少数人具有的特权专利,而是一种积极互动的目的明确的动力,需要一步一个脚印地走过一段挑战的旅程。具体的步骤有以下几点:

第一,掌握自我领导的艺术。

自我领导包括一系列为提供个人目标和自我奖励而设计的、涉及行为和认识两大方面的战略内容。注重行为的战略内容包括:自我建立目标、自我监督、自我奖励及积极的自我批评;有了这些,自己还需加以实践或练习。注重认识的战略内容包括通过各种更具个人激励特色的方法去履行职责的自我工作设计方案。完成一件事,方法有多种,其中有些方法更需要个人的自觉性, 因此也更有效。这些方法适应每一个具有个性的人,并能使这些人变得比他人更好。其他有关认识的战略内容包括:树立个人的信心与责任心;树立个人的形象;经常进行"自我交谈"。

员工会看着那些身居要职的领导人员的一举一动。所以,重要的是领导者通过实际行动向员工表明其所作所为是符合他们愿望的。在处理事务的过程中, 重要的是当事人的信誉与积极性。那些被大家认为信誉良好、待人真诚、业务能力强,而且能够通过行动公开、明确表达工作热情,富有革新精神及具自我领导能力的领导者，往往也拥有与其品质相同的员工。毕竟，百说不如一干。那些能够制订有效的自律战略计划,能够在本职工作中体现自己的志趣与特长并养成积极思考习惯的自我导向和自我激励的领导者,能够成为也应该成为其员工学习的光辉榜样。

第二,取得成效的关键是做对事。

将事做好是不够的,取得成效的关键是做对事,包括帮助员工制定他们自己的目标,使他们获取更大的业绩,进而完成团队的目标。要善于提拔那些努力使自己的目标令他人满意的目标导向型员工。这些目标既包括立竿见影的短期目标,也包括相当长期的工作与职业目标。一般地说,自定的目标对那些在完成任务之余还想挑战自己的人来说将产生更大的帮助作用。

第三,协调众多独立的创造性力量。

作为管理者,要帮助组织协调众多独立的创造性力量,其中,有些协调是通过团队的努力完成的。鼓励员工在完成任务和充分促进个人成长、发展的过程中一起工作,相互帮助;鼓励员工不把自己看作个体,而看作整个组织的基本组成元素。通过鼓舞、奖励及引导等方法,帮助许多成长中的员工找到力量的源泉,成为相互鼓励与相互鞭策的对象。

第四,要打破三种障碍。

(1)自我。

自我这一障碍使我们相信我们完全了解自己,它使我们不愿或懒得向别人学习,甚至不愿或懒得从自己的错误中吸取教训。自我是我们性格的一部分,它使我们动辄责备他人,而不去检查自己在解决具体问题的过程中究竟做了什么工作;它同样能使我们以缺乏某种能力为借口而原谅自己,而这种宽容的态度会降低我们对学习以及对改变自己生活和周围环境质量的信心,并使我们由此养成遇事推卸责任的不良习性。具有积极影响力的管理者懂得如何管束自我,并懂得如何去追求自己的目标而不为狭隘的自我所支配。这些管理者对如何管理他人的自我也有一定的心得。

(2)恐惧。

恐惧是一种胆怯、麻木的心态。它迫使我们谨小慎微、畏缩不前,只等别人付诸行动。恐惧使得我们无力行动,而任凭一生的时光如水流逝。

真正的管理者也会有"害怕"之感,但他们敢于实现自己的抱负;他们常常将害怕当作一种使自己保持谦虚和不放纵自己的原动力。对这些管理者而言,"害怕"的作用是积极有效的,而非消极束缚的。

(3)焦躁。

焦躁意味着我们不愿意致力于各种事项的进展过程,不愿意为推进这些事项的发展而创造各种条件,只想急于求成。但要想取得成果,就必须付出时间和努力,急于求成只能毁掉或损害我们想要获取的成果。由于各种成果并非一蹴而就,所以焦躁往往会使各种正在实施的项目中途夭折。

第二章

10分钟读懂时间管理

——对时间的利用是人生的重大课题

德鲁克认为,只有检查自己的时间用到了哪里,才能清楚地认识自己在时间安排与分配上的不足。很多时间并不如自己想象的那样,用到了正事上——人的记忆并非这么可靠。

而通过记录自己的时间耗用状况,可以推翻对自己在运用时间方面的良好印象,确确实实地清楚时间运用的状况,期待下次的改进。

1.明确认识时间的财富价值

时间是很特殊的资源,不管需要多少,时间就是不会增加。

——德鲁克

什么是时间?很多人之所以浪费时间,是因为他们对时间根本没有一个明确的认识。而就算有一部分人认识到了什么是时间,他们浪费时间的方式也各有不同。

时间的定义

专家们是这样定义时间的:从过去,通过现在,直到将来,连续发生的各种各样的事件过程所形成的轨迹。

时间的特征也是独一无二的:

(1)具有绝对的公平性。

时间是绝对公平的,它的公平性在于对每一个人都以同样的速度通过,无论年老年少、无论职务高低、财产多少。每一个人在有生之年拥有的时间资源都是一模一样的,没听说你钱多,你一天就可以有25个小时,你连一秒钟都多不出来。所以,我们任何一个人都绝对没有办法获得更多的时间。

(2)时间具有不可再生性。

时间不同于可再生的植物,它一旦逝去,就不会再次出现。

(3)时间具有不可逆转性。

想要时间重新来过,是绝对不可能的。任何人、任何事物都不能阻止时间前进的步伐。今天过去了,就不会重来。

(4)时间具有不能停滞性。

无论过去、现在还是将来,时间都以同样的速度前进,不会停止。

(5)时间具有不可伸缩性。

时间既不能拉长也不会缩短,它以同样的状态存在着。有人想,睡着的时候把时间弄短一点,等醒了以后再把它弄长一点,这只能是梦想。

(6)时间具有不可替代性。

时间绝无仅有,任何东西都不能替代时间。

由此可见,时间的特性决定了它是世界上最稀缺、最宝贵的一种资源。

所谓"木桶原理",是指一个用不同长短的木板所拼成的水桶,水桶存水量的多少不是由最长的那块木板决定,而是由最短的那块木板决定的。因为,水桶里的水位到最短的那块木板的边缘就会溢出,水位就不会再增长。而长木板也因为短木板的局限,不再能发挥更大的作用,变得多余。

若想让水桶装更多的水,就必须把最短的那块木板加长。

根据著名的"木桶理论",时间恰恰就是所有的资源里,最短的那一块"木板"。

所以,如果不能够管理好时间,我们就什么都管理不好。

员工的时间价值

有专家进行过分析:企业员工一年的制度工作时间,应该是用365天减去100多天的假期,以及事假、生病的时间,还剩下240多天,平均每个月在公司工作的时间,也就是20天左右。每天法定的工作时间是8小时。

但,我们企业的员工大约只有20%的时间的的确确在为公司创造效益,属于有效时间;

有30%的时间,在等待、聊天,或者自己都不知道自己在干什么;

还有30%的时间属于忙而无效,就是说,他们的确在干活,但是不知道方向、目的是什么,这样的事情经过研究发现根本就没有任何效益可言。他们整天在做着一些无谓的工作,看似忙碌,实际没有为公司创造任何效益。

还有20%的时间,我们的员工在干什么?在干着一些损害公司的事情:

如规定早上8点钟上班,却有相当一部分人迟到,或者在做工作前的准备工作,这样就占用了半个小时的工作时间,没有为企业创造出任何效益。

如员工在上班的时候闲聊、喝茶、看报纸,放着紧急的工作不做却处理一些并不紧急的工作,领导在的时候表现得很积极努力,没有领导的时候就消极怠工,这种现象屡见不鲜、屡禁不止。

另外,有不少员工确实是好心办坏事,他以为自己是在为公司出力、作贡献,出了很多好的主意,可实际上,可能是在帮倒忙。这种现象在企业中也比比皆是。

……

如此看来,在一个企业里面,员工大约80%的工作时间被白白浪费掉了,或者说,有80%的时间是无效的,是不产生效益的。

这在很大程度上是由于员工没有明确的价值观、不知道自己的价值所在而造成的。

2.管理者必须知道自己的时间如何花掉

卓有成效的管理者懂得:要使用好他的时间,他首先必须要知道自己的时间实际上是怎样花掉的。

——德鲁克

举个例子,在北京,一辆出租车每月要向出租车公司缴纳的管理费及各项税费加在一起是4500~6000元, 这也就是出租车司机们每月的份钱。就按4500元来算,假如出租车司机每月工作30天,那么他们每天的份钱是150元,如果每天的油钱、餐费及其他与工作有关的花费是100元,那么,一个出租车司机每天至少要拉活250元才能不亏本,拉活300元才能赚50元。

如果出租车司机有一天在家休息,那么当天150元钱的份钱就一分没挣到,第二天的份钱就成了300元,加上油钱等费用,他如果还想赚钱,就得达到500元的收入,怎么实现呢?在平时每天工作10小时或12小时的基础上把工作时间翻番,但这是不可能的,于是,损失一天时间的司机就亏损了一天的份钱。

从此例入手,引申到企业,在企业里,各层管理者们实际上都承担着企业或多或少的营收目标,正如出租车司机一样,管理者们每月、每天甚至每小时的时间都是非常昂贵的,他们必须挣出最低的份钱来。

比如,对一个每月目标销售额为100万元的经理来说,他每10分钟的时间价值是950元,这就是这个经理每10分钟的份钱。如果他不能赚到这个份钱,对他和企业而言,就是亏损。

但是,经理们每天的时间是在真正赚自己的份钱吗?实际上,管理者们的时间价值在企业里大量地、悄悄地浪费着,更可怕的是,大家都已习以为常。

我们在企业里经常能看到这些问题:

(1)电话又响了,急事的、请示的、投诉的、朋友聊天的……都是不得不接的电话。可是,手头上正在写的一个计划,一个上午过去了,还没写几个字……

(2)马拉松式的会议已经开了两天了,还没有什么结果。会上你进来他出去,东一句西一句,说着说着就跑题了。有的人在会上长篇大论、表扬与自我表扬;有的人开了半天会,还不知来干什么;还有的,把开会当休息,闭目养神,你们爱发言发言、爱争吵争吵……

(3)整天就像救火车,哪里有火情就马上赶到哪里,真是日理万机。可是这里也救火,那里也救火,天天忙救火,就没有时间静下来想想,"火灾"是从哪里来的?

管理者们还经常用以下的方式浪费宝贵的时间财富:

(1)做事情没有轻重缓急和主次之分,经常本末倒置,终日埋头于无关紧要的事务上。

(2)喜欢下属事事请示和汇报的官僚作风,使自己成为下属任务的执行者,大大浪费了自己的时间。

(3)对下属工作不放心,替下属做工作,结果整天被埋在事务性的工作里。

(4)上司不定期的召见使中层经理的时间具有很大的随意性。

(5)对自己熟悉和喜欢的事情尽快做完,对于棘手的事情的拖延进行,只有通过加班来完成。

企业管理者们每天、每小时、每10分钟的份钱比普通员工要多得多,但是管理者们的时间和其他人一样,一天只有24小时,所以,只要时间管理得不够好、效率不够高,中高层经理们就难以挣回他们的份钱。

如果一个经理一天里有3个小时是低效率的,那么只有两个解决方法:要么在另外3个小时将效率提高100%,挣回两倍的份钱,这个显然不太可能;要么再加班3个小时,但是实际上,很多经理的时间计划已经是每天10个小时甚至12小时了,如果再加班3个小时……

如此,便会陷入时间管理差—效率低—份钱挣不出来—拼命加班—更加劳累—效率更低—时间管理更差的恶性循环中,最后的结果就是企业的目标被迫降低。

如果用批判的眼光去环顾一下四周,我们不难发现,大多数人都过着超负荷的生活。我们每天都尽心尽力地工作,拼命地提高效率。但当我们晚上回到家里,一头栽倒在沙发上的时候,我们会回想即将过去的一天,从内心深处浮现出这样的想法:"我今天好像又是什么都没干……"原因很简单:我们往往会在过度的忙碌中忽略最重要的事。这就是所谓的"时间陷阱"!

请你看看下面的问题,反省一下自己:"我是否也曾经掉入这些陷阱呢?"

(1)你是否经常试图同时处理多项事务?

(2)你是否从来不为自己制订目标和时间计划,也从来没有明确地处理事情的先后次序?

(3)你是否缺乏统筹能力?

(4)你在工作时是否经常走神?

(5)你是否觉得把任务委托给别人处理十分困难?

(6)如果遇到棘手的事情,你是否总是习惯采取拖延战术?

(7)你是否只为突发意外预留了很少时间?

(8)你觉得拒绝别人的要求很困难吗?

(9)你对人对事总是要求尽善尽美吗?

(10)你是否极少允许自己休息?

3.时间管理的误区——导致时间浪费的各种因素

　　首先必须发现并排除那些根本不需要去做的事情和那些纯粹浪费时间而又不产生效果的事情。为此,需要对记录上的所有活动进行仔细的审查。

——德鲁克

　　所谓时间管理的误区,是指导致时间浪费的各种因素。

　　以下列出时间管理的几个误区,请大家仔细阅读并分析,看看自己是否存在同样的问题。

　　首先,重点≠紧急,一定要分出轻重缓急。

　　成功者会花最多的时间做最重要的事,而不是最紧急的事。

　　和成功者不同的是,我们一般人都是优先选择那些虽然紧急但不重要的事来做。

　　因此,我们必须学会如何把重要的事情变得"紧急"。只有这样做,才能让我们的工作既有效率又有效益。

　　你需要留出几个小时的时间,思考紧急和重要哪个优先。下面一些问题可以帮你确定事情的优先顺序,把你的回答记下来,但不要写得很详细,每个问题只用一两句简单的话回答即可。

　　我需要做什么?

什么能给我带来最高回报？

什么能给我最大满足感？

对这3个问题作出回答之后，贴在工作区适当的地方，以提醒自己有效利用时间。

当紧急事件和重要事件撞在一起时，你应该能从这3个问题中获得答案。而且，你做出的选择也是发自内心的，属于为自己负责的决定。

事实证明，先做什么事情并不是一定的，这取决于紧急事件紧急的程度和重要事件在你心中的分量。

举个例子：这件事你不做，你就会丢掉饭碗，而另一件事只是你晋升之前必须完成的任务，那么很明显，你必须先保住饭碗，以后才能获得晋升的机会。

紧急和重要事件的排序办法之一就是弄清楚做什么事有什么好处，然后行动起来。最佳办法是从你的目标与理想的角度分析这个工作。如果你有个重大目标，那么你就比较容易拿出干劲去完成有助于你达到目标的工作；如果你能将自己要完成的目标的具体内容写出来，那么你就能了解到目标的全貌，以及眼前的工作哪些是重要的、紧急的。

很多公司会将从事的工作内容明确地写在纸上，称之为"活动日志"。你也可以借鉴过来，只要是自己该做的事，如果事先能写出一份与工作报表相似的"清单"，这对于你实现目标将产生各种预想不到的好处。依据这个"活动日志"，你可以清楚地了解该给自己安排什么，或者你要求的是取得什么样的成效等。

在很多情况下，你每天到底该做些什么事只有你自己最清楚，不要在那些不重要的事情上浪费时间。

事先做好工作清单的准备工作，不仅能帮助你认清必须完成的工作，也可用以检查必须完成的工作是否有拖延现象。更重要的是，工作清单是一个判断哪项工作是重点，应该首先完成的有力工具。即便是一般的日常生活，也可利用相同的方法。

如果你对何时应做何事没有把握，使用日程安排本，将有助于你把所有资料很有条理地记录在一个地方。

你需要明确的是，手边的事情不一定就是需要第一时间处理的。离预期完成时间越近的工作，也许是很迫切需要完成的工作，但若从长远的眼光来看，可能就没那么重要了。

因此，培养适当而正确的判断及实际上能使作业顺利展开的习惯，定可将你的行动效率立刻增加数倍。

如果我们能经常把需要第一时间处理的工作视为当务之急，那么我们就不会在没有任何意义或者不重要的事情上浪费时间。失去全盘事物的重点，容易造成核心问题的模糊不清或被忽略与遗漏。在这种情形下，工作日志可告示我们所忽略的主要事物。

其次，全是重点就等于没有重点。

分清事物的轻重缓急，是让人受益终身的好习惯，也是成就事业的必备素质。

豪威尔曾经是美国钢铁公司的董事，在他刚开始当董事的时候，开董事会总要花很长的时间。在会议上，董事们会讨论很多很多的问题，但达成的决议却很少。结果，董事会的每一位董事都得带着一大包的报表回家去看。

后来，豪威尔说服了董事会，每次开会只讨论一个问题，然后作出结论，不耽搁，不拖延。这样所得到的决议也许需要更多的资料加以研究，也许有所作为，也许没有，可是无论如何，在讨论下一个问题之前，这个问题一定能够达成某种决议，结果非常惊人，也非常有效。

从那以后，董事们再也不必带着一大堆报表回家了，大家也不会再为没有解决的问题而忧虑了。

同时，有条不紊的做事习惯还能让人有成就感，避免工作的延迟和拖拉带来的紧张感和挫败感。

法国哲学家布莱斯·巴斯卡说："把什么放在第一位，这是人们最难懂得的。"对许多人来说，这句话不幸而言中。他们完全不知道怎样对人生的任务和责任按重要性排队。他们以为工作本身就是成绩，但经验表明，成功与失败的分界线在于怎样分配时间。

人们往往认为,这里几分钟、那里几分钟没什么用,但实际上,它们的作用可大了。这种差别很微妙,可能要过几十年才看得出来,但有时又很明显。为了取得最佳结果,我们常常要依据轻重缓急行事。

亚历山大·格雷厄姆·贝尔就是个例子。贝尔在研制电话机时,另一个叫格雷的人也试图改进他的装置。两个人同时取得突破,但贝尔在专利局赢了——比格雷早了两个钟头。当然,这两个人当时是不知道对方的,但贝尔就因为这120分钟而一举成名。

我们一般人很容易有手头上的事先解决的心理。其实,即使是迫在眉睫的工作,也并非一定最重要。

若能站在高处重新审视全部的工作,不但能清楚地找出工作的主要目标,以往许多耗时的工作安排,也能重新有一个不同的评判。

卓有成效的管理者从不把时间和精力花在小事情上,因为小事使他们偏离主要目标和重要事项。一旦知道了自己大部分时间花在了那些无谓的小问题上,或丝毫无助于提高他的工作效率的问题上,他便会采取措施删去这些安排。人们只有在看到一份详细记录他的日程的材料后,才会认识到许多工作本可由比他级别较低的人去做,或者根本不需要做,因为他所做的工作与他的薪金并不相称。

全是重点就等于没有重点,不能将心力都放在一些小问题上。

有的时候,我们可能会觉得手头的工作杂乱无章,没有任何头绪。那么,这个时候就需要我们分清事情的轻重缓急,熟练洞悉事物本质。人与人之间的贤愚差异并非在于头脑,而在于是否具有洞悉事情轻重缓急及重要性的能力。

你也许听过"20/80法则"。这法则是说,你所完成的工作里80%的成果,来自于你所付出的20%。如此说来,对所有实际的目标,这法则极为有用,它能帮助我们抓住工作与生活的重点,找到真正重要的事物,同时忽略那些不重要的事物。

对于目标的实现而言,将更多的精力投入"应该做的事",无疑是一条事半功倍的成功之路。歌德说过这样一句话："不可让重要的事被细枝末节所左右。"

做最重要、最有价值的事的第一步，就是找出能产生80%绩效的20%的部分。这需要你判断什么是最有价值的，需要有洞悉事物本质的能力。

工作的时候，我们需要把工作内容分为重点项目和非重点项目，就好像在学校的时候把课程分为必修课和选修课一样。

那些重点是值得你花大力气考虑和投入时间的地方，但是如果每个地方都被你打上重点符号，那你的时间管理就是失败的。

著名时间管理大师赛托斯说："重点是你的重心需要偏移的地方，重点是你需要着重强调的地方，你的工作日程不应该是一成不变的基调，它应该如同一首跌宕起伏的旋律，有高潮的紧迫感，也有平淡中的闲适感。"

4.管理者必须决定什么事情"不应该做"

许多管理者都意识到了哪些事情会浪费他们的时间，然而他们却不敢面对这个问题。他们怕因小失大，造成错误。殊不知，即使有了错误，也能很快弥补。事实上，一位管理者大刀阔斧减少不必要的工作，绝不会有太大的风险。能够大量削减不必要的和非生产性的工作，工作会进行得更快。

——德鲁克

时间管理的目的除了要决定你该做什么事情之外，还要决定什么事情不应该做。

因为时间管理不是完全的掌控，而是降低变动性。时间管理最重要的功能是通过事先的规划，做一种提醒与指引。

你是否有过这样的经验：毫无目的地看电视或阅读杂志，总觉得无意义,但仍继续看下去,就连广告也全看了,直到夜深,变得身心疲劳,才抱着棉被入睡,然后第二天又重复着同样的事情。这到底是怎么回事呢?重复做这样的事,或是几个小时,或是瞬间,但事后回想起来,感觉非常空虚。

时间的死亡——事实上就是这个时候。在管理者的人生当中,让时间流失、死亡的状况时有发生。因为时间是眼睛看不到的东西,人们无从察觉,而唯有想到的时候,才深感可怕。

丧失的时间是无法挽回的,管理者必须避免落入各种时间管理的陷阱。

陷阱之一:徒劳无功

查尔斯·史瓦在半世纪前担任伯利恒钢铁公司总裁期间,曾经向管理顾问李爱菲提出这样一个不寻常的挑战:"请告诉我如何能在办公时间内做更多的事,我将支付给你合理的顾问费。"

李爱菲递了一张纸给他,并向他说:"写下你明天必须做的最重要的各项工作,并按重要性的次序加以编排。明早当你走进办公室后,先从最重要的那一项工作做起,并持续地做下去,直到完成该项工作为止。重新检查你的办事次序,然后着手进行第二项重要的工作。倘若任何一项着手进行的工作花掉了你整天的时间,不用担心,只要手中的工作是最重要的,就请坚持做下去。将上述的一切变成你每一个工作日里的习惯。当这个建议对你生效时,把它提供给你的部属采用。这个建议试验时间的长短,由你来定。试验成功后,请将你认为这个建议所值的金钱数额,用支票寄给我。"

数星期后,史瓦寄了一张面额数万美元的支票给李爱菲,并附言感谢。

这件逸事给日理万机的管理者所带来的启示便是:应分清工作的轻重缓急以避免徒劳无功。

陷阱之二:不拒绝他人

管理者应该学会拒绝他人。对于那些不合理的帮忙请求,或者无聊的应酬,管理者应该学会说"不",因为这些事将占用管理者大量的时间。

譬如,在某一个极度繁忙的下午,某一女职员突然要求告假两小时回家,因为家具店将送一批家具到女职员家里,她必须回家开门并点收。

面对着这种情况,一般无经验的管理者通常会采取下面两种对策之一:

第一,断然拒绝这种不合时宜的要求,不理会她的感受。

第二,因担心触怒她,或是想充好人而勉强接受她的要求。

以上的对策都是不妥的,因为前者将引起主管与部属的摩擦并降低部属的士气,后者将显著地妨碍工作的进度。倘若管理者客观地权衡当时的情况,大概都会同意在那个时候不应准假。但是,管理者应如何拒绝准假才不至于产生不良后果或使不良后果减至最小呢?

有一种颇值得效仿的说辞:"我了解,当贵重的物品运到而无人在家开门,是一件令人担心的事。因此,只要有可能,我很愿意准假让你回家。但问题是,我必须在明日之前交货。倘若我无法按约定的时间交货,公司将失去一位大主顾。你是我的得力助手,此时实在不宜离开。不过,我倒有个建议,你何不打电话给家具店,请他们明天下午再送出家具?到那时我已经交了货,你也有足够的时间回家处理私事了。"

当然,以上的答复可能仍然难以令该部属感到完全满意,但是她的主管至少采用了最好的方式处理这件事。

此种方式具有下列几个好处:

第一,他郑重其事地考虑了她的要求,而非不假思索地一笔抹杀。

第二,他向她表示,他了解家具的运送对她是多么的重要。

第三,他耐心地向她解释,为何不准她告假。

第四,他令她知道,她是一位得力的助手,这有助于提高她的士气。

第五,他为她提供了解决家具运送问题的其他可行途径。

陷阱之三:习惯性拖延

某天清晨,张三于上班途中信誓旦旦地下定决心,一到办公室即着手草拟下半年的部门预算。他很准时地于9点整走进办公室,但他并没有立刻从事预算的草拟工作，因为他突然想到不如先将办公桌以及办公室整理一下，以便在进行重要的工作之前为自己提供一个干净与舒适的环境。

他总共花了30分钟的时间，才使办公环境变得井井有条。

他面露得意的神色，随手点了一支香烟，稍作休息。

此时，他无意中发现报纸上的彩色图片十分吸引人，于是情不自禁地拿起报纸。

等他把报纸放回报架，已经10点钟了。这时，他略感不自在，因为1小时已经过去了。

不过，报纸毕竟是精神食粮，也是沟通媒体，身为企业的部门主管怎能不看报？何况上午不看报，下午或晚上也要看。这样一想，他才稍觉心安。

于是，他正襟危坐地准备埋头工作。就在这个时候，电话铃响了，那是一位顾客的投诉电话。他连解释带赔罪地花了20分钟的时间才说服对方平息怒气。

挂上电话，他去了洗手间。

在回办公室的途中，他闻到了咖啡的香味。原来，另一部门的同事正在享受"上午茶"，他们邀他加入。他心里想，预算的草拟是一件颇费心思的工作，若无清醒的头脑则难以胜任，于是他毫不犹豫地应邀加入，在那儿聊了一阵儿。

回到办公室后，他果然感到神采奕奕，满以为可以开始致力于工作了。

可是，一看表，已经10点45分！距离11点的部门联席会议只剩下15分钟。他想："反正这么短的时间内也办不了什么事，不如干脆把草拟预算的工作留待明天算了。"

许多管理者都因无法免于张三那样的拖延恶习，以致到头来荒废了很多事情。

陷阱之四：事必躬亲

有一位技术很出色的副总裁，他在授权方面做得却很不好。例如，他设定了目标后,总是担心下属会因为经验不足而犯错误,于是他总会越过自己属下的经理,直接去找工程师,然后一步一步地告诉工程师该怎么做。甚至有一次,一位工程师在洗手间遇到这位副总裁,竟然被副总裁在洗手间里念叨了20多分钟。

后来,副总裁属下的经理实在受不了了,便向总裁如实反映了情况。经过多次警告却仍然没有改进之后,这位副总裁被解职了。

从这个例子我们可以知道,领导的工作是设定目标,而不是事无巨细地控制、管理、指挥和命令。

管理的实质其实是通过他人将事情办妥。可是,许多管理者却常常试图事必躬亲,这实在是一种不理智的行为。

毕竟,管理者的时间是有限的,他应集中大量的时间处理一些重要的事务,而将其余琐碎的事务交托给下属处理。若他事无巨细皆亲躬而为,不但会使他的大部分时间被琐碎的事务占用,致使重要事务无法做好,也会剥夺部属发挥才能的机会。

因此,"事必躬亲"是管理者一个严重的时间陷阱。跨越这种陷阱的唯一途径便是"授权"。

陷阱之五:求快求多求完美,不代表你做出了正确的选择

不停地规划和催促自己;追求完美、凡事井井有条;对信息保持敏感、经常大量阅读资讯……

这些看起来很好的时间管理习惯,其实都有它的不足,甚至反而是时间管理的误区。

人并不是把工作表安排得越紧张,做事越多、越完美就越好。

A是个大忙人,常常不停地列出做事清单、更新清单,并且记录自己每个小时工作的利用情况,不肯浪费任何时间。但是,这样常常搞得自己以及周围的人都非常紧张,这让他很困惑。

"'看表式'的极端时间管理会使人们的每项活动都了无生趣——我们需要的是'掌控时间',而不是'紧握时间'。"美国著名时间管理专家阿兰·拉金说,"千万别叫我效率专家,我所关注的是'效能'!"拉金关注的是:你是否做出了正确的选择,而不是一味求快、求多。

注意拉金说的效率与效能的差别:虽然讲求效率是一件好事情,但是讲究效能的人会把注意力放在选择上来:选择最重要的事情来做,以及选择采用最有效的方式来做,而不是关注做事的频率是否最快。

B是个追求完美的人,事事都要安排妥帖、井井有条。如果有哪件事做得不够完美,在B眼里便很难过去。有不少人夸他这个优点,但是B说,其实这样也够累的,但是做事业不追求完美,便很难有收获。

做事讲求完美确实是优点,这体现了一个人的素质,不是所有人都能有这样的自我要求的。

但问题是:不是所有事情都值得追求完美,而且多数事情是不值得的——二八定律告诉我们,多数情况下,是20%的事情决定着80%的结果,所以并不需要所有事情都十全十美。人的时间和精力有限,生活也不全是工作,要将更多的时间、精力放在最重要的20%的事情上。

C常常为信息不足而感到不安:比如经济、政治、社会各方面最新的信息,企业内各层级的信息,行业信息,竞争对手的信息,等等。C始终对这些信息保持敏感并大量吸收信息。但是他越来越发现,自己面对的信息实在太泛滥了,重要的、有趣的、有用没有用的,各种各样的信息充斥着他的大脑,他反而缺少了思考、体验的时间。

要形成经常清除不需要的信息源的习惯,在这个信息泛滥的时代,这种习惯非常有价值。

比如,对于订阅的电子文件、刊物,或者习惯性常看的网站,试一试如果几周不看它们,自己的工作、生活会有什么改变。如果你并不怀念它,说明这只是个习惯了的阅读负担而已,完全可以把它从信息源里去除。

对书籍的清理,如果是一年以上没有碰过的书,就得考虑是不是要收起来了。不要放在工作的地方分散注意力,或者干脆送给可能需要的同事。

D接到老客户的电话,要第二天下午去谈一下采购的事情。D很高兴,也像多数人一样安排了时间——打算第二天上午和助理用两个小时准备资料。

　　但第二天早晨,在准备资料前,他接到了另一个客户打来的电话,抱怨以前定的一些产品还没有送到。D虽然客户很多,但哪个都不能得罪,得立刻处理。一段时间过去,助理也白白浪费了这部分时间。

　　终于解决了这个客户,可以准备材料了,但是D忽然想起,最近一个厂家生产出了一款新产品,可以提供给这个客户,但是新产品的资料不能马上发到,于是D把助理催得紧张不已,原来的资料也没准备好……

　　D的问题出在,没有在接到事情时,用十几分钟立刻做"业务分解"。

　　如果当时就对事情"分解",他会发现自己准备材料并不是一件事情,而是多件:

　　当时就该安排助理,立刻及时地给客户回电话,问清更具体的信息;

　　自己立刻联系需要合作的厂家,让厂家把资料和成功案例发来;

　　要提前告诉助理相关客户的情况,让助理提前准备,随时备用;

　　……

　　这样,　即使第二天上午的时间被其他客户临时占去一部分,D也仍然有足够的时间能把准备工作出色完成。

　　"业务分解"是一个好习惯,虽然需要提前投入十几分钟,但相对于事后的混乱,这十来分钟的提前投入绝对是值得的。

5.在现阶段就要对未来的时间管理做好决心和计划

　　长期的计划不包括未来的决定,　而是包括现阶段你对未来所下的决心。

——德鲁克

　　德鲁克认为,卓有成效的管理者,往往会在行动之前先做计划,他们有可能在一个月还未开始之前就已经做好了这个月的一切安排。而一个人只要能做出一天的计划、一个月的计划,并坚持原则按计划行事,那么在时间利用上,他就已经占据了自己都无法想象的优势。

如果今天没有为明天的任何事情做计划,那么你明天将无法拥有任何成果!而如果你失去了精力,那么你将没办法把重要的任务做到尽善尽美。

(1)前天晚上就要做好计划。

吉姆·罗恩说:"如果你每年去钓一次鱼,你也只能再去钓二十几次鱼了。"

生命图案就是由每一天拼凑而成的,成功者们往往从这样一个角度来看待每一天的生活。在它来临之际,或是在前一天晚上,把自己如何度过这一天的情形在头脑中过一遍,然后再迎接这一天的到来。有了一天的计划,就能将一个人的注意力集中在"现在"。只要能将注意力集中在"现在",未来的大目标就会更加清晰,因为未来是被"现在"创造出来的。

把每天的时间都安排、计划好,这对你的成功很重要,这样你就可以每时每刻集中精力处理要做的事。把一周、一个月、一年的时间安排好,也是同样重要的。这样做会给你一个整体方向,使你看到自己的宏图,有助于你达到目的。每个月开始,你可以坐下来看本月的日历和本月主要任务计划表,然后把这些任务填入日历中,再定出一个计划进度表。

(2)还要保持充沛的精力。

许多有巨大潜力的人们都只盯着他们的目标和计划,而不去管其他的小事,因为他们知道精力是需要保持和储蓄的。

快速行动就能全面生存,而旺盛的精力就是你快速行动的基础。

就像杰克·韦尔奇经常说得那样:"如果你的速度不是很快,而且不能适应变化,你将很脆弱。这对世界上每一个国家的每一个工商企业的每一个部门都是千真万确的。"

马克·吐温说过:"行动的秘诀,就在于把那些庞杂或棘手的任务分割成一个个简单的小任务,然后从第一个开始下手。"

成功的人,并不能保证做对每一件事情,但是他永远有办法去做对最重要的事情,计划就是一个排列优先顺序的办法。卓有成效的管理者都善于规划自己的人生，他们知道自己要实现哪些目标，并拟订一个详细计划,把所有要做的事都列下来,然后按照优先顺序排列,依照优先顺序来做。

当然,有的时候没有办法100%按照计划进行。但是,有了计划,便给人提供了做事的优先顺序,让他可以在固定的时间内完成需要做的事情。

吉姆·罗恩说过:"不要轻易开始一天的活动,除非你在头脑里已经将它们一一落实。"

即使是著名的富人,也非常重视自己每一天的工作计划,因为只要做好了一天的计划,就能发挥自己的最大能力,制造惊奇。计划是为了提供一个按部就班的行动指南:从确立可行的目标，拟订计划并订出执行行动,最后确认你完成目标之后所能得到的回报。

他们总是一件事接着一件事去做,如果一件事没有完成,他是不会考虑去做第二件事的。凡事要有计划,有了计划再行动,成功的概率会大幅度提升。

(3)任何时候都不晚。

很多时候,很多人都会抱怨,当自己发现什么是最重要的时候,已经晚了。其实,觉得为时已晚的时候,恰恰是最早的时候。

安曼曾经在纽约港务局工作并担任工程师一职，他工作多年后按规定退休。开始的时候,他很是失落,但他很快就高兴了起来,因为他有了一个想法,他想创办一家自己的工程公司。

安曼开始踏踏实实、一步一个脚印地实施自己的计划,他设计的建筑遍布世界各地。在退休后的30多年里,他实践着自己在工作中没有机会尝试的大胆和新奇的设计,不停地创造着一个又一个令世人瞩目的经典:埃塞俄比亚首都亚的斯亚贝巴机场、华盛顿杜勒斯机场、伊朗高速公路系统、宾夕法尼亚州匹兹堡市中心建筑群……

这些作品被当作大学建筑系和工程系教科书上常用的范例，也是安曼伟大梦想的见证。86岁的时候,他完成了最后一个作品,当时世界上最长的悬体公路桥——纽约韦拉扎诺海峡桥。

　　生活中,很多事情都是这样,如果你愿意开始,认清目标,打定主意去做一件事,永远不会晚。

6.一次只做一件事,犹如沙漏里一次只通过一粒沙

　　有效的管理者坚持把重要的事放在前面做,每次只做好一件事。

——德鲁克

　　一次处理一件事,一个时期只有一个重点。思考最大的敌人就是混乱。不要将心力分散在太多的事情上,那样会降低效率,徒增烦恼。因为脑里讯息太多会阻碍思考,就像电脑的RAM(随机存储器)塞满了处理命令,会导致运行缓慢甚至死机。

　　为了让你的大脑一次只想一件事,你需要清除一切分散注意力、产生压力的想法,把注意力集中在你主要专注的事情上,让你的思维完全地进入当前的工作状态。

　　你需要把你想做的事情想象成一大排抽屉中的一个小抽屉而不是一排抽屉。你的工作只是一次拉开一个抽屉并满意地完成抽屉内的工作,然后推回抽屉,不再想它。

　　卓有成效的管理者都懂得,一次只做一件事,犹如沙漏里一次通过一粒沙。

　　在广袤的地球上,如果以10平方米这种小面积来计算,人口流动密度最大的也许要数纽约曼哈顿中央火车站的问询处了。那里每一天都会人潮涌动,匆忙的游客都争着询问自己的问题,希望马上得到答案。对于问询处的服务人员来说,工作的紧张与压力可想而知,疲于应对可能是他们的共同感受。

可是在问询处，一个胸前挂着组长标志的年轻人面对着游客的提问却总是应付自如。

在他面前的旅客，是一个肥胖的妇女，脸上的汗水不由自主地往下流着。很显然，她十分焦虑与不安。问询处的年轻人倾斜着上半身，以便能更好地倾听她的声音。"您好，你想询问什么？"他把头抬高，集中精神看着这位妇人，接着说道："您要到哪里去？"

此时，有一位手提着皮箱，头上戴着礼帽的男子试图插入这个对话之中。但是，这位服务人员却视若无睹，只是继续和这位妇人说话："您要去春田吗？"他无须看行车时刻表，便说道："那班车将在15分钟之内到达第二站台。您不用跑，时间还多得很。"

女人转身迅速地离开，这位服务人员立刻将注意力移到那位戴帽子的男士身上。但没过多久，刚才那位胖太太又汗流浃背地回来问这位服务员："你刚才是说第二站台吗？"这次，这名服务人员却把精神都集中在那位戴礼帽的男士身上，待回答完那位男士的提问后，才又把注意力转移到胖太太的身上。

有人问那位服务人员："面对这样众多的提问和急躁的旅客，你是怎样保持冷静的？"

服务人员这样回答："我并没有和所有旅客打交道，我只是单纯地处理一位旅客。忙完一位，才换下一位。一次只服务于一位旅客，但一定要让这位旅客满意。"

"一次只服务于一位旅客，但一定要让这位旅客满意。"许多人在工作中把自己搞得疲累不堪，而且效率低下，很大程度上就在于他们没有掌握这个简单的工作方法，一次只解决一件事。他们总试图让自己具有高效率，而结果却往往适得其反。

我们要学习那位服务员的工作方式，一次只着眼于一件事情，并且集中精力，致力于出色地完成这一件事情。把其他的事情按照轻重缓急的顺次安排下来，上一件解决之后，再着手解决其他事情。这样才不会因为事务繁杂、理不出头绪而顾此失彼，导致效率低下。

一次只解决一件事情,并不是要你忽略其他的事情,而是循序渐进地完成你的任务。只有这样才能真正有效地处理好你身边的每一件事情。

为什么有报告指出我们25%~50%的人都因工作而感到手忙脚乱、疲惫不堪?

这不单单是我们工作了多少个小时的问题,它还体现了这样一个事实,即我们总是在同一时间花费连续的数小时去处理太多的事情。

最主要的是我们已经失去了处理事情的明确的停靠点、终点和界限(下称"黄金分割点")。正是技术使得这些原本有条不紊的事情变得模糊不堪、面目全非。无论我们走到哪儿,都一味地坚持随身携带数字设备,以工作为伴。这就像搔身上的痒,只会使它更加严重,可我们又不得不去搔痒。

这里有几个实事求是的问题:你是否在电话会议期间回复电子邮件(甚至是与别人通话时也这样)?你是否带上电脑出席会议,一边上网冲浪却假装是在做会议记录?你是否在自己的办公桌上用午餐?你是否一边驾车一边打电话甚至发送及时信息?纵然你清楚这些事情不该发生在你身上,但你是否做到了却不得而知。

假设你并未因此而倒下,可你付出的巨大代价是你的劳动效率(即劳动生产率)。从某种意义上来说,这是在分散你的注意力,你同时从事多项活动却未真正地投入到任何一项活动中。从另一意义上来说,由于你丢下了手上的主要工作任务去做别的事情,这意味着你要额外增加平均约25%的时间才能完成这项工作任务。

然而,这样做的最大隐性危害是:由于你一直不停地在做事,从而无情地耗费掉了你每天拥有的能量储备,因此每过一个小时,你所拥有的能量都在减少。

就组织而言,提高生产率和增强创新思维的最佳方法是大力鼓励注意力集中的有限期间,以及有助于恢复注意力的短时期间。

如果你是一名管理人员,以下三项政策具有推行价值:

(1)会议纪律:会议时间安排为45分钟,最好不要超过1个小时或更长时间。这样,出席会议的人方能保持注意力集中,会后才有时间去思考会议所讨论的内容并为下一议题做好准备。按时启动会议,按时结束会议,并保证会议期间关掉所有数字设备(与会者与会议无关的设备)。

(2)不要要求做支离破碎的临时答复:如果你强行要求你的属下进入反应性工作模式,分散了他们的注意力,这只会使他们很难将注意力保持在需要优先完成的工作上。规定下属阅读电子邮件的时间,如果有紧急事务,你可以直接给他们打电话。当然,这样的情况一般不多。

(3)鼓励休息、调养:一天中至少要创造这样的一次机会,鼓励你的下属停下手头的工作去休息。比如,组织午后瑜伽锻炼、坐禅,或集体外出散步,也可以考虑为职工提供便于放松和小睡的休息室。

另外,每个人的工作黄金分割点各不相同。

对于个人而言,以下三种行为可供参考:

(1)每天上午第一件要做的事情是最重要的。

做第一件事情时最好是没有外界干扰,时间安排在60~90分钟,有明确的起始、结束时间。如果条件允许,第一件事情最好是在自己的私人空间里完成,或者可以戴上消音耳塞,排除外界干扰。坚决抵制任何分散你注意力的因素,因为你要在规定的时间内完成你的工作任务。你的注意力越集中,你的劳动产出率就越高。当你完成手上的工作时,你至少得花几分钟的时间去休息。

(2)建立定期的思考次数,以供长期的、创造性的或战略性思考。

如果你不为自己创造这样的思考条件,那么你势必会经常遭遇紧急事务的驾驭,被动而毫无对策。另外,从事这些活动时,你需要一个不同的环境,最好是一个可以让你放松自如、开阔思维的空间。

(3)定期休假:这里的定期休假是指真正地完全与工作脱离干系。

如果条件允许,你一年可以做几次这样的定期休假,甚至有的定期休假亦可在周末的两三天时间里实现。总而言之,有研究表明,定期休假会让你生活得更健康,工作效率更高。

第三章

10分钟读懂目标管理

——企业的使命必须转化为目标

目标管理和自我控制,被公认为德鲁克对管理实践的主要贡献。美国总统布什在将2002年度的"总统自由勋章"授予彼得·德鲁克时,提到他的三大贡献之一就是目标管理。它已经在全世界为数众多的公司中得到了成功的应用。

1.经营目标是企业的罗盘

经营目标可以被比作轮船航行用的罗盘。罗盘是准确的,但在实际航行中,轮船却可以偏离航线很远。然而,如果没有罗盘,航船既找不到它的港口,也不可能估算到达港口所需要的时间。

——德鲁克

得州石油巨富亨特,从一个濒临破产的棉农成为一个亿万富翁。当有人向他询问,有什么建议可以给那些想在财务方面取得成功的人们时,他说只有两件:"首先,你必须确切地决定你想实现什么,大多数人在一生中都不曾这样做过;其次,你必须确定自己为此要付出什么代价,并决心付出。"

清楚的目标是根本

清楚的目标和目的是任何事业成功的根本。如果你不花时间去弄清你设法完成的究竟是什么,那你就注定永远只能把生命耗费在那些别人也在做的事情上。生活如果没有清楚的方向,你要么会漫无目的地兜圈子,要么就经营一份连自己都不喜欢的事业。你也许能赚些钱,做些有趣的工作,但最后的结果绝不会等同于你有意识地决定后才创办事业所能得到的成就。最终你会沮丧,也许你一路上曾在哪里上错了道。你曾经检视过自己的职业,并扪心自问过:"我究竟怎么会到这里来的?"

假如设定目标是如此重要,那为何肯花时间来确定自己想去哪里的人却如此之少呢?

部分原因是缺乏如何设立清晰目标的知识。你可能上过许多年学,但却从来不曾接受过如何设定目标的任何指导,人们也普遍缺乏对建立清晰目标的重要性的理解。而那些确实了解自己想什么的人,在很大程度上比其他人做得要好得多。

阻碍设定目标的一个常见原因是害怕犯错。但实际上,设定什么目标都比漫无目的地到处漂浮好。如果你不知道自己正往哪里去,那度过的每一天都是一个错误。你很可能浪费了自己的大多数时间去追求别人的目标,被你资助的那些当地的快餐店、电视广告和公司股东对此可都窃喜不已呢!

(1)定义一个二元的目标。

很多人认为,一旦他们有了方向,就等于有了目标。其实根本不是这么回事,这只会造成前进的幻想。"赚更多钱"和"开创一项事业"并非目标。

目标是一种明确地、清晰地定义了的可测量的陈述。方向与目标的区别,正如指南针所指的东北方与法国埃菲尔铁塔的最高点之间的区别。一个只不过是方向,另一个却是明确的位置。

目标的一个重要方面就是,它们必须是以二元定义的。在任何时刻,如果问你是否达成了你的目标,你必须能够给出一个确定的"是"或"否"的回答,"可能"不能成为选项。

关于清晰的目标的一个例子就是:你今年6月份的总收入是3万元或更多?

这是你可以计算清楚的,然后在月底,你就能对是否达成目标给出确切的"是"或"否"的答案。

这就是构成一个目标所需要的清晰的层次,如此,你的头脑才能锁定其上,并快速前进。

(2)细节化。

设定目标时应尽可能细节化。定下明确的数字、日期和时间,确保每个目标都是可测量的。要么你达成了,要么没达成。定义你的目标,就好像你已知道将会发生什么一样。有人说,预测未来的最好方法就是创造它。

(3)把目标写下来。

目标必须用一种积极的、现在时的、个人肯定的形式写下来。一个没写下来的目标不过是个白日梦而已。

要为你想要的事物设定目标,而不是那些你不想要的。你的潜意识只有在目标以积极形式被定义时才会锁定其上。

表达你的目标,就好像它们已经达成了一样。不说:"我今年要存20万元。"而要用现在时表达:"我今年存了20万元。"如果你用将来时表达目标,就等于告诉自己的潜意识要把成果永远留在将来,而不是掌握在现在。

构建目标时要避免模糊不清的词语,比如"可能"、"应该"、"可以"、"会"、"也许"或"或许"之类的。这些词本身就包含着对于你是否能达成所追求的东西的怀疑。

最后,让你的目标个性化。你不能为别人设立目标,比如:"年底会有出版商再版我的书。"而要用这样的方式来表达:"我今年跟北京一家出版商签了一份在年底至少会挣5万元的合同。"

2.设定目标一定要采取"有意识"的主动

设定清晰的目标不是一个被动的行为,它不会自动发生,你必须采取有意识的行动才能做到。每件事都很肯定,没有什么是模糊的。你不是正向目标前进,就是离它越来越远。

——德鲁克

如果你什么都不做或是稀里糊涂地做,那你基本上就是"漫无目的"的受害者。换句话说,你在用自己的时间为别人的目标服务却还不自知。你傻乎乎地为房东、其他事业、广告商、股东等人拼命赚钱,每一天都稀里糊涂地这么干着,不知道自己正往哪里去,这对你自己来说就是又往后退了一步。如果你不主动照看自己的花园,杂草就会疯长。杂草可不需要浇水或施肥,只要没有尽责的园丁,它就会自己乱长。同样的,在你的职责、工作和生活上,如果没有自觉而定向的行动,那里也会杂草丛生,你什么也不必做就会变成那样。而当你认真严肃地检视自己身在何方及去往何处时,首要的任务就是把那些杂草根除。

清醒是一种选择

如果你一直在没有重点地开展着你的事业,只是每天早上醒来等着事情发生,那对你来说,花点时间决定和写下你究竟想去哪儿就是至关重要的。你还要花多长时间来爬那座成功之梯,到头来却发现它靠错了地方?赶快选好未来的一个点,不管是今后6个月还是5年,然后花上几个小时写出你希望自己到那时成为什么样子。许多人其实并不确定他们想去哪,所以拒绝做任何书面承诺,以便让他们"保持开放的选择权"。要是你持这种态度,会产生什么样合理的结果呢?你永远都得不到提升,无法开展你的事业,没法结婚,没有家庭,搬不了新家,等等,除非有其他人帮你做决定。

有些人把自己生活的控制权交给了别人却不自知。只不过是因为害怕做出错误的选择,他便不愿花时间设计自己的未来。他的生活由他人支配着,那些人把他们的目标压到他身上,而他也默认了。要是有个朋友能够随便支配你的生活——你的事业、你的生活状况、你的人际关系等——他/她就能够完全肯定对你的所作所为都是对的吗?要是一个生意合伙人突然出现,在你还未能有意识地决定这种改变是否与你的目标一致时,就彻底改变了你本周的计划,事情又会变成怎样?如果我们没能为自己设定清晰的目标,就会在这样的问题上受害。认清一个真正的机会并采取行动,和在没有自觉的决策的情况下就采取行动完全是两回事。

等着能鼓舞你的东西出现,和期盼天上掉馅饼一样,不过是个幻想。清晰的决策不会自动发生,你始终必须身体力行地让它发生。如果你只是因为不知道想要什么而没有清晰的目标,那就坐下来积极地思考你想要什么。对自身渴望的了解并不是由某种神力赋予你的——你得自己决定。不设定目标就等同于决定让自己成为他人目标的奴隶。

清晰的目标使决策更清晰

你的现实并不一定能与你的远景匹配得天衣无缝；那不是重点，重点是，你的远景能够让你做出清楚的每日决策，以便让你保持在向目标前进的方向上。当一架商业客机从一座城市飞往另一座城市之际，它有90%的时间是脱离航线的，但它一直在测量自己的前进方向并不断调整。目标设定的原理也是如此。保留一张目标清单并不是因为那就是你最终会到达的地方，而是因为它能让你坚定地决定今天该干什么。当别人突然告诉你一个"机会"时，你会知道那是真正的机会还是仅仅是浪费时间。长期的规划塑造了短期的规划。

当你开始朝目标前行时，沿途会遇到许多新鲜事物，你会边走边修改你的计划。如果走到半路，你发现那不是你真正想要的，你也可能会改变你的远景。有缺陷的目标仍然比彻底没有目标要好得多。

当你结束了一天，感到："如果你这一天还能重来，我还会用同样的方式度过"，你就会有种感谢的心情，这种心情能帮你将精力集中在对你真正重要的事情上。而当你以一种懊悔或失落的心情结束一天时，你就会觉醒，并设法用不同的方式度过第二天。

在你建立了清晰的、心甘情愿为之付出的目标的第一天，你就会发现生活有了可以度量的改变，即使一开始的尝试并不完美。你可以比以往更加迅速地做出决策，因为你知道它们会把你引向或带离你的目标。

沃尔特·迪斯尼临终前夜，有个贴身记者守在他的床边，分享他对迪斯尼乐园的远景。这是迪斯尼乐园竣工前6个月的事情。当迪斯尼世界最终开放时，另一位记者对沃尔特的兄弟罗伊说："沃尔特没能看到这些实在太可惜了。"罗伊答道："沃尔特是最先看到它的人，所以我们今天才能看到它。"

凭借设定你渴望的目标，把它写下来，每天回顾，你就能用聚焦的力量把目标变成现实。

3.目标管理和自我控制

目标管理的精髓是需要共同的责任感,依靠团队合作。

——德鲁克

德鲁克认为,并不是有了工作才有目标,而是相反,有了目标才能确定每个人的工作。所以,"企业的使命和任务,必须转化为目标"。如果一个领域没有目标,这个领域的工作必然被忽视。

因此,管理者应该通过目标对下级进行管理。

企业必须具备统一的目标

企业只有具备了明确的目标,并且在组织内部形成紧密合作的团队,才能取得成功。但在实践过程中,不同的因素妨碍了团队合作。比如:

不同部门之间常常缺乏协调。生产部门生产的产品,销售部门却发现销售不畅,设计人员可能根本不考虑生产部门的难处或市场的需要,而开发出一种全新的设备;

组织内部的等级制造成老板和下属之间的摩擦和误解。下属抱怨老板根本不想理解他们的问题,而老板对下属的漠然和无动于衷也颇有微词。同时管理的不同层级对企业要求的理解也不尽一致。比如,管理层也许敏锐地意识到了需要控制污染,但技术人员却没有意识到这一点;

高层管理者有时制定了不恰当的薪酬体制,误导下级管理人员的行为。薪酬常与利润挂钩,但研发工作短期不会带来效益,因而也就被忽略了,结果是危及到企业未来的发展。

企业要成功,首先要制定统一和具有指导性的目标,这样可以协调所有的活动,并保证最后的实施效果。这就是为什么需要目标管理的原因。

主要目标也许只有一个

一般来说,主要目标屈指可数,也许就一个。它可以按照企业的目的来定义,如美国贝尔电话公司的前总裁西奥多·韦尔,称"我们的企业就是服务"。一旦主要目标明确后,企业其他不同领域(比如营销和生产力)的目标就易于确定了。企业发展取决于目标是否明确。只有对目标作出精心选择后,企业才能生存、发展和繁荣。一个发展中的企业要尽可能满足不同方面的需求,这些需求和员工、管理层、股东和顾客相联系。

高层管理者负责制定企业主要的总体目标,然后将其转变为不同部门和活动的具体目标。举例来说,如果企业总体的销售目标是100万美元,销售总监和地区经理会讨论如何完成目标,同时设立不同区域的具体目标。目标是共同制定的,不是强加给下属的。目标管理如果能得到充分实施,下属甚至会采取主动,提出他们自己认为合适的目标,争取上级的批准。这样,每个人,从管理层到一线员工,都将清楚需要去实现何种目标。

自我控制

在目标管理体系中,每个人都可以通过比较实际结果和目标来评估自己的绩效,以便做进一步改善。这就是自我控制的原则。绩效还可以由老板和下属定期共同评估,以便采取必要的行动。这样做有利于改善上下级间的沟通,双方的困难和期待也会因此更清晰。目标管理可以培育团队精神和改进团队合作。

引入和实施目标管理

目标管理的第一步是定义企业的目标。要对企业的方方面面做通盘的考虑,包括企业目前的现状以及未来的发展;考虑可能的风险,也要考虑机遇;主要目标要涵盖企业的主要领域,而且应该清晰明了,并提供能对实际工作做定期检查的基础和平台,以及进一步改进的措施。

然后,就可以引入和实施目标管理:

(1)准备一份主要目标的简短说明,要清晰、具体和具有可操作性。

(2)准备一份5~10年的战略规划,明确所有主要领域如市场营销、生产力的主要目标等。

(3)准备一份来年相应的短期或战术规划,明确不同关键领域的目标。

(4)与每一个经理人磋商,确定其管辖领域的目标,明确要达到目标的绩效标准。当制度运转良好时,下级经理人不仅参与制定目标,而且会提出他们自己的意见和建议。

(5)准备一份达到工作目标的改进计划。

(6)建立合适的组织结构,比如加强销售力量。

(7)及时向每一位经理人和低级经理人(主管)提供必要的信息,使他可以评估工作进度,并采取必要的补救措施。这就是目标管理和自我控制。

(8)定期共同回顾经理人和他们助手的工作情况,如果有必要,重新调整实现目标的工作方向。

(9)制订培训经理人员的计划,使他们克服自身的弱点,发挥长处。

(10)给经理人员适当的鼓励。

4.目标管理的五大原则

目标不是命令,而是一种承诺和责任。目标并不决定未来,只是一种调动企业的资源和能量以创造未来的手段。

——德鲁克

德鲁克相信,实行目标管理能了解基层经理人的期望,同时赋予经理人控制绩效的权力,激励他们建构愿景,并尽力达成最佳成果。

下面是目标管理的五大原则,简称SMART原则。遵循这些原则,你的目标管理将取得事半功倍的效果。

S(Specific)原则:明确性

所谓明确,就是要具体、清楚地说明想要达成的行为标准,而不是用抽象的语言和内容。明确的目标几乎是成功团队的一致特点。很多团队不成功的重要原因之一就是因为目标本身模棱两可,或没有将目标有效地传达给相关成员。

比如说，"增强客户意识"，这种对目标的描述就很不明确，因为增强客户意识有许多具体做法：减少客户投诉、提升服务速度、使用规范礼貌的用语、采用规范的服务流程等。有这么多增强客户意识的做法，你所说的"增强客户意识"到底指哪一块？

不明确就没有办法评判、衡量。所以，建议这样修改：比如，我们将在月底前把收银的速度提升至正常的标准，这个正常的标准可能是2分钟，也可能是1分钟，或分时段来确定标准。

目标应该是明确的，而不是模糊的。

如果领导有一天问："这个目标离实现大概还有多远？"团队成员的回答是"我们早实现了"。这就是领导和下属对团队目标所产生的一种分歧，原因就在于没有给他一个明确的分析数据。

比方说，"为所有的老员工安排进一步的管理培训"。"进一步"是一个很不明确的概念，到底这个"进一步"指什么？是不是只要安排了这个培训，不管谁讲，也不管效果好坏都叫"进一步"？如果能够改进一下，准确地概述为：在什么时间完成对所有老员工关于某个主题的培训，并且在这个课程结束后，员工的工作效率能够得到提高，如果没有提高甚至有所下降就认为效果不理想，这样目标就变得明确了。

再比如说，前台被要求要保证来电优质服务。什么是优质服务？很模糊，要具体点，比如保证对紧急情况，正常工作时间内4小时响应。那么，什么算紧急情况？又要具体定义：比如1/4的内线分机瘫痪等。这样的计划才是明确的、具体的，能够让员工一目了然地付诸行动。

M(Measurable)原则：衡量性

衡量性就是指应该有一组明确的数据，作为衡量是否达成目标的依据。如果制定的目标没有办法衡量，就无法判断这个目标是否已实现。目标设置要有项目、衡量标准、达成措施、完成期限以及资源要求，使考核人能够很清晰地看到部门或科室月计划要做哪些事情，需要完成到什么样的程度。衡量标准遵循"能量化的量化，不能量化的质化"。使制定人与考核人有一个统一的、标准的、清晰的可度量的标尺,杜绝在目标设置中使用概念模糊的描述。

有的工作岗位,其任务很好量化,典型的就是销售人员的销售指标,做到了就是做到了,没做到就是没做到;而有的工作岗位,工作任务不容易量化,比如研发部门和行政部门,但他们的工作仍然要尽量量化。

行政部门的许多工作都是极琐碎的,很难量化。比如对前台有一条要求是"要接听好电话",但怎么具体量化呢?

解决方法是:接听速度是有要求的,通常理解为"三声起接"。就是一个电话打进来,响到第三声的时候,就必须要接起来,不可以让它再响下去,以免打电话的人等得太久。

再如前台的一条考核指标是"礼貌专业地接待来访",做到什么样才算礼貌专业呢?

前台工作非常繁忙时应该这么做:工作人员应该先抽空请来访者在旁边的沙发坐下稍等,然后再继续处理手中的电话,而不是做完手上的事才处理下一件。这才叫专业。又比如,什么叫礼貌?应该规定使用规范的接听用语,不可以在前台用"喂"来接听,早上要报:早上好,某某公司;下午要报:下午好,某某公司;说话速度要不快不慢。

所以,没有量化,是很难衡量前台服务工作到底怎样才算接听好了电话和礼貌接待了来访。

A(Achievable)原则:可实现性

如果上司利用行政手段或权力性的影响力,一厢情愿地把自己所制定的目标强压给下属,下属典型的反应是心理和行为上的抗拒。一旦有一天这个目标完成不了,下属有一百个理由可以推卸责任。

"控制式"的领导喜欢自己主观定目标,然后交给下属去完成,他们不在乎下属的意见和反映,但这种做法已越来越没有市场。如今,员工的知识层次、学历、个人的素质,以及他们主张的个性张扬的程度都远远超出从前。因此,领导者应该更多地吸纳下属来参与目标制定的过程(即便是团队整体的目标)。

要坚持员工参与、上下左右沟通,使拟定的工作目标在组织及个人之间达成一致,既要使工作内容饱满,也要具有可达性。可以制定出跳起来"摘桃"的目标,不能制定出跳起来"摘星星"的目标。就如你让一个没有什么英语功底的初中生,在一年内达到英语四级水平,这就不太现实,这样的目标也没有意义;但若让他在一年内把新概念一册拿下,那就有达成的可能性。他努力地跳起来后能够摘到果子,才是意义所在。

R(Relevant)原则四:实际性

实际性是指在现实条件下是否可行、可操作。可能有两种情形,一方面领导者乐观地估计了当前形势,低估了达成目标所需要的条件,这些条件包括人力资源、硬件条件、技术条件、系统信息条件、团队环境因素等,以至于下达了一个高于实际能力的指标。另外,可能花了大量的时间、资源甚至人力成本,最后确定的目标根本没有多大实际意义。

比如,一位餐厅经理订的目标是早餐时段的销售额在上月的基础上提升15%。算一下,这可能是几千块钱的概念,如果把利润计算出来却是一个相当低的数字。但为完成这个目标的投入要花费多少?这个投入可能比增长的利润要高,那么这个目标就不具备操作性。

当然,有时实际性需要团队领导衡量。因为有时领导考虑投入多一些,目的是打败竞争对手。这种情形下的目标就是实际的。

部门工作目标要得到各位成员的通力配合,就必须让各位成员参与到部门工作目标的制定中去,使个人目标与组织目标达成认识一致、目标一致,既要有由上到下的工作目标任务,也要有员工自下而上的对工作目标的主动参与。

由于是工作目标的设定,因而制定时要和岗位职责相关联,不能跑题。比如一位前台工作人员,你让她学点英语以便接电话的时候用得上,就很好;但如果你让她去学习六西格玛管理,就跑题了。

T(Time-based)原则五:时限性

目标是有时间限制的。例如,你将在5月31日之前完成某事,5月31日就是一个确定的时间限制。没有时间限制的目标没有办法考核,或会带来考核的不公。由于上下级之间对目标轻重缓急的认识程度不同，上司着急，但下面不知道。到头来，上司暴跳如雷，下属却还觉得委屈。出现这种情况会伤害工作关系，伤害员工的工作热情。

实施要求：目标设置要具有时间限制，根据工作任务的权重、事情的轻重缓急，拟订出完成目标项目的时间要求，定期检查项目的完成进度，及时掌握项目进展的变化情况，以方便对下属进行及时的工作指导，以及根据工作计划的异常变化情况及时地调整工作计划。

总之，无论是制定团队的工作目标，还是员工的绩效目标，都必须符合上述原则，五个原则缺一不可。制定的过程也是对部门或科室先期的工作掌控能力提升的过程，完成计划的过程也就是对自己现代化管理能力历练和实践的过程。

5.目标管理要避免"机械化"

老板要问自己，是否就任务选配了最适合的人选，是否成功引导、帮助、鼓励和发展他的下属去理解和实现组织的目标。

——德鲁克

目标管理在实践中往往被机械地运用。老板为下属设立目标，如果他完成了目标，就会获得奖赏；如果失败，就会被解雇。老板只看结果。人们在这种情况下工作，压力巨大，最后甚至会导致整个体系的崩溃。目标管理的精髓是需要共同的责任感，它依靠团队合作。

英国马狮公司的发展是成功应用目标管理原则的经典例证。这家公司的前身是建于1884年的一元便利店，专门销售价格为一个便士的商品。到了1915年，它已经发展成为一家零售连锁店。今天，它已经成为世界上首屈一指的百货公司之一。

　　1924年，公司总裁西蒙·马克斯去美国实地考察了带来营销革命的百货商店的运作情况，回来后对马狮公司进行了大刀阔斧的变革。马狮公司将公司的主要目标定为社会革命，而不仅仅是普通的零售业务，由此造就了马狮公司的增长奇迹。

　　所谓社会革命，是和英国当时的社会现实紧密相连的，人的阶级属性靠穿着来区分。上流社会的人穿着时髦而且精致，而下层人士则衣衫褴褛。马狮公司决定靠给下层人士提供物美价廉的衣物来突破社会的阶级壁垒。公司做出此项战略决定后，就将全部精力都集中在了这个唯一的目标上。

　　看起来很奇怪，一家百货商店竟然肩负社会革命的重任。这一决定首先意味着企业的目的是理解和满足社会的终极要求，如果它这么做了，它就会自动成长，变得繁荣昌盛，这正是马狮公司成功的秘诀所在。企业必须不断努力去理解它的客户需求的变化，并从经济角度来满足他们。

　　马狮公司在确立了战略发展方向后，继续给出不同领域的目标。在营销领域的目标是：将客户定位为工人和低级职员，去了解他们的偏好、好恶以及在服装方面的购买力。

　　公司决定去开发新的织物和漂染原料，提供有吸引力的廉价服装。为了确保提供的衣物的标准能够不断改进，公司成立了质量控制实验室。与此同时，公司还不断开发新款服装。最关键的一步可能是对客户进行调查研究，以便更好地了解他们对新款服装的反应，并确认他们的选择。这在那个时代也是一项主要创新。

　　如果要实现目标，有必要建立一个合适的组织，这个组织应该包括不同种类的员工和管理人员；也有必要引入合适的工作方法，并组建一个有效的团队。马狮公司特别注意招募、培训和发展它的管理人员，因为它认识到管理是任何组织的关键要素。马狮公司也因它们的人事管理而出名，它们可能是第一家委派女性经理人来管理它们的女性雇员的商店。女性经理人员具备同情心和对事物的敏感性，在女性经理人的带领下，员工的士气十分高昂，女售货员工作十分愉快，所有这些都使销售额得到了大幅提升。

明确物质和财务资源方面的目标尤为必要。马狮公司非常注意原材料的采购,给产品选定合适的品牌,确定商店的地理位置和布局。鉴于城市中的空间极度拥挤的状况,商店中留给商品的空间都是有限的。要充分利用空间,必须关注细枝末节。商店的商品摆放要求有条不紊、干净和整洁,而同时又要便于搬动。

零售商店必须囤积大量的商品,并且还要及时更新存货。正常的步骤是以各种形式在账簿中登记。当公司总裁马克斯勋爵偶然去一家商店访问时,看到按照传统方法要做那么多的案头登记工作,非常震惊。他命令必须立即停止这种无谓的案头工作。存货的确认被代之以简单的实物确认,这是一项大胆和富有想象力的创新。让员工摆脱案头工作也极大地鼓舞了士气,他们以饱满的热情投入到了工作当中,把以前用在案头工作的时间花在了改善客户服务上。自然,销售额迅速攀升。

生产力是对组织绩效的真实检测,它是管理竞争力的一个指数。马狮公司最初采用的是美国通行的一些衡量生产力的手段,后来他们采用了一个自己的衡量指标——商店中每平方英尺销售面积的销售额。销售面积正好是零售商店的限制性因素,这种衡量生产力的手段既简单也有价值,它的计算也一目了然。

为了提高生产力,公司采用了若干步骤,包括仔细挑选产品,安排有吸引力的产品陈列方式和提供更好的客户服务。马狮公司的高速发展得益于上述的这些举措。

马狮公司没有计划达到任何特定的利润目标,但还是取得了远高于行业平均水平的利润率。当然,利润对任何企业的生存和发展都至关重要。但德鲁克反复重申利润不是企业的首要目标,目标管理不仅仅要关注利润,利润只是绩效的副产品。当公司按照顾客的需要提供了价格适中的产品,利润就会源源而来。

目标管理是一套非常有用的管理企业的方法,它对责任采取了更广的视角。和大公司的通常做法不同,马狮公司不是去利用和它有供货关系的厂商的弱点,而是特别注重供应商的稳定和增长。结果证明这是一个非常好的政策,能够确保质量优异的原材料的正常供应。

不断质疑目标

目标管理是一种开明和民主的管理方式。不断对目标提出质疑,从根本上说是试图把握不断变化的社会需求。目标管理不像安装机器一样是一个机械的过程,而是一个有机的过程,类似于培育和浇灌树木。它的运行原则是导向具体目标的自我控制,通过个人的发展最终求得组织的平衡发展。就像个人与组织之间的一场愉快的婚姻一样,个人保留了自己的尊严和自由,但同时要向组织履行职责。所有这些最终将有助于创造一个自由和人道的社会。德鲁克因此称目标管理为管理的哲学。

我们是否总能制定一个伟大的、并且能持续坚持的目标?为什么你制定了目标却仍然失败?也许失败已经让你觉得设定目标毫无用处,可是真的如此吗?

那么,你有静下来想想为什么你的目标会失败吗?

你很可能犯下了以下一些错误:

(1)太多的长期、中期目标。

你是否设定了太多的目标,并且天真地希望自己全部都能一一实现?这不是不可能,但更多的目标意味着精力的分散,特别是当你拥有太多的长期目标和中期目标时。

学习一门新技能、减肥20公斤等,这些都需要花费几个月才可能达到。如果你设定了太多诸如此类的大目标,你就会被到处牵着走,反而又变成没有目的性了。所以,建议你只留2~3个长期、中期目标,通过将大目标分解为若干个小目标,落实到具体的每天、每周的任务上。

(2)不明确个人的目标。

你为什么要设定这个计划?达到这个计划的目标对你意味着什么?当你达到目标后,你会有什么感觉?如果你对这些问题都还不是很清楚,说明今年你还不是特别急切地希望达到这些目标。

一个明确的目标,即使面对艰难和挑战,你仍然急切地想要竭尽所能来达到它。所以,你需要十分透彻地明白你制定的目标对你的意义。否则,你会很容易忘记它,并且很难会有进展。

(3)不把它们写下来。

想要记住并且开始执行自己的目标,最好的办法就是写下来！描述你的目标是什么,你要怎样达到它。如果你从来没有将目标记下来过,那现在就把你的目标写下。

将目标写下来,可以梳理你含糊不清、条理不顺的想法。记住,只有明确的目标才能保证你的成功,而明确的目标不会轻松地用脑袋想想就能全部明白。所以,花点时间,坐下来仔细写下来。

(4)不能每天都看到自己的目标。

人类是健忘的动物。即使你有将目标写下来,你还是会忘记。让自己深深记住,潜意识里不断提醒自己的最好的方法就是"重复"——让你天天都可以看到自己的目标。

你可以把目标放在每天可以看到的地方,如写在记事本里、通过电脑提醒等。

(5)不去定期回顾自己的目标。

定期回顾能使你确定自己是否朝着目标前进,有没有取得预期的成功。

就像飞行员驾驶飞机时,需要定时检查和修正飞行的航线一样,定期回顾可以使你发现目标和计划中出现的问题,并且找出其中的解决办法。

(6)只有自己知道目标是什么。

将你的目标告诉别人,因为你需要一点压力。也许你害怕对别人作出承诺,但是将自己的目标告诉别人只会迫使你对自己的目标负责。

告诉别人,你也许会感到别扭,那就告诉亲人和朋友,保证一定要完成目标,并且让他们监督你。如果你还在乎自己在他心中的优秀形象,那就赶快执行目标吧。

(7)得不到别人的支持。

一个好汉三个帮,达成目标不意味着你要做一个独行侠;相反,你需要家人、朋友的支持。

例如：如果你打算减肥，但是你的家人却每天吃快餐，这绝对不会对你有帮助；如果你想培养早起的习惯，室友却每天睡懒觉，你最好也把他拉进计划。向你周围的人谈谈你的目标和计划，要求他们给你提供支持，不管是精神上的还是物质上的。

6.与下属一起设定客观标准和目标

并不是有了工作才有目标，而是相反，有了目标才能确定每个人的工作。

——德鲁克

1954年，德鲁克提出了一个具有划时代意义的概念——目标管理（Management by Objectives，MBO），这是德鲁克发明的最重要、最有影响的概念，并已成为当代管理体系的重要组成部分。

德鲁克的目标管理和传统管理相去甚远，主要的区别在于：

第一，利润最大化。传统管理只有一个主要目标，利润最大化；而在目标管理中，利润需求只是目标之一，利润是实现一系列目标后的间接结果。利润最大化是一项误导性目标，追逐这一目标的公司会忽视非常重要的领域，比如研究、培训和福利。只要它的竞争对手在这些领域倾注全力，就能将它轻易击败。

第二，驱动型管理。传统管理通常是由驱动或危机管理，这种驱动现在可能是在生产力方面，也可能是在存货和质量控制方面。所有这些活动不久就会因为没有真正的改善而渐趋消失。在目标管理中，会在生产力和质量方面设立具体目标，整个组织会有规律地朝这些目标努力。只有当注意力都集中在预先设定的目标上，并通过持续努力来达到，才能创造出结果。

第三,寻找目标。企业情况随着技术和科学的进步以及社会、政治和经济的发展而迅速变迁。目标管理有必要不断重新审视已确立的目标,这和传统的管理也不同。传统管理是受管理的过程控制,强调规则、程序和制度,目标反而被放在了一边。目标管理一直都很强调目标,过程也很重要,它能导向目标。举个例子,传统管理更关心火车旅行的舒适程度,而不太在乎方向;目标管理首先会问火车是否驶向目的地,然后才关心旅程是否舒适。

第四,外部控制和指引。传统管理依赖外部控制和指引,它靠施加惩罚性的方法来鞭策员工,在这种环境下,员工机械地工作,逃避责任,没有主动性。在目标管理中,人们可以按照自己的意愿愉快地工作,他们自我约束,并注重自我发展。在目标管理之下,他们的潜力会得到更充分的发挥。

在目标管理中,重点是关注什么是对的,而不是谁是对的。这可以避免个人主导和人际冲突,使团队合作受到鼓励,协调程度得到加强。

南方卫理工会大学商学院的理查德·巴斯柯克指出,目标管理这一概念具有哥白尼“日心说”般的突破性效应:“德鲁克注重管理行为的结果而不是对行为的监控,这是一个重大的贡献。因为它把管理的整个重点从工作努力,即输入,转移到了生产率,即输出上来。”

德鲁克认为,任何企业必须形成一个真正的整体。企业每位成员所做的贡献各不相同,但是,他们都必须为一个共同的目标做贡献。他们的努力必须全都朝着同一方向,他们的贡献必须融成一体,产生一种整体的业绩——有隔阂,没有冲突,没有不必要的重复劳动。

德鲁克认为,经理人不能监控其他经理人——老福特曾试图这样做,结果福特汽车公司濒临倒闭。“经理人必须实施目标管理”——这是德鲁克给经理人的忠告。“从根本上讲,目标管理把经理人的工作由控制下属变成了与下属一起设定客观标准和目标,让他们靠自己的积极性去完成。这些共同认可的衡量标准,促使被管理的经理人用目标和自我控制来管理,也就是说,要自我评估,而不是由外人来评估和控制。”

　　因此,企业的运作要求各项工作都必须以整个企业的目标为导向;尤其是每个管理人员都必须注重企业整体的成果,他个人的成果是由他对企业成就所做出的贡献来衡量的。经理人必须知道企业要求和期望于他的是些什么贡献,否则,经理人可能会搞错方向,浪费精力。

　　有一个古老的故事说:有人问3个石匠在做什么。第一个石匠说:“我在混口饭吃。”第二个石匠一边敲打石块一边说:“我在做全国最好的石匠活。”第三个石匠眼中带着想象的光辉仰望天空说:“我在建造一所大教堂。”

　　自然,只有第三个石匠才是真正的经理人。第一个石匠知道他要从工作中得到什么并设法得到它,他很可能会“当地工作,以便得到公平的报酬”,但他不是而且永远不会是一位经理人。成问题的是第二个石匠。事实上,技艺是极为重要的。如果一个组织不要求其成员贡献出尽可能高的技艺,该组织就可能士气不振。但始终存在着这样一种危险:一个有真本事的工人或专业人员在雕琢石块或聚集了很多下脚料时,认为这本身就是成就。企业应该鼓励员工发挥技艺,但技艺始终应该同整体的需要相联系。

　　任何一家企业中绝大多数的经理人和专业人员,正像第二个石匠那样,关心的只是专业工作。它可能使一个人的眼界和努力从企业的目标转移开来,而把职能性工作本身作为一种目的。在很多情况下,职能经理不再以他对企业做出的贡献而以他的专业技艺标准来衡量自己的成就。当为了企业的成就而对他提出要求时,他感到恼怒,认为这妨碍了“优质的工程”或“均衡的生产”。职能经理的这种技艺要求,如果不予以调节,就会成为一种离心力,把企业搞得支离破碎,并使企业成为各个职能王国的一种松散的邦联。这些职能王国只关心自己的专业,保守自己的“秘密”,热衷于扩大自己的领域而不是热心于建设整个企业。

　　上级必须知道对下级的期待是什么,而下级必须知道自己对什么结果负责。每一位经理人,上至大老板,下至生产工长或主管办事员,都必须明确其目标。否则,一定会产生混乱。这些目标必须规定该经理人所管理的单位应达到的成就，以及他和他的单位在帮助其他单位实现其目标时应做出什么贡献，还应规定他在实现自己的目标时能期望其他单位给予什么贡献。换言之，从一开始就应把重点放在团队配合和团队成果上。

这些目标应该始终以企业的总目标为依据。即使对装配线上的工长，也应该要求他以公司的总目标和制造部门的目标为依据来制定自己的目标。公司可能非常之大，以致个别工长的生产工作同公司的总产出之间似乎有着天文数字的距离。但工长还是应该把自己的注意力放在公司的总目标上，并用他的单位对整体做出的贡献来表述本单位的成果。如果一位经理人及其单位不能对明显影响企业的繁荣和存在的任何一个领域做出贡献，那就应该把这一事实明确地指出来。这对于促使每一个职能部门和专业充分发挥技能，以及防止各不同职能部门和专业建立独立王国并互相妒忌，都是必需的，对于防止过分强调某一关键领域也是必需的。

为了获得平衡的工作，各个阶层和各个领域中所有经理人的目标还应该兼顾短期的考虑和长期的打算。而且，所有的目标应该既包括各项有形的目标，又包括经理人的组织和培训、员工的成绩和态度以及公共责任这些无形的目标，否则，就是短视和不切实际的。

每一位经理人的工作目标，都应该用他对自己所属的更高一级单位的成功做出的贡献来规定。高一级的管理当局当然必须保留是否批准下级制定目标的权力，但是，制定自己的目标，却是每一位经理人的责任，并且是其首要责任。它还意味着每一位经理人应该认真地参与他所属的上一级单位目标的制定工作。做一名经理人就意味着要承担责任。正因为他的目标应该反映企业的客观需要，而不仅是上司或他本人的想法，所以他必须以积极的行动承担起对企业目标的责任。他必须知道企业的最终目标，期望于他的是什么，为什么期望于他，对他进行衡量的标准是什么，为什么是这样的标准。在每一单位的整个管理当局中，必须有一种思想的交流。要做到这点，每位经理人就必须仔细考虑本单位的目标是什么，并积极而负责地参与制定目标的工作。只有下一级的经理人用这种方式来参与，上一级的经理人才能知道应该对他们提出什么要求。

目标管理的最大优点也许是它使得每一位经理人能控制自己的成就。自我控制意味着更强的激励：一种要做得最好而不是敷衍了事的愿望。它意味着更高的成就目标和更广阔的眼界。目标管理的主要贡献之一就是它使得我们能用自我控制的管理来代替由别人统治的管理。

经理人为了能控制自己的成就，除了要了解自己的目标，还必须了解其他一些情况，他必须能够对照目标来衡量自己的成果。在企业的所有重要领域中，应该提出一些明确而共同的衡量标准。这些衡量标准不一定是定量的，也不一定要十分精确，但必须清楚、简单、合理；它们必须与业务有关并把人们的注意力和努力指引向正确的方向；它们必须是可靠的——至少其误差界限是大家所公认并为人所了解的。

每一位经理人都应该能得到他衡量自己的成就所必需的信息，而且要及时得到，以便能做出必要的修正，获得所需的成果。而且，这种信息应该送交经理人本人而不是其上级。它应该是自我控制的工具，而不是由上级来控制的工具。

通用电气公司的例子表明信息可以有效地用于自我控制。

通用电气公司有一种专门的控制机制——流动审计员。这些审计员每年对公司的各个管理部门至少要做一次全面的分析。但是，他们的报告却送往被分析的部门的经理。无疑，正是源于这种将信息用于自我控制而不是用于上级对下级的控制的做法，才使通用电气公司的经理人产生了对公司的信心和信任的感觉。

但是，通用电气公司的做法并未被普遍采用和得到广泛的理解。典型的管理思想非常接近于一家大的化学公司所代表的做法。

在这家公司中，一个审计科负责对公司的每一个管理部门进行审计，但是审计的结果不是送往被审计的经理人，而是送给总经理。然后，这位总经理将经理人召来，向他们展示对他们经营的审计结果。这种做法对经理人士气的影响可从公司经理人给予这个审计部门的绰号上表现出来：" 总经理的盖世太保。" 的确，现在越来越多的经理人管理他们的部门不是为了取得最佳的绩效，而是为了在审计部门审计时得到最佳的评价。

目标管理和自我控制要求自律，它迫使经理人对自己提出高要求。它绝不是放任自流，它很可能导致要求过高而不是要求过低。

目标管理和自我控制假设人们是愿意承担责任、做出贡献、有所成就的。这是一个大胆的假设，如果一位经理人从一开始就假设人们是软弱的、不愿承担责任的、懒惰的，那他就会得到一些软弱的、不愿承担责任的、懒惰的人；如果一位经理人假设人们是坚强的、愿意承担责任的、愿意做出贡献的，他可能会遇到一些令他失望的事情。但是，经理人的职责就在于从一开始就假设人们——特别是管理人员和专业人员——是想有所成就的。

企业所需要的是一种能充分发挥员工的长处和责任心，能统一各种见解和努力，能建立起集体协作，能协调员工目标和公共利益目标的管理原则。目标管理和自我控制使得公共利益成为每一位经理人的目标。它把外部控制代之以更严格、要求更高、更有效的内部控制。它激励经理人行动，并不是由于别人要他做什么事或告诉他去做，而是由于客观的任务要求他行动。他采取行动，并不是由于别人要他行动，而是由于他自己决定他必须采取行动——换句话说，他是作为自由人而行动的。

德鲁克并不轻易应用" 哲学" 这个词，这个词太大了，但目标管理和自我控制却可以恰当地叫做一种哲学。它适用于各种层次和职能的经理人，适用于大大小小的各种组织。它把客观的需要转化成为个人的目标，通过自我控制取得成就。这是真正的自由。

7.目标管理与绩效考核

当组织高层管理者确定了组织目标后,必须对其进行有效分解,转变成各部门以及各个人的分目标, 管理者根据分目标的完成情况对下级进行考核、评价和奖惩。

———德鲁克

首先需要回答的问题是:为什么绩效管理在有些公司饱受质疑? 德鲁克指出,管理人员对绩效考核环节的错误理解是根源之一。

在考核环节遇到重重阻力和困难, 是很多公司在实施绩效过程中共同面临的问题。在这些公司的高层领导看来,绩效考核就是只看结果不看过程,把员工分出三六九等的工具;在中层管理者眼里,考核更是企业用来管制员工的工具。对他们来说,绩效考核仅仅是他们对员工要做的事,因此冲突不可避免。

其实,如果把考核看成是双方的一种合作和提高员工绩效的过程,将会减少冲突。绩效管理不是仅仅讨论绩效低下的问题,更要讨论成就、成功和进步的问题。重点放在这三个方面时,员工和经理是站在一起的。当员工意识到绩效管理是一种帮助而不是责备时,他们会更加合作和坦诚。为实现这一目标,公司需要在考核的制度上做出相应的转变。

绩效考核一般有三种方式:排名法、层次评级法、目标和标准评价法。在这三种方法中,排名法和层次评价法极为流行,特别是在管理理论西学东进的热潮中,中国企业管理人员对此如获至宝,权力掌控欲望强烈的管理人员将其作为一种控制员工的高效方法。但排名法违背了绩效管理的初衷,并不值得提倡。它是根据一些设定的尺度(例如销售额、管理能力等)对员工进行比较,以确定某位员工是比他的同事好、相同还是差。

排名系统可能会短期刺激一些员工更努力地工作,以取得头名;但从长期来讲,对组织是有害的。一位员工欲取得好的名次,只有两种途径:一是通过自己的不断努力,创造出高水平的绩效,这是管理者乐于见到,对组织绩效提升也多有裨益。遗憾的是,管理实际中的经验告诉我们,这并不多见。另一种途径是他们想尽办法压低同事的工作绩效,为他们的工作设置障碍。显然,在排名系统里,由于参照的就是同事,所以同事工作绩效低就意味着自己的绩效高。在这种紧张的氛围里,团队精神往往会被弱化,员工之间开始钩心斗角,互助合作也成为了表面文章,因为他们明白,帮别人就是损害自己的利益。长此下去,容易形成官僚化的文化,团队精神的丧失会渐渐侵蚀组织的健康。

与之相似,把员工分为A、B、C类的评级方式也有明显的缺陷。评级方式太过模糊,在计划绩效、预防问题和保护组织、发展员工方面没有什么作用。而且,评级的方式比较肤浅,虽然比较容易评价,但没有多少作用,甚至是负作用远大于正向效应。

而目标和标准评价法是根据一系列事先同员工协商制定好的标准来度量员工绩效的方式。目标和标准评价法在制定目标阶段,需要经理和员工深入沟通,在执行和反馈时,也需要双方的多次协调,这种建立在深入沟通基础上的考核,有助于组织协调单位之间的工作,有助于使个人的目标和组织的大目标相一致。当然,目标和标准评价法比评级法和排名法对经理和员工的要求都高,经理和员工都需要投入时间,但毫无疑问,这是最好的评价方法。

前提:是管理,而不是简单的考核

绩效管理,是各级管理者和员工为了达到组织目标,共同参与的绩效计划制订、绩效辅导沟通、绩效考核评价、绩效结果应用、绩效目标提升等持续循环的过程。绩效考评只是绩效管理中的一个环节。而我们在对员工进行绩效管理的时候,容易片面地、盲目地把所有的精力都投入其中,而忽视其他环节的有机结合,其结果往往是我赢你输。所以,如果想在绩效管理上实现双赢,每一个环节都需要投入精力,不可脱节。要知道,绩效是管理出来的,不是考核出来的!

基石：规则和标准言简意赅、便于衡量

有些企业的绩效管理方案中的规则和评定标准通常都是咨询公司做好的，或者是从绩效管理实务等书籍中照搬的，甚至是从网络上"copy"借鉴来的。在实际推进的过程中，你会发现很多规则和评判标准的描述都比较模糊，不好把握。

所以，在制订绩效管理方案时，不仅要避免官话套话长篇大论，还要注意对一些管理工具的"专业术语"做出解释，以免让大家看起来晕头转向，不知所云。对于考核标准，应避免出现形容词等主观性描述，如"取得非凡成绩"、"远超过规定期望"等。这些很难衡量的词语，让员工如何理解和把握呢？这两个标准可以调整为"预见到问题并采取预防措施"、"60%以上的绩效目标超额完成"。而对于追求工作质量等非量化的指标，要尽量避免用数量和时间作为单独的考核标准。比如，"某项目在年底前完成"，这样的描述容易让员工只注重时间而忽略质量，可以匹配将准确率、差错率等共同作为衡量的标准。

另外，考核标准还要将历史数据、同行数据等作为参照依据。比如，当年完成的标准不能低于上年，同行的标准是什么样的，等等。

关键：评估双方要理解绩效管理的规则和内涵

人力资源经理在推动绩效管理时经历了自己学习、设计和推广的过程。而我们的绩效方案动辄就要十几页的内容，这些不仅仅是人力资源部门相关人员理解就可以了，所有员工，尤其是评估主管都必须理解，并且理解的方向与我们倡导的方向必须一致。要理解这些和他们自身工作"不相关"的内容是要花些时间的，通常我们容易忽视这个问题，以为大家看了就会理解，实际上他们往往不会主动抽出太多的时间来看这些内容，特别是评估主管可能会按照自己的理解来给出评估结果，不重视绩效计划的制订，忽视绩效辅导与沟通，甚至将一个项目组所有人员的评估结果统一发给大家，不了解绩效考核结果的反馈是需要一对一进行的，不了解考核沟通与计划改进是需要考虑个性因素的。如果这样推进下去，那么无论多么科学、完善的绩效管理规则和评定标准都无法落地，更得不到有效的应用。

所以,要把对员工绩效管理方面的培训和宣导作为日常工作来开展。首先,可将绩效管理的原理、过程、规则和内涵制作成标准课件,每季度循环开一次课,课程中不仅要有理论的讲解,还要安排案例讨论、情景演练等研讨活动。然后,人力资源部制作季度绩效专刊向评估主管发布,专刊内容主要以绩效计划制订和绩效辅导反馈的案例为主。最后,在每个月考核后,人力资源部都要将分析评估数据及做出的分析报告向全员发布,让员工了解部门的整体绩效情况,以及个人努力的方向。

核心:关注过程和有效沟通

如果只是关注过去的绩效,就是关注结果;如果更关注未来绩效,就是关注过程。有些主管在考评员工绩效时,只给出一个评价结果就认为他的工作结束了,殊不知,作为主管,他的工作才刚刚开始。

在设定绩效目标时,需要通过反复沟通与员工达成共识。目标的制定首先不能是管理者一言堂,其次要符合SMART原则,最后绩效目标设定时最好控制在5~8个,每个目标的权重控制在10%~30%。

在绩效目标执行的过程中,主管对员工进行绩效辅导至关重要。帮助绩效上出现问题的员工及时对工作内容和工作态度进行修正,以免引发员工消极情绪,甚至对工作造成重大影响;对绩效上表现优秀的员工及时肯定和赞扬,鼓励其再接再厉。绩效辅导应贯穿于整个绩效管理的过程,不是仅仅在开始,也不是仅仅在结束。

在考评结束后,主管需要与员工进行绩效反馈面谈,面谈前要做好功课:要清楚并能够向员工描述考评情况,这是成功面谈的前提;要考虑员工可能提出质疑并做好沟通预案,尤其当员工考核结果排位靠后时,可能还会有强烈的负面情绪,做好疏导很重要;面谈内容要避免只谈结果,例如,不是向员工反馈考核结果是"A"或者"B",或者是做出你的考核结果不好、某项工作做得很差、某些方面的能力很差、不管你以后在哪工作都要注意这些问题之类的判断,而是要对绩效结果进行描述,让员工清楚哪些方面存在什么样的差距,哪些方面要进行改进等,并且给予改进建议;

要将公司的发展及对个人的期望、个人能力发展、职位晋升等相关内容融合在一起；面谈时还要聆听员工的声音，切忌仅仅是主管一家之言。

目的：持续改善和能力提升

刚刚开始做绩效管理时，可能会面临这样尴尬甚至是痛苦的状况：除了推动员工自评、主管给所有下属进行评价时受阻外，费力推动的评估结果就放在那里根本得不到应用；当经过绩效管理工作的不断宣传和推动，主管们和员工们认识到了评估结果的应用，却仅限于年底发奖金和年初涨工资的依据，并且他们认为这就是终极目标了。面对这种情况，人力资源部可推动业务部门共同丰富绩效评估结果应用的内涵，不仅仅与薪酬相挂钩，更与员工的能力和发展相结合，让绩效评估发挥更积极的作用。如：绩效评估排名靠后的人员，根据绩效反馈的沟通结果，针对能力弱项安排相应的培训，通过绩效管理持续提升员工的绩效和能力，以达到组织绩效提升的目的。

值得一提的是，在实际的工作中，应相对淡化年终评绩效这个概念，要将全年目标分解，根据不同部门、不同岗位、不同行业线的特点来决定考评周期和考评的关键绩效指标，月度考评、季度考评、年度考评贯穿始终。年终绩效的结果应包括对员工平时的绩效汇总。只有把工作目标贯穿于日常工作过程中，并将其细化，绩效考核才不会流于形式。这样绩效评定的结果才更合理、更公平。只有结果公平了，员工认可了，绩效管理才能起到正面的激励作用，才能打造出真正的高绩效组织和高绩效文化。

总的来看，管理者有以下几个方面的工作要做：

(1)认真解读企业的战略目标和年度经营计划。

通常的情形是，当企业的战略目标和年度经营计划发到管理者手中的时候，他们要么直接放入文件筐，继续埋头于案头工作，要么只是简单浏览一下自己职责范围内的内容，而对其他方面则一概不管。这两种情况都会导致战略目标和年度经营计划的使用效率下降，作用得不到充分的发挥。

如果你仔细观察，就会发现，许多企业的规章制度的待遇就是这个样子。往往规章制度的制定者热情很高,领导者的决心也很大,最终制定完成后,受到的礼遇则通常都是被束之高阁。

也许是长期以来,管理者养成了听命行事的习惯,也许管理者根本就把战略目标和年度计划之类的文件当作规章制度,不愿意去多加理会。于是,花费企业管理层大量心血的战略目标和年度经营计划在实施的过程中慢慢变形、变质,最后成了废纸。

导致这种现象的根本原因就是沟通没有做好。当企业战略目标和年度经营计划制订完成以后,更重要的工作是如何被企业各个层面的管理者和员工理解,而不是立即行动。试想,如果理解不够充分,管理者没有弄明白,你的行动策略怎么制定?管理者怎么去执行?又怎么会收到好的效果?

所以,充分地解读企业的战略目标和年度经营计划应该是管理者必须做而且必须做好的重要工作。通过解读,管理者要弄清楚这样几个问题:

为完成企业战略和年度经营计划,本部门/团队承担的主要职责是什么?

为完成这些职责,本部门/团队需要的资源和支持是什么?

如何分解并向员工传达这些目标任务?为帮助员工实现目标,自己又该做哪些努力?等等。

(2)重新定义员工的工作。

在充分解读企业战略目标和年度计划之后,接下来要做的工作就是与员工一起重新界定他们的工作。

所谓重新定义员工的工作是指,在原有职位说明书的基础上,结合企业的战略和年度经营计划的要求,对员工的职位内容、职责权限做出合适的调整,一方面使员工的职责权限更加明确,一方面丰富员工的工作内容,激励员工接受更加具有挑战性的工作,使员工的职业生涯更加丰富。

值得注意的是,职位说明书是拿来用的,不是拿来存档的。通常,管理者给员工定好职位说明书,按照人力资源部的规定和员工签字确认,之后,就放到文件筐里,不再理会。这种做法显然是错误的。既然制定了最新的职位说明书,就要使用起来,而最简单的使用方法就是将职位说明书放在案头,随时参阅。

这实际也就是职位的后续管理问题。判断管理者对职位的管理到位与否,就要看管理者在管理员工的时候是否经常使用职位说明书,是否经常根据职位说明书的内容与员工沟通工作。所以,管理者一定要做好职位说明书的后续管理工作,把职位说明书用起来,并在使用的过程中不断修订和完善。

(3)帮助员工制定关键绩效指标(KPI)。

"投资于人",首先就是要告诉员工你对他/她的期望。而要做到这一点,最好的办法就是把员工未来一段时间的绩效目标——关键绩效指标告诉他们。这里,关键绩效指标既是管理者的期望表达,又是员工挑战自我、实现自我的愿望表达。所以,它应该是管理者和员工双向沟通并达成共识的结果。

这个工作成功与否,与前面两项工作有着紧密的联系,因为员工的关键绩效指标是对企业战略目标和年度经营计划的分解,同时,它也是对员工职位说明书的丰富和发展。二者必须同时具备,管理者才能够帮助员工制定出真实有效的绩效目标,才能真正帮助员工提高绩效能力,提升业绩水平,实现"投资于人"。

关键绩效指标也是管理者对员工进行考核以及与员工进行高质量沟通的必备文件,是他们之间的协定,它质量的高低决定了"投资于人"计划的成败,值得管理者付出较高的热情和较多的精力。

通常,管理者对制定关键绩效指标没有信心,比较犯难,原因在于他们没有足够的能力制定出量化精确的绩效标准。这是可以理解的。但是,这又是管理者必须做好的工作,不能因为指标难以制定就放弃。如果你想提升自己的管理水平,想使自己的职业生涯获得提升,你就必须做而且必须做好这项工作。相信,只要你认真去做了,你就能越做越好。而且这会成为你区别于其他管理者的重要标志之一,值得你为之付出更多时间和精力！

(4)辅导帮助员工提高绩效能力。

确定关键绩效指标以后，管理者的工作并没有因为职责被员工分担而轻松，因为员工绩效目标的实现并不是他们自己事情，而是管理者和员工共同的事情，员工绩效目标执行得好坏，与管理者的辅导和支持密切相关。如果管理者能够与员工保持密切的沟通，及时了解员工工作的进展情况，并能提供必要的辅导和帮助，那么员工的能力就能不断得到提高，绩效目标就能够实现；反之，如果任由员工自己发挥，那么绩效目标将很可能偏离预定的方向，无法被实现。

所以，为体现"投资于人"的管理理念，管理者应时刻关注员工的绩效目标的执行状况，结合员工的具体情况对他们进行有针对性的辅导，提供必需的资源和领导支持，帮助他们清除前进过程中的障碍，创造一个积极和谐的工作环境，使员工在实现绩效目标的同时提高能力和技能，做好挑战更高目标的准备。

(5)考核员工的表现并及时反馈。

在制定绩效目标的时候，与员工约定好完成日期，也就是考核期限。当约定时间到来的时候，管理者应及时对员工的绩效做出考核评价，并对员工进行反馈。

这里，考核应以帮助员工提高绩效为目的，把考核当成管理者和员工共同探讨成功和进步的机会。也就是说，考核的关注点应集中于员工做了哪些工作，这其中，哪些工作做得好，应该给予表扬和奖励；哪些工作还需要改进，然后提出改进计划。

(6)帮助员工制订绩效改进计划。

制订绩效改进计划，一方面是为了帮助员工提高能力，一方面是为下一绩效周期做好准备，使人力资本的功能得到充分的发挥。

所以，当绩效反馈完成后，管理者和员工双方对员工存在的不足达成了共识，那么，就要根据员工的特点制订针对性的改进计划，以帮助员工在未来的时间内做得更好。

　　通过以上6个步骤,一个完整的绩效管理过程就得到了实现。在这个过程中,管理者作为员工的绩效合作伙伴,以"帮助者"和"支持者"的身份,与员工一起共同制定绩效目标,共同探讨成功的办法,共同分析实现目标的障碍和困难并排除之,最终实现"投资于人"的目的,使绩效管理落到实处!

第四章

10分钟读懂愿景管理

——企业的愿景如何启动

德鲁克指出："使命、愿景和价值观之间的联系可以归纳为：使命是一切的根本，一切源于使命；愿景把使命转变为真正富有意义的预期结果；价值观是以什么样的方式和行动去实现真正富有意义的预期结果。"

1.企业必须思考的三个问题

我们的事业是什么？谁是我们的客户？客户的认知价值是什么？

——德鲁克

德鲁克因提出以下三个经典问题而享有盛誉：我们的事业是什么？谁是我们的客户？客户的认知价值是什么？全世界的几代经理人都在问着同样的问题。这些问题的答案——"事业理论"，已家喻户晓。

管理思维最具特色的标志就是以"事业理论"指导运作。因此，重大决策和首创精神都在验证这一理论，因为在某种程度上，利润是重要的，它可以说明你的理论是否奏效。但利润不是企业的目的，而是结果。

如果你没有取得你所期待的结果，你应当重新审查你的事业理论。

这样做就相当于采用科学的方法，一切始于假设，在实践中验证假设，必要时做相应的修改。只有明确企业的目的之后，企业才能有绩效。

基业常青的企业不同于单枪匹马的企业家，它需要超越一个人或一代人的生命局限的持续性。它不能像过去的商人那样，看准机会，一段时间只从事一笔买卖，在从事另一笔买卖之前把前一笔买卖完全清理掉。它必须把资源投入一个长期的未来，所以，必须对未来承担义务，这包括以下方面：业已建立的组织、政策、程序、投资、准备、产品/服务、市场、员工。

如果不是以一种事业理论为依据，就不能合理承担这些责任，它就必然会使各种资源分散；而且，如果不以一种事业理论为依据，就不能合理地检查和修正所承担的各项责任。如果不把结果与由这种事业理论所提出的期望相比较，就没有办法确定是否需要进行某项变革。

因此，企业领导人需要深入思考和清楚地表述其事业理论，明确地说明企业的宗旨和企业的使命，他们必须不断反躬自问："我们的事业是什么以及它应该是什么？"

德鲁克认为,企业如果不了解自己是什么,代表着什么,自己的基本概念、价值观、政策和信念是什么,它就不能合理地改变自己。只有明确地规定了企业的宗旨和使命,才可能树立明确而现实的企业目标。企业的宗旨和使命是确定优先顺序、战略、计划、工作安排的基础,它是设计管理职位特别是设计管理结构的出发点。战略决定结构,战略决定某一企业中的关键活动是什么,而建立战略的前提是清楚地了解"我们的事业是什么以及它应该是什么"。

在德鲁克看来,为"我们的事业是什么"这一问题提供答案,是高层管理者的首要责任。企业遭到挫折和失败的一个最重要的原因,也许就是很少对企业的宗旨和使命进行必要且适当的思考。与此相反,在美国电话电报公司和西尔斯这样一些杰出的企业中,其成功在很大程度上都是由于创始人有意识地提出了"我们的事业是什么"这一问题,并通过深思熟虑明确地给予了回答。

但是,管理当局不愿提出这一问题,也是有理由的。首先就是这个问题会引起争吵、辩论和分歧。

如果问做企业的目的是什么?多数人会简单明了地回答"赚钱"。

这是一个值得中国CEO反思的问题。

企业作为社会公民,其战略目标当然不应只为了利润。然而,囿于企业自身的发展阶段和尚不完善的市场环境,更多的中国企业还是把财务业绩作为首要甚至是唯一的战略目标。

许多企业总体上仍处于"唯利是图"的初级阶段,很多企业在制定战略规划时,只想到了表象上的做大和做强,缺乏对存在理由、意义或者价值等企业哲学高度上的思考。

很多大公司喜欢说"客户第一",但其实只是在装模作样,真正能遵循这一信条的寥寥无几。面对外界压力时,一家大型上市公司的CEO必须在客户利益最大化和季度获利最大化之间做出选择,而多数CEO选择了后者。

错误的愿景,带来"浮躁心态"

《九阴真经》是金庸小说中的一部为众多武林人士趋之若鹜的武学秘

籍,然而,真正把这门武功练到极致进而问鼎华山论剑的却是一个进入疯狂状态的欧阳锋。

回归现实,众多的"成功"企业都是一个"疯狂"式的老板带领一群正常人组成的团队完成的,开始是"跟着感觉走",在"一不小心干大"以后,很多老板自己也养成了以"自吹自擂、自命天高、自以为是"为特点的"三自经"。

2008年时,丰田以897万辆的销量超过通用的835万辆,成为全球最大的汽车制造商。丰田是圆了世界第一之梦,但质量"噩梦"也随之而来,并在2010年爆发。

2008年,接掌帅印的丰田家族第四代孙丰田章男到北京向中国消费者道歉的时候,讲到了这次丰田危机的三点原因:"其一,由于急速的扩张,一直秉承的造车育人这样一个理念没有得到很好的落实,换句话说,我们的成长速度超过了我们人才培养的速度;其二,丰田模式中第一是安全,第二是质量,第三是数量,第四是成本,但最近一些年,在优先顺序上出了一些问题;其三,公司内部有些人过高评价了自己取得的业绩,把短期业绩当成了发展的标准。"

从某种意义上说,丰田的教训恰恰是很多中国企业追求超常规发展的不二法门。

社会转型期,最甚嚣尘上的就是浮躁心态。浮躁是一种冲动性、情绪性、盲动性相交织的病态社会心理,它与艰苦创业、脚踏实地、励精图治、公平竞争是相对立的。浮躁使人失去自我的准确定位,使人随波逐流、盲目行动。太多人都在"用短跑的心态跑长跑",幻想着自己能够导演"井喷式增长"甚至是"蛇吞象"那样的奇迹。试想,如果"奇迹"能够成为常态,人类真的要做好"哈雷彗星撞地球"的预案了。

一个人有一个人的生命尊严,企业亦然。太多的中国企业一门心思就是想赚钱,启动了错误的愿景设置,如此颠因为果,"百年老店"的梦想本身就是一个悖谬。

所以,CEO需要思考以下问题:

在利润背后,还有什么?

中国企业家的价值,就是赚钱吗?

企业家的最终价值是什么?

企业对社会到底有什么意义?

没有企业家,社会会有什么不同吗?

规定企业的宗旨和使命是艰巨、痛苦并带有风险的,但只有如此,才能使一家企业树立目标、制定战略、集中资源并着手工作;只有如此,才能对一家企业进行管理而取得成效。

2.打造适合自己发展的企业愿景

高层管理者在提出"我们的事业是什么"这一问题时,还有必要问一问:"我们的事业将会成为什么样子? 在环境中已有什么可以看得出的变化,可能对我们企业的特点、使命和宗旨发生重大的影响?

——德鲁克

究竟什么是愿景管理呢? 企业究竟要怎样打造适合自己发展的企业愿景与目标呢?

斯巴达克斯在纪元前七十一年领导一群奴隶起义, 他们两度击败罗马大军,但是在克拉斯将军长期包围攻击之后,还是被征服了。在电影中,克拉斯告诉几千名斯巴达克斯部队的生还者说:"你们曾经是奴隶, 将来还是奴隶。但是罗马军队慈悲为怀,只要你们把斯巴达克斯交给我,就不会受到钉死在十字架上的刑罚。"

在一段长时间的沉默之后, 斯巴达克斯站起来说:"我是斯巴达克斯。"然后,他旁边的人也站起来说:"我才是斯巴达克斯。"下一个人站起来也说:"不,我才是斯巴达克斯。"在一分钟之内,被俘虏军队里的每一个人都站了起来。

这个故事是否虚构并不重要,重要的是它带来更深一层的启示。这个故事的关键情节在于,每一个站起来的人都选择受死,但是这个部队所忠于的不是斯巴达克斯个人,而是由斯巴达克斯所激发的"共同愿景"(大家共同愿望的景象),即有朝一日可成自由之身。这个愿景是如此让人难以抗拒,以至于没有人愿意放弃它。

发自内心的意愿

"共同愿景"不是一个想法,甚至像"自由"这样一个重要的想法也不是一项共同愿景,它是在人们心中一股令人深受感召的力量。刚开始时,可能只是被一个想法所激发,然而一旦发展成感召一群人的支持时,就不再是个抽象的东西,人们开始把它看成是具体存在的。在人类群体活动中,很少有像共同愿景一般能激发出这样强大的力量。

共同愿景最简单的说法是"我们想要创造什么"。愿景是人们心中或脑海中所持有的意象或景象,共同愿景也是组织中人们所共同持有的意象或景象,它创造出众人是一体的感觉,并遍布组织全面的活动,而使各种不同的活动融汇起来。

如果你我在心中持有相同的愿景,彼此却不曾真诚地分享过对方的愿景,这并不算共同愿景。当人们真正共有愿景时,这个共同的愿望会紧紧将他们结合起来。个人愿景的力量源自个人对愿景的深度关切,而共同愿景的力量则源自共同的关切。事实上,我们逐渐相信,人们寻求建立共同愿景的理由之一,就是他们内心渴望能够归属于一项重要的任务、事业或使命。

共同愿景对企业是至关重要的,因为它为学习提供了焦点与能量。在缺少愿景的情形下,充其量只会产生"适应型的企业";只有当人们致力于实现某种他们深深关切的事情时,才会产生"创造型的企业"。事实上,除非人们对他们真正想要实现的愿景感到振奋,否则整个创造型企业的概念——扩展自我创造的能力——将显得抽象而毫无意义。

今天,"愿景"对公司领导而言,是个熟悉的概念。然而,只要你小心地观察,你会发现大部分的愿景是一个人(或一个群体)强加到组织上的。这样的愿景,顶多只能博得服从,而不是真心的追求。一个共同愿景是团体中成员都真心追求的愿景,它反映出个人的愿景。

孕育无限的创造力

如果没有共同愿景,我们将无法想象苹果电脑、AT&T、福特等怎么建立起他们惊人的成就。这些由他们的领导人所创造的愿景分别是:乔布斯、渥兹尼亚以及其他苹果电脑的创业伙伴希望电脑能让个人更具力量;裴尔想要完成费时50多年才能达成的全球电话服务网络;亨利·福特想要使一般人,不仅是有钱人,能拥有自己的汽车。同样的,日本公司若不是一直被一种纵横世界的愿景所引导,也无法如此快速崛起。例如,佳能从一无所有,到目前已赶上全录影印机的全球市场占有率;或是本田公司的成功也是一例。其中最重要的是共同愿景所发挥的功能:这些个人愿景被公司各个阶层的人真诚地分享,并凝聚这些人的能量,在极端不同的人之中建立了一体感。

许多共同愿景是由外在环境刺激而造成的,例如竞争者。百事可乐的愿景明确地指向击败可口可乐;租车业的艾维斯的愿景是紧追赫兹。然而,如果目标只限于击败对手,那么愿意仅能维持短暂的时间,因为一旦目标达成了,心态就会转为保持现在第一的地位便可。这种只想保持第一的心态难以唤起建立新事物的创造力和热情。真正的功夫高手,比较在意自己内心对"卓越"所定义的标准,而不是"击败其他所有的人"。这并不是说愿景必须是内在的或是外造的,这两种类型的愿景是可以共存的,但是依靠只想击败对手的愿景并不能长期维持组织的力量。

京都陶瓷的总裁恳求员工们"向内看",发掘他们自己的内部标准。他认为,虽然在努力迈向成为同业中最优秀的目标时,公司会把目标瞄向成为"最好的",但是他的愿景是,京都陶瓷应当持续追求"完美"而非只是"最好的"。

共同愿景会唤起人们的希望,特别是内生的共同愿景。工作变成是在追求一项蕴含在组织的产品或服务之中,比工作本身更高的目的——

苹果电脑使人们透过个人电脑来加速学习；

AT&T借由全球的电话服务让全世界互相通信；

福特制造大众买得起的汽车来提升出行的便利；

……

这种更高的目的，亦能深植于组织的文化或行事作风之中。

赫门米勒家具公司退休的总裁帝普雷说，他对赫门米勒公司的愿景是："为公司人员心中注入新的活水。"因此，他的愿景不仅只是加强赫门米勒的产品，还包括提升它的人员和企业文化的层次，以及追求富有创造力和艺术气息的工作环境。

愿景令人欢欣鼓舞，它使组织跳出庸俗，产生火花。乔布斯在一篇关于苹果电脑愿景产品的大作中提道："不论公司内忧外患有多严重，一步入麦金塔大厦，我马上又精神奕奕。我们知道自己即将目睹电脑史上一项重大的改变。"

企业中的共同愿景会改变成员与组织间的关系，它不再是"他们的公司"，而是"我们的公司"。共同愿景是使互不信任的人一起工作的第一步，它能产生一体感。事实上，组织成员所共有的目的、愿景与价值观，是构成共识的基础。

心理学家马斯洛晚年从事于杰出团体的研究，发现它们最显著的特征是具有共同愿景与目的。马斯洛观察到，在特别出色的团体里，任务与本身已无法分开；或者应该说，当个人强烈认同这个任务时，定义这个人真正的自我，必须将他的任务包含在内。

愿景的强大驱动力

共同愿景会自然而然地激发出勇气，这勇气会大到令自己都吃惊的程度。

1961年，肯尼迪总统宣示了一个愿景，它汇聚了许多美国太空计划领导者多年的心愿，那便是：在十年内，把人类送上月球。这个愿景引发出了无数勇敢的行动。

60年代中期，在麻省理工学院的德雷普实验室，发生了一个现代斯巴达克斯的故事。IK实验室是太空总署阿波罗登月计划惯性导航系统的主要承制者。计划执行数年后，该实验室的主持人才发现他们原先的设计规格是错误的。虽然这个发现令他们十分困窘，因为该计划已经投入了数百万美元，但是他们并未草草提出权宜措施，反而请求太空总署放弃原计划，从头来过。他们所冒的险不只是一纸合约，还有他们的名誉，但是已经没有别的选择。

他们这么做唯一的理由是基于一个简单的愿景：在十年内，把人类送上月球。为了实现这个愿景，他们义无反顾。

在80年代中期，在几乎所有小型电脑产业都投向IBM个人电脑阵营之际，苹果电脑坚持它的愿景：设计一部更适合人们操作的电脑，一部让人们可以自由思考的电脑。在发展过程中，苹果电脑不仅放弃了成为个人电脑主要制造厂商的机会，也放弃了一项他们领先进入的创新技术：可自行扩充的开放型电脑。这项策略后来证明是对的。苹果公司最后所发展出来的麦金塔电脑，不仅容易使用，也成为了新的电脑工业标准，让使用个人电脑成为了一件快乐的事。

如果没有共同愿景，就不会有学习型组织。如果没有一个拉力把人们拉向真正想要实现的目标，维持现状的力量将牢不可破。愿景会建立起一个高远的目标，以激发新的思考与行动方式。共同愿景是一个方向舵，能够使学习过程在遭遇混乱或阻力时，继续循正确的路径前进。学习可能是困难而辛苦的，但有了共同愿景，我们将更可能发现思考的盲点，放弃固守的看法，承认个人与组织的缺点。比起我们努力想要创造的事情的重要性，上述所有的困扰似乎都微不足道。

乔布斯接受访问时说："当你努力想达成愿景时，你知道需要做哪些事情，但是却常不知道要如何做，于是你进行实验。如果行不通，你会另寻对策，改变方向，收集新的资料，然后再实验。你不知道这次实验是否成功，但你仍然会试，因为你相信唯有实验可使你在不断尝试与修正之中，一步步地接近目标。"

3.好的愿景管理应是企业的永动机

提出"我们的事业应该是什么"这一问题的目的在于使企业适应预期的变化。它的目的在于修改、扩充、发展现有的、继续经营中的企业。

——德鲁克

很多企业大都不乏远大的目标与规划,但是究竟应如何实施呢?

德鲁克为我们推荐的具体做法是,有计划地淘汰那些不再适合于企业的宗旨和使命,以及不能为客户提供满足并做出出色贡献的旧事物。在决定"我们的事业是什么、将会是什么,以及应该是什么"的过程中,一个极为重要的步骤是对现存的产品、服务、生产过程和市场做系统的分析。

它们是否仍然可行?它们看来继续可行吗?它们还能为客户提供价值吗?

它们还能适用于人口和市场的现实、技术和经济发展的现实吗?

如果答案是否定的,我们将如何才能有系统地抛弃它们,或至少不再进一步投入各种资源和努力?

具体来说,我们可以通过以下手段来调动愿景的梳理和管理。

(1)梳理目标,描绘企业蓝图。

实施愿景管理必须目标体系健全、发展前景广阔。没有这一前提,就无法描绘画面,也无法提供员工想象的空间,愿景管理只能落空。在苹果公司中,每一位员工都狂热地喜爱着自己的工作,因为他们知道,自己所从事的工作是独一无二的,是有着极大的社会价值的,这正是乔布斯为苹果员工们树立的愿景目标。

梳理企业愿景目标通常是人力资源部门的事,但也需要企划人员参与,共同合作。对企业目标大多从三个时段进行梳理:一是企业近期目标,二是企业中期目标,三是企业长期目标。对每个时段企业发展的重点项目、发展规模都进行画面描绘,对绘好的画面先在小范围内征求意见、完善补充,使之更加生动形象、具体可感,让人触手可及最好。

(2)展示蓝图,激发员工兴趣。

企业愿景绘制工作完成后,要找一间光线充足、有一定活动空间的屋子展示全部画面,组织全体员工分期分批参观。人力资源部门要选派了解企业、热爱企业的员工,饱含深情、绘声绘色地讲解。企业负责员工发展管理的负责人亲临现场答疑,充分唤起员工的激情和想象,让每个员工围绕企业未来的美好前景想象自己未来的位置和角色。

(3)组织员工讨论,丰富画面内容。

参观结束后,各单位负责人回到自己单位再集中下属员工讨论参观感受,人多的单位则分组讨论。大家可以就画面交换意见,增加画面内容。部门负责人需收集讨论意见,汇总上报,让人力资源部门丰富和完善绘画内容。

(4)指导员工联想,设计个人愿景。

人力资源部门收集员工补充意见后,统一指导员工设计与企业发展同步的个人愿景,并提供工具和方法指导。引导员工大胆想象,想象自己一年、两年、五年、八年甚至更久后自己在企业的发展前景。想象自己可以为之实现、贡献什么,也要想象实现之后自己可以从中得到什么。当大家欢呼雀跃、情绪激动时,要不失时机地引导员工描绘自己的个人愿景。会画画最好,不会画的就用文字表述,指导人员尽量帮助每一位员工确立自己的个人愿景设计。

(5)员工互相交流,形成自我约束。

员工个人愿景设计完成后,分单位、分小组讨论交流,每个人都在同事面前对个人愿景进行有感情的描述。同事要不吝鼓掌,即使你不愿鼓掌,也不能冷嘲热讽。劲可鼓,不可泄,让每一个员工都想象一下成功后的喜悦。让每个人都把自己心中所想表达出来,让自定的目标成为个人工作的动力。发自内心的愿望往往会变成巨大的力量,这也有让员工乐此不疲的作用,并给同事之间互相监督提供了便利。内外约束结合,员工不努力都不行,让员工自我管理是管理的最高境界。

（6）愿景备份存档，成全员工理想。

员工个人愿景完成交流后，统一上交到人力资源部门。员工发展主管据此开展培训和教育活动，在企业条件许可的范围内尽量帮助员工实现愿景目标。部门负责人更要对下属员工的愿景了如指掌，一方面帮助其实现愿望，另一方面适时提醒下属为实现自己的愿景而努力。

能够实施愿景管理的企业一定是充满希望与活力的企业，员工愿景都能在企业实现，这样的企业其发展前景不可限量。

4.管理者VS员工的双赢愿景——不是投入,而是奉献

投入是一种选择成为某个事物一部分的过程，而奉献是形容一种境界,不仅只是投入,而且心中觉得必须为愿景的实现负全责。

——德鲁克

很少主题能够像"奉献"这样深获今日管理者的青睐。今天的管理者常以交易的心情要员工持有共同愿景。于是,愿景好似变成了一件商品,我付出,你获得。

然而,付出的行为与"投入"的行为背后有着很大的差异。付出的行为会因为"价格"而改变,投入的行为则含有自由选择的意思——"我能够彻底投入你的愿景,或真心希望你的愿景实现,然而,它仍然是你的愿景。在你需要我的时候,我会采取行动,但是我不会把自己醒着的时间花在寻思下一步该怎么做！"

譬如参与某些社会活动的人，必须有真正的意愿和对这些活动衷心的支持,活动的意义及功效才能彰显。投入的人会每年捐一笔款或全心支持许多活动;奉献的人将做一切为了实现愿景所必须做的事情。愿景的驱力使他们展开行动,有人以"生命意义的来源"来描述这个能使人们奉献

并实现愿景的强大能量。

在现今的组织中,真正投入的人只有少数,而真正奉献的人则更少,大多数的人仍停留在遵从的地步。遵从的跟随者跟着愿景走,他们依照别人的要求做事情。他们对愿景都有某种程度的支持,但是,他们并非真正地投入或奉献。

遵从常被误认为是投入及奉献,部分原因是大多数的组织一直都以遵从为基本要求,以致不知道如何识别真正的奉献。另外,遵从有数个层次,有些层次的遵从会使得某些行为看起来非常类似投入和奉献。

以下便以几个层级来说明,成员对组织共同愿景的支持程度:

奉献:衷心向往之,并愿意创造或改变任何必要的"法则"(结构性的),以全心全意地实现它。

投入:衷心向往之,愿意在"精神的法则"内做任何事情。

真正遵从:看到了愿景的好处,去做所有被期望做的事情,或做得更多。遵从明文规定,像个"好战士"。

适度遵从:大体上看到了愿景的好处,做所有被期望做的事情,但仅此而已。是个"不错的战士"。

勉强遵从:未看到愿景的好处,但是也不想打破饭碗。不得不做刚好符合期望的事,但也会让人知道,他不是真的愿意做。

不遵从:看不到愿景的好处,也不愿做被期望做的事情。"任你苦口婆心,我就是不干。"

冷漠:既不支持也不反对愿景。既不感兴趣,也没有干劲。"下班时间到了吗?"

有个比喻可说明对愿景所持的态度不同,会表现出不同的行为。在今天,美国各州的开车时速限制大多数是55英里。一个真正遵从的人开车从不超过55英里;一个适度遵从的人,会开到60~65英里,因为在大多数的州,只要在65英里以内就不会接到罚单;勉强遵从的人会开在65英里以内,但却不断地抱怨;一个不遵从的驾驶者会把油门踩到底,并且尽量设法避开交通巡逻警察;一个真正衷心选择保持安全速限的人,开车时会保持55英里这个速度,即使它不是法律上规定的速限。

在多数组织里,大部分人对于组织的目标与基本法则,仍然处在适度的或至多真正遵从的境界,他们遵照计划进行,也诚心诚意想要有所贡献;那些勉强遵从的人会做,但不尽力,且只想证明这本来就是行不通的;而不遵从的人常是计划的阻力,他们反对组织的目标或基本法则,并且以不行动抗议,让人知道他们站在反对的立场。

其实,从工作上的行为表现来看,是很难区分谁是真正遵从或谁是投入或奉献的。一个由真正遵从的人所组成的组织,在生产力与成本效益上遥遥领先其他大多数的组织。遇到真正遵从的人,你用不着第二次告诉他们该做什么,他们会立即设法回应。他们的态度与行为是积极的,如果被要求"自动自发"与"预先因应"去达成高绩效的目标时,他们也会如此做。总之,对于真正遵从的人而言,不论正式或非正式的、有形或无形的规则,他们都会由衷地奉行不逾。

投入与奉献的准则

对某件事投入,是一种极自然的过程。对你自己而言,它源于你对愿景真正的热忱;对别人而言,是由于你愿意让其他人自由选择而发生的。

必须注意的是:

●自己必须投入:如果你自己不投入,就没有理由鼓励别人投入。强迫推销不能得到他人诚心的投入,顶多只能产生形式上的同意与遵从。更糟糕的是,它可能是未来不满的种子。

●对愿景的描述必须尽可能地简单、诚实而中肯:不可夸张好的一面而藏匿有问题的部分。

●让别人自由选择:你不必说服别人愿景的好处,其实当你劝服他人投入时,反而常被视为意图左右他人,而阻碍别人投入。你越愿意让人自由选择,他们越觉得自由。这种做法对部属可能特别困难,因为他们常认为遵从是第一要务。这时,你必须表现出帮助他们的诚心,给他们时间与安全感来发展自己的愿景意识。

然而,在许多情况下,管理者确实需要部属遵从。他们当然希望真正的投入或奉献,但是为了完成任务,必须要求部属至少适度遵从。如果难以在一开始就以投入和奉献要求部属,建议你不妨开诚布公表明需要遵从。你可以说:"我很了解你对于这个新方向或许不是由衷地赞同,但是在这个管理团体决定全心投入此一新方向的重要时刻,我需要你的支持以促其实现。"这样的态度不但能予人不虚伪的印象,也使得人们更容易做选择,经过一段日子,或许还会选择真正的投入。

在投入与奉献这方面,管理者将要面对的最大难题是,所能做的实在非常有限,因为它涉及个人的自由选择。上述准则只能建立适于引发投入与奉献的环境,却无法确保一定会有投入的行动,奉献的境界则更难,任何勉强最多只会产生遵从。

融入企业理念

建立共同愿景实际上只是企业基本理念中的一项,其他还包括目的、使命与核心价值观。愿景若与人每日信守的价值观不一致,不仅无法激发真正的热忱,反而可能会因挫败、失望而对愿景改采嘲讽的态度。

这些企业基本理念需要回答三个关键性的问题:追寻什么?为何追寻?如何追寻?

●追寻什么?追寻愿景,也就是追寻一个大家希望共同创造的未来景象。

●为何追寻?企业的目的或使命,是组织存在的根源。有使命感的组织有高于满足股东与员工需求的目的,他们希望对这世界有所贡献。

●如何追寻?在达成愿景的过程中,核心价值观是一切行动、任务的最高依据和准则。这些价值可能包括正直、开放、诚信、自由、机会均等、精简、实质成效、忠实等。这些价值观反映出公司在向愿景迈进时,期望全体成员在日常生活中的行事准则。

这三项企业基本理念合而为一,便是组织上下全体的信仰,它引导企业向前运作。当松下的员工背诵公司的信条:"体认我们身为实业家的责任,促成社会的进步和福祉,致力于世界文化进一步的发展",他们是在描述公司的存在宗旨;当他们唱着公司的社歌:"将我们的产品如泉涌般源源不断地流向全世界的人们",他们也是在宣示公司的愿景。他们接受公司内部的训练计划，课程包括"公平"、"和谐与合作"、"为更美更善而奋斗"、"礼貌与谦逊"与"心存感谢"等主题,学习公司精心建构的价值观(松下将它们称为公司"精神价值")。

鼓励个人愿景

共同愿景是由个人愿景汇聚而成的,借着汇集个人愿景,共同愿景获得能量和培养行愿。就如同乔布斯所观察到的:"我的愿景对你并不重要,唯有你的愿景才能够激励自己。"这并不是说人们只需在乎自己个人的利益;事实上,个人愿景通常包括对家庭、组织、社区甚至对全世界的关注。

乔布斯对员工的严厉与苛刻举世闻名,这不仅仅表现在工作中,即便只是生活上的一些小细节也不容丝毫的差错。乔布斯之所以强调个人对周遭事物的关注,是由于真正的愿景必须根植于个人的价值观、关切与热望中。这就是为什么共同愿景真诚的关注是根植于个人愿景中。这个简单的道理却被许多领导者给忽略了, 他们总是希望自己的组织能够在短期内建立一个共同愿景。

一方面,有意建立共同愿景的组织,必须持续不断地鼓励成员发展自己的个人愿景。如果人们没有自己的愿景,他们所能做的就仅仅是附和别人的愿景,结果只是顺从,绝不是发自内心的意愿。另一方面,原本各自拥有强烈目标感的人结合起来,可以创造强大的综效,朝向个人及团体真正想要的目标迈进。

5.愿景管理的核心环节——"启梦"

管理员工是一种"营销工作"。

——德鲁克

下面来做一道选择题:

A.你的团队是一帮熟手,或者称之为熟练"技工",可以从容应对企业目前的业务开拓与执行,但已没有太多追求。

B.你的团队是一群新丁,但这是一群各自心怀抱负且马力十足的新丁。

你会选择带领哪一个团队?

当然,我们都希望会有C选项,那就是两者融合为一体的团队。但如果没有这一选项呢?

我们尝试一下分析分别选择A或B的是哪类创业者或领导者。

选A的:可能属关系导向型,手头已掌握某些优势资源,需要的只是良好的执行;可能目标是打造数个公司为之赚钱,非整合式的平面复制;短线操作,求稳为上。

而选B的:不考虑短期收益,看的不只是一步;起点虽低,但可能存在愿景——补充一下,这里我们需要排除一些团队构架、能力组合这些因素。

这里,选A或选B并非对错是非的极端分化,也不能作为企业成败的参照指标。只是,思考背后的内容更有意义。

首先,创业的目的可能已有本质区别。

从管理者使用现成人员而忽视人才潜力来看,求稳的心态可见一斑,短线操作的迹象很明显。再深入一层分析,此类管理者生存意识比较强,但生存以外,进一步的需求并不清晰,愿景可能远未搭建,人生格局停留在某个层次。而更看重潜力的管理者,布局意识更强,架构甚至是愿景或许早已搭建起来,体现的是管理者自我追求卓越的动力与自信。

其次,A与B选项的两类人其实存在着目标管理上的冲突。

若是这两类当中的部分人置换到对方的环境,必须经历重新适应的过程,这一过程是个同化的过程。无论是A团队还是B团队,要发挥最大的杀伤力,前提都是团队当中的每个人目标趋于一致,甚至是步调一致。因此,如果是A团队中植入了B团队中的人,步调不协调迟早会发生,处理好可以是鲇鱼效应,处理不好就会演变成内斗。

再次,人生百态,各有追求。

A、B选项无优劣,关键是所创建或加入的组织能否实现自我与他人的价值目标。最怕的是A型管理者混搭B型成员，或是反之。前者会认为培养成本太高，没意义；后者在发展初期看似没有问题，度过创业期已是不错的表现，但对于拥有大愿景的管理者而言，更痛苦的应当是企业发展到一定阶段后，团队趋于保守、自得其乐。

最后，再看看现实的状况。

创业者的欲望大多数不会自我设限，排除投机分子，对于既考虑短期生存又兼顾长期布局的管理者而言，对物色组建团队的能力要求就更高了。事实上，要找到一群梦想同样远大、动力同样强劲的人极其困难（找着了也未必能够捆在一起），此时，作为创业者或管理者，在企业发展的不同阶段，为团队注入更高层次、更远大的愿景，将成为必需的过程。当前，愿景管理当前也是不少大企业希望解决却又无从下手的难题，尤其是中国企业。

我们必须认识到，目前，中国的高校并未承担起相应的角色，培养有自主意识、抱负远大（当然不是眼高手低）的人才队伍。要么在招聘环节投入更大，撒大网淘金，要么降低人力资源的前端压力，提升把半成品打造成成品的能力……而其中的核心环节，就是"启梦"，这也是愿景管理一个形象的说法。要实现"启梦"，可根据下列步骤进行。

第一，提出既宏伟又现实的组织愿景。

一个远大的、高瞻远瞩的组织愿景能让员工对组织产生认同感，感觉自己是在从事一项伟大、正义和高尚的事业，对组织的前途充满信心，从而对自己在组织中的发展也充满信心，进而心生愿景。比如，波音公司的"领导航空工业，永为先驱"，通用电气的"以科技及创新改善生活品质"，华为公司的"追求在电子信息领域实现顾客的梦想，并依靠点点滴滴、锲而不舍的艰苦追求，使我们成为世界级领先企业"等，均会对唤起员工的愿景产生较大的积极作用。

在实际的管理工作中，各级管理者要善于向员工提出既基于本部门现实又能激励人心的愿景，并且不断地向员工宣传灌输，从而让员工对部门的未来和自己的未来有愿景、有信心。

第二,善用鼓舞人心的话语和振奋人心的信息。

简洁而形象的鼓舞人心的话语以及振奋人心的组织运营信息,会给员工勾勒出一幅美好的前景,激起员工的愿景,进而提高员工的工作积极性,降低员工流失率。例如,华为公司创始人任正非在创业初期曾说过:我们以后一定要买带有大阳台的房子,这样如果钱发霉了,就把它放在上面晒一晒。"阳台上晒钱"的说法在华为公司广为流传,虽然有些夸张,但在公司的初创期会让员工对公司以及自己未来的前景萌生美好的愿景,激发其斗志;而且在这种情况下,员工一般会对公司有一个较长时期的心理承诺,这显然有利于减少员工的离职率。在后来的管理过程中,华为公司经常利用电子公告栏等工具以及在会议、大型演出等场合发布公司在研发、市场、生产等方面各种积极的、振奋人心的信息,让员工对公司的未来充满愿景,从而对自己的未来也有一个美好的预期。

第三,起一个响亮、美好或雄心勃勃的名称。

一个响亮、美好或雄心勃勃的名称会对员工的心理产生影响,从而让员工对公司的未来发展充满愿景,这对于激励和保留员工有非常重要的意义。

例如,1924年,IBM的前身,计算制表记录公司,只不过是一百多家相当平凡、希望有所作为的中小企业中的一家。在此3年前,公司几乎破产,靠着大量借贷才挨过1921年的经济衰退。公司只有52名业务代表能够完成销售指标,主要依靠销售打卡机和肉摊上用的磅秤来维持生计。但是,老华森不愿看到公司继续平庸下去,他希望公司改弦易辙,成为真正具有全球地位的伟大公司。所以,他改变了公司的名称。我们今天不会对"国际商业机器公司"这个名称感到吃惊,但是回到1924年,这个名称近乎荒谬可笑。小华森事后回忆说:"家父下班回来,拥抱家母,骄傲地宣布,从今以后,计算制表记录公司改名为响亮的'国际商业机器公司'了。我站在客厅的走廊上想道:就凭那家小公司?家父心里想的一定是未来的IBM,他实际经营的公司仍然是到处叼着雪茄的家伙,卖的是咖啡碾磨机,还有屠夫用的磅秤。"

再如,有研究表明,将两位漂亮女士的照片展示给一群男士看,并问她们谁漂亮。投票的结果是两位女士平分秋色。然后,试验人员给第一位女士起名为伊丽莎白,给第二位女士起名为格特鲁特。再次投票时,结果发生了奇妙的变化,认为伊丽莎白更美丽的男士占到了80%。一个响亮的名字对人心理的影响由此可见一斑。

因此,在实际管理中,管理者要善于起名字,例如,公司的名称、部门的名称、岗位的名称、项目的名称等。这看似是一件小事,但对于激发员工的愿景是有重要作用的。

第四,宣传身边的成功事例。

通过收集和向员工宣传贴近他们身边的、一般员工成功的生动深刻的故事,能够有效地传达组织的愿景,营造和维系组织的文化,并在此过程中让员工借由类比心理产生愿景。例如,全球500强沃尔玛百货公司的创办人山姆·沃尔顿,每周六上午都会通过卫星与全球各地的沃尔玛门市召开视讯会议。沃尔顿利用这些会议,讲述一些普通员工成长和成功的生动故事,通过这些故事的讲述,一方面阐释了沃尔玛的价值观,强化了员工对沃尔玛的向心力,另一方面会更加有效和直接地激发起员工的愿景。因为这些故事的主人公均是普通人,出自他们中间,在他们身边,他们非常熟悉,因此员工听起来会有更切身和直观的感受,会直接激起他们对未来的愿景。

第五,创造大量的机会。

大量机会的存在是燃起员工愿景的最直接的方式之一。在管理过程中,通过内部晋升、轮岗、选拔员工外出深造、对员工及时进行表扬或奖励等方式,让员工切身感受到组织中存在着大量的晋升、发展或者被认可的机会。大量机会的存在会让员工感到机会的现实性,对机会降临到自己身上也充满了愿景并会积极争取机会。

除此之外,在愿景管理中,管理者还要注意和员工的及时沟通。通过与员工开诚布公的沟通,让员工感受到自己和组织使命之间有一种真切的亲密联系。

愿景管理不是给员工"画饼充饥"、"望梅止渴",更不是"精神鸦片",而是通过一系列的管理措施,让员工感受到自身及其工作的价值,感受到自己职业生涯实现的可能性以及达成愿望的清晰路径,即:让员工感受到价值性,看到可能性,明了方向性,从而对未来产生愿景,进而将自身的发展和组织的发展结合起来,自愿与组织达成较长时间的心理契约,在工作中充满热情和积极性,这正是人力资源管理的目标所在。

为了实现管理的有效性,管理者一定要能给员工以愿景;低层次的员工要能让他看到生存或安全的愿景,高层次的员工要能让他看到自尊、社交或自我价值实现的愿景。唯有如此,才能更好地激励和保留员工。

这里"营销"的主要含义就是要将愿景营销给员工。愿景是每一个个体都非常重要的心理需求,只有员工心中充满了愿景,他才会追随组织,才会积极工作,才会有高绩效和低流失率,组织才会生机勃勃。

6.企业愿景与企业文化建设

组织行为学研究发现,人之言、行均由思想意识主导,思想意识受动机牵引,动机源自人之欲求。

——德鲁克

企业也不例外,企业欲求即企业的目标,德鲁克在其成名作《第五项修炼》中将之揭示为共同的愿景,意思是企业应将企业目标转化为与员工共同的目标,即共同愿景。

这个"共同"将员工与企业紧密联系在一起,也是良性企业文化的基础。因为这意味着企业的价值目标必须得到员工的价值认同才会有效。

所有的企业行为均是围绕共同的利益或价值展开。

　　另外,企业的运营终究是通过人事的运作形成的,而人事又通过言、行、意识来反映,言、行、意识则源于人之内在起心动念的思维过程及心理状态。

　　企业作为一个个性化的生命,同样具备企业之言、行、思想意识,同样反映企业之心路历程及企业心态, 即企业的心理过程。其通过对企业人——所有员工之言、行、意识的集合和选择来体现。

　　一个人的言、行、思想反映一个人的文化素养,一个企业个性化的言、行、思想反映企业的素养和文化。所以说,企业文化是企业所有言行思想的集中表现,是企业个性化的系统表达。

　　企业不论大小都具文化,因为再小也是由人组成的,是人就有价值观和价值判断,就有自身个性与文化因子。只是当企业实力或规模小时,文化的作用似乎还无法成为影响企业生死命运的关键因素。

　　所以,专业人士归纳为:"小型企业靠经营,中型企业靠管理,大型企业靠文化。"

　　小企业能拿到订单生存下来就是关键,所以靠经营和精明即可。这个时候,企业几乎没有自己的个性,必须追逐着市场,忙于应付市场,企业内部秩序完全是随着市场的杂乱而紊乱。

　　中型企业实力、人员和规模到一定程度,企业的复杂性增强,需要靠系统管理,才可能保证较低的运营成本和较强的竞争力。企业在市场交易过程中已具备一定的话语权,可以在一定范围内选择自己的较优客户,有一定实力说"不"。这个时候也正是建立企业个性的过程。

　　大型企业已具足够的市场话语权和品牌实力,企业个性已趋完善,发挥企业个性魅力、影响力的时机已经成熟。企业的经营环境包括政经、社交环境均自然转化成市场环境,一切都自动转化成市场资源、企业资源,企业的一言一行、一思一想在市场环境中都具备影响力价值。

　　另外,大型企业的竞争更多是在文化的定位、营造上。当进入同质化、同技术化所需周期越来越短的信息化技术时代, 企业文化已成为原产品的替代产品,最具说服力的就是美国的可口可乐与百事可乐的持久战。文化营造、文化联姻、文化借势已成为现代竞争的主要战略思路。

这就是企业文化的作用，可无为而无不为，可化腐朽为神奇，也可无中生有，创生价值。所以说，大型企业靠文化并非虚言。

企业文化作用的大小取决于它的文化结构及其系统运作水平。

何为企业文化之文化结构呢？

我们先看看其组成。企业文化一般由文化的内核、文化的表象、文化的活动形式组成。

文化的内核主要是指企业的内在价值体系，在企业形象识别系统CIS里表现为理念识别系统MIS。

文化的表象主要有企业视觉识别系统VIS、品牌文化、制度文化、广告文化、服务文化、管理文化等，具体可以细化到企业统一的标志、标准字体、标准着装、标准的产品外包装、统一的门店风格、统一的对外的宣传口号、统一的售后服务形式等。

文化的活动形式又有定期的企业刊物、企业网站的维护、企业组织的各种有意义的娱乐活动、企业内根据节假日展开的各类内外在活动，以及企业参与的各类加强社会影响力活动，包括慈善或公益活动等。

以上企业文化的各种元素还将随着企业的发展继续壮大。但不论如何发展，企业文化建设的外在意义始终围绕着最高效实现企业战略目标这一主线。而战略目标又建立在对内外价值体系的平衡和辩证上，以求得价值最大化。

对价值的衡量是心的作用，心有多大量，就能容下多大的价值，实际反映的就是一个企业的心量。

另外，企业运作即是人的活动造就。企业文化建设的内在意义在于，如何调动人的积极性，以至追究到如何凝聚人心，发挥人心所向的能动性和创造性，使得员工都能全心全意、同心同德为企业做事，达成自身与企业共同的愿景。

因此，企业表现的各类外观形式或是企业目标企求，均是企业生命内在心理、心态的反映。外因终究要通过内因起作用，明了内因，掌控于外，即是对资源价值的最大化。

三星的企业文化理念是"我们默默地改造世界"。人们想到这个理念的时候，内心不可避免地会产生一种职业的成就感，甚至崇高感。

再比如，《华为基本法》开篇："华为的追求是在电子信息领域实现顾客的梦想，并依靠点点滴滴、锲而不舍的艰苦追求，使我们成为世界级领先企业。"一方面，它能够让客户有一种良好的感受；另一方面，它也让华为的员工有了一种使命感。

微软、谷歌等大外企的企业文化一直为人津津乐道。微软的员工可以不用打领带，谷歌的员工可以带宠物到办公区域，并且有20%的工作时间自由支配，玩游戏、纸牌，甚至去保健室按摩、蒸桑拿。

我们谈到这些企业文化的表现形式，言辞中总是透出羡慕。欧美发达国家已经将企业文化作为一种常规的管理工具，通过这一工具，将精心拟定的企业目标和策划转换为实实在在的业绩。

比方说，美国天然气与电力公司为了让员工幸福地工作，倡导"亲密无间的上下级关系"的企业文化，格外提倡人文主义，具体来说就是尊重员工，允许犯错误及重大决策下放，每一个员工都有自己应有的决策权，企业为他们制定了专门的渠道来反映自己的心声；

再看看联邦快递，他们独创了"员工特殊法庭"。如果员工认为自己的权益受到了直接领导的侵犯，可越级向上级领导提起"诉讼"，上级领导必须在7日内召开一个"法庭"，公开"审判"并作出"判决"，听证、陪审一应俱全。此外，联邦快递还定期通过评选，用优秀员工的孩子的名字给公司飞机命名，极大增强了员工的归属感；

戴尔公司的秘诀则是，每逢圣诞节，全体员工都可以放假一星期，另加10天的有薪假期；

高盛基金公司在员工夜晚加班后，公司会派专车免费送他们回家；

英特尔为工作了2~3年的员工制订岗位轮换计划，让那些有潜力、有能力、对组织忠诚度较高的员工在公司内部尝试不同的工作岗位，帮助其向资深的技术专家发展。

当然,中国企业有其文化层面的特殊性,涉及国情、国力和古老含蓄的东方文化的直接或间接影响,不能照搬西方国家的企业文化形式。

7.越是困难时期,越要重视企业文化

绝大多数企业都是在处于困境的时候才提出"我们的事业是什么"这一问题,但这是一种不负责任的管理行为。正确的做法是在一家企业的初创时期就提出这一问题。当然,如果能在公司成功时认真地提出"我们的事业是什么"这个问题,也算相当不错了。

——德鲁克

经常听客户和各级管理者们提到,在中国,企业文化是锦上添花的事情。一个企业在发展较好、处于顺境的时期,重视和强化企业文化管理工作可以锦上添花、好上加好;一旦面临困境,如原材料价格上涨、劳动力成本上升,特别是资金供给紧张和融资成本快速上涨等问题,近期经济处于下行周期,在这种情况下,有几个企业、有几位管理者会去关注企业文化呢?这个时候,大家首要关注的是生存问题,是吃饭问题,是市场问题……

这是中国中小型企业普遍存在的误区。其实,越是困难时期,越需要各级管理者重视企业文化的力量,通过文化管理,亲自参与企业文化变革与提升,凝心聚力,达成突破的共识,找到突破的方向,形成突破的战斗力。

同心动力研究发现,企业处于发展的低谷时期,抑或困难重重的企业,只要去了解一下员工满意度调查的结果,你会发现有一系列因素非常重要但表现不佳,包括:"核心的经营管理思想不统一、不一致"、"公司的发展方向不明确"、"公司凝聚力不强"、"公司执行力弱"、"公司不公平、不公正现象到处可见"……而这些方面的问题归根结底就是企业文化的问

题,是企业文化弱的问题。

　　企业文化是企业在长期解决问题的过程中形成的,被组织成员认为有效而共享并共同习得、共同遵循和自觉维系的基本信念、价值取向、思维模式和行为方式等本质特征的总和。企业文化集中体现了一个企业经营管理的核心主张和关键价值要素,以及由此产生的组织行为和个体行为。弱势企业文化是指某具体企业缺乏典型的可指导全体员工行为的核心经营管理理念、思想,或者说组织成员对于组织的核心经营管理思想和主张并没有太多的共识。企业文化特点不鲜明,主题价值不突出,在弱文化状态下,企业缺乏核心价值观和理念,企业各部门、各不同条线、企业成员间难以形成凝聚力和战斗力。

　　在文化弱势的企业中,因为无法形成一股强有力的文化力量来牵引每一个员工朝着共同的目标去团结奋斗,从而导致了企业中很多不好的风气,如懒散、怠工、贪污腐败、弄虚作假、溜须拍马等现象层出不穷,最后不可避免要走上万劫不复的道路。

　　因此,在新时代,尤其是外部环境急剧变化、企业遇到各种困难的时期,企业面临的一个重大挑战是使内部环境、氛围与外部环境保持同步,来快速适应变化,满足市场要求。这要求我们各级管理者亲自参与文化变革,培养企业文化的双重力量(传统与创新)来支持服务提升或鼓励创新。

　　在年轻和反应灵活的公司,组织成员会不断努力满足市场要求,与外界的发展保持一致。但是随着公司发展成熟,越来越多的员工开始在办公室管理自己的职务,大量的政策和程序被制度化并固定下来,相当一部分组织成员(更多的是各个方面的管理人员)逐渐与外界失去了联系。如果政策和程序不再与外界相关,人们就很难放开业已形成的安全感的来源和生活方式。结果,内部环境丧失了活力,其创新速度相比于外部环境变化的速度慢了下来,商品和服务也就失去了市场吸引力和竞争力。

　　据研究表明,成功企业持续不断成功的原因归结为企业自身的价值观多于市场因素;归结为企业人的信念多于外部因素;归结为高瞻远瞩多于资源优势。事实上,从来就不可能找到一家不具鲜明的、易于辨认的组织文化,而又在业界具有领导地位的企业。

今天,数一数你所知道的成功企业,从迪士尼、通用电气、微软、联想、华为,到其他成功的企业,可以发现,那些我们说得上名字的行业领袖或者领导者,无疑都由它们的组织成员创造了属于它们自己独特的、强势的文化。组织文化有时候是由企业的创始人所创造的,有时候又是在遭遇困难和克服困难时诞生的,也有时候是由公司的管理层统一思想,决定改进和提升企业的表现时持续发展而来的。

因此,不管企业发展过程中出现何种困难和险阻,那些重视企业文化管理的企业,内化在员工心目中的远大目标也丝毫不会模糊不清。同样,企业文化会赋予人们以共同的目标、理想与志向,使大家心往一处想,劲往一处使,成为具有共识、同感的团队,使企业的凝聚力得到加强。

简单地说,持续成功的企业通常都创造了一些特殊的东西替代了企业的战略、市场形象抑或科技等方面的领先优势。当然,战略、市场形象和科技等的领先是非常重要的,但是,高度成功的企业往往都投入了大量精力和资源来建设一种可以发展和管理与众不同的组织文化的力量。

公司大都会经历发展历程中的波峰和波谷,我们发现,那些处于波谷期面对困境不气馁、不懈怠、重新焕发生机、表现卓越的公司或许运用了不同的手段,采取了不同的方法,他们的成功也各不相同,但是,共同的是,他们都选择在战略层面上处理企业文化。

只有退潮了,才知道谁在裸泳。越是困难时期,越需要我们重视企业文化的力量;越是经济处于下行周期,越需要我们强化自身的素质和能力。唯有如此,组织成员方能就变革的紧迫性、变革的方式和方法达成共识,方能得到更广大成员的支持,形成战斗力。

正如杰克·韦尔奇先生所说:"如果你想让列车再快10公里,只需要加一加马力;而若想使车速增加一倍,你就必须要更换铁轨了。"资产重组可以一时提高公司的生产力,但若没有文化上的改变,就无法维持高生产力的发展。改变体制和结构这些硬件的东西不会有任何结果,除非企业文化也相应作出改变以适应这些硬件的变化。

企业文化是具体的,可以通过"六个有"来展现。

有追求。有追求才能让人振奋。对企业而言,追求就是为办成什么样的企业、带出一支什么样的队伍而制定的目标,它反映了企业的价值理念、发展目标,体现了企业的责任感和使命感。确立符合企业实际的目标追求,可以为企业发展提供强大动力。在现实生活中,有的企业在起步阶段虽然规模不大,却能一步步发展壮大,最终成为企业巨头,这与企业追求符合自身实际的目标密不可分。

有标识。有标识才能让人认得。企业标识是企业文化的外在集中体现,是一个企业区别于其他企业的一种形象符号。人们往往首先通过标识来直观认识一个企业的文化,因此,企业文化一定要有自己的标识。好的标识能为企业文化锦上添花。可以说,越简单、越具有文化内涵的符号越能打动人,越容易让人认识并记住。

有活动。有活动才能让人快乐。活动是企业文化的有效载体。一个企业只有经常组织丰富多彩的活动,如群众性的文艺活动、体育活动、读书活动、竞赛活动等,才能最大限度地调动员工的参与热情,才能在给员工带来快乐的同时增强企业的凝聚力、向心力。有的企业不仅有艺术团队、运动团队,还有广播电视、网络服务、企业小报、企业杂志等,并经常开展诸如"十佳员工"、"十佳案例"、"十佳服务"、"十佳感动瞬间"等评选活动。正是有了这些活动载体,企业文化才得以生动展现。

有故事。有故事才能让人感动。理念的东西只有通过通俗化的故事才能吸引人,高深的东西只有通过深入浅出的解说才能说服人。毛泽东同志所讲的愚公移山的故事,让亿万人民记住了做事要坚韧不拔、排除万难,去争取胜利。因此,企业的核心价值观念要通过能够打动人的故事来展现。故事应与当地历史文化和企业实际结合起来,这样才会有历史厚重感和现实真实感,从而为人们所认同。

有典型。有典型才能让人信服。榜样的力量是无穷的,典型是最有说服力的。典型犹如企业的"灯"与"火","灯"可照路,"火"可暖人。树立一个好的典型,可以使员工学有榜样,起到引领带动作用。因此,树典型是企业文化建设中的重要内容,它不仅可以展示企业所倡导的价值理念,使员工明确方向、坚定信念、不懈追求,而且能够激发员工的创造活力,为企业发展壮大献计献策。

有品牌。有品牌才能让人满意。品牌中最重要的是服务品牌,它实质上是企业文化的结晶,包括企业的服务理念、服务内容、服务方式、服务效果等。在实践中,有的企业把服务细分为基本服务、增值服务、情感服务、成长服务、前瞻服务、济困服务、应急服务等,在每项服务下面还有若干小项。正是有了这些具体的服务内容,才形成了企业的服务品牌。从一定意义上说,企业奉献给社会的主要是产品与服务。通过服务,不仅可以增加产品的可信度,还可以展示企业积极向上的精神风貌。

阅读链接:

智者的对话:21世纪CEO的职责

2004年10月1日,美国德鲁克档案馆就21世纪CEO的职责举办了"智者对话"。德鲁克和宝洁公司CEO雷富礼就此各自发表了他们的看法。

德鲁克:21世纪CEO的职责

CEO是美国的发明,这可能是美国对现代组织所做的最重要的贡献。大家想当然地认为,CEO没有自己的工作,他们基本上是教练和在困境时扭转乾坤的垒球内场手,否则只是在一旁指手画脚。但根据我的实践,CEO的工作不是这样的。我让自己坐下来仔细地思考了什么是CEO的具体工作,以下便是我对CEO工作的一些看法。

首先要说的是,CEO要承担责任,而不是"权力"。你不能用工作所具有的权力来界定工作,而只能用你对这项工作所产生的结果来界定。CEO要对组织的使命和行动以及价值观和结果负责,最重要的就是结果。有鉴于此,CEO的工作因他们所服务的组织不同而有所不同。

CEO是将组织与外界连接在一起的人。组织内部只有成本,结果存在于组织的外部。这意味着CEO应当仔细思考在他们的组织内有什么信息，组织的外部又有什么信息，以及如何组织这些信息。到目前为止，只有少数CEO这样做了。整合组织内外的信息是CEO未来的主要工作之一。

同样重要的是，只有CEO才能做的，那就是决定"我们的事业是什么，我们的事业应当是什么"，更为困难的是决定"我们的事业不应当是什么"。只有做出以上的决定，CEO才能决定什么结果对他所服务的组织是有意义的。

这对非营利组织尤为困难。在所有发达社会，非营利组织和企业的比例至少是5:1。从根本上说来，在发达社会中企业的有效运作提供了非营利组织实现其目的所需的社会资源。社会越发达，非营利组织就越普遍。

CEO要做出平衡的决策，即在目前的需求和高度不确定的未来投资之间取得平衡。这种决策是所有经济活动的精髓所在。CEO必须对此做出决策，如果组织涉足各个领域，分散精力和资源，最终将一事无成。

CEO要配置组织的一项特殊的稀缺资源——高绩效的人。一个人越有能力，他就越有可能是高度专业化的。世界上没有通才，一位伟大的钢琴演奏家很可能连机票都订不了。你是把他当钢琴演奏家请来的，而不是看他是否能看懂航班表。CEO的特有工作就是将高绩效的人安排在能让其产生结果的岗位上，也就是用人之长。这一点我是从马歇尔将军那儿学来的，他是美国第二次世界大战期间的参谋总长。有一次，他的下属向他请示人事安排问题。他说："拿一份名单来，告诉我他们能做什么，而不是不能做什么。"卓有成效的管理者要能使人发挥其长处，因为只有长处才能创造结果。

最后，这是一个很重要的最后，CEO要通过身体力行去树立组织的价值观和标准。因为，太多的CEO认为组织的价值观和标准是靠讲话讲出来的，而组织的价值观和标准是靠CEO身体力行做出来的。

雷富礼：CEO的作用是其职责所决定的

我完全同意德鲁克的两个重要观点：第一，CEO是将组织与外界连接在一起的人，组织内部只有成本，结果存在于组织的外部；第二，CEO的最重要工作是配置资源和人才。这两个问题是连在一起的。

在我看来,CEO是将组织与外界连接在一起的人,这意味着,世界上任何地方的一位CEO都要思考一件最重要的事情:变革。变革是我们永远可以期待的永恒主题。变革变得越来越不可预测、越来越复杂,时刻都有来自四面八方的变革。

面对变革,人和组织有四种选择:他们可以忽视变革,可以抗拒变革,可以适应变革,可以影响变革,进而把变革转变成他们的优势。忽视和抗拒变革的人将不会生存;适应变革的人仅能生存;唯有领导变革的人才能赢,而且经常是大赢。

面对持续变革,CEO的工作就是创造条件使组织有能力在不断转变自己的过程中最终胜出。这也是我为什么非常强调领导力发展。面对变革,唯一能使公司可持续发展的就是确保我们在所有的岗位都有领导者,他们身体力行宝洁公司的宗旨、价值观和原则,他们有能力激发而且能使他们的组织将变革转变成优势。

一些人可能已经听说过,但这是真的。我坚持每周日晚上与我的人力资源主管一起工作一段时间,每周我们一起审核宝洁人才发展计划中的一部分人。我对宝洁公司的20名总裁、100名总经理和300名经理人的情况了如指掌。

注重领导力反映了这样一个简单现实:人是我们公司的重要资产。公司不领导变革,公司不为消费者服务;是人领导变革,是人为消费者服务。

你知道吗?投资者懂得这一点。宝洁的市值为1450亿美元,而我们的固定资产和流动资产为450亿美元,两者之差为1000亿美元。这1000亿美元的价值源自两个方面:我们的人员和我们的品牌。如果没有人来创造、发明和创建品牌,我们就不会有任何品牌,因此,宝洁人是我们重要的资产。

所以,我每隔一个月就把我的高管团队聚在一起,花上两天的时间来讨论人员发展问题;每周一早上我们一组人检讨公司人员发展的工作;我们为他们的成长和培训投资。我们正在培养目前和未来的变革的领导者。

　　作为CEO，这是我最重要的工作。衡量我绩效的最好方法，既不是公司每年的成长，也不是十年的成长，而是这些未来的领导人领导变革和影响变革的能力，进而使宝洁人在其强大品牌的推动下有能力改善消费者的日常生活——这也是宝洁公司为什么存在的原因。

第五章

10分钟读懂团队管理

——用人所长,容人所短

德鲁克认为,我们应该用人之长,学会容忍员工的缺点。如果一家企业招聘的依据是拥有最少缺点的人,那么招进来的人往往会沦为平庸。

1.因事择人,量才任用

主管对下属要负责,因为他们掌握着下属的前程。确保下属的长处能得以充分发挥,不仅是为了把工作做得卓有成效,那也是一种道义! 这是管理者必须承担的责任。

——德鲁克

在现代管理中,选人用人的一个重要原则,就是能级、能质与岗位要求对应。所谓能级,是指人才能力的高低层次;能质是指人才能力的不同素质类型。

能级、能质与岗位要求相对应的原则,就是根据不同人才系统对人才能级、能质的要求,选用具有相应能级、能质的人才,保持系统的有机协调和动态对应,实现因事择人、量才任用。

但是, 由于人才的能级和能质不易把握以及其他原因, 在选人用人时,常常会失之偏颇,造成能级、能质与岗位要求的不相对应。归结起来,大致有三种情形:

(1)大材小用。

庞统的才华出类拔萃,与诸葛亮并称"伏龙"、"凤雏"。鲁肃在写给刘备的推荐信上写道:"庞士元非打里之才","应使处治中别驾之任"。而刘备最初却让他做个小县令,这就是一种对人才的浪费。庞统抱有经天纬地之才,对刘备的任命怀有不满。幸好庞统没有转投别处,不然的话,刘备就会失去一个难得的人才。

关于大材小用的危害,著名管理学家理查·柯乃洛说过:"将小问题交到'解决大问题'的人手里,比之将大问题交到'解决小问题'的人手里还要糟。将小问题交给'解决大问题'的人物,他们必然厌烦乏味,不仅会把兴趣转移到别的方面,还会离你而去,那就等于糟践人才。"关于庞统屈任县宰后消极怠工的表现,诸葛亮解释得非常有道理:"大贤若处小任,往往以酒糊涂,倦于视事。"

常言道,人才难得,才干超群的人更是"凤毛麟角"。理查·柯乃洛说:"大多数人都喜欢解决较容易的问题,因为它能令人愉快;但也有人喜欢处理艰难的问题,从而使自己得到锻炼和发展,只是这一类人比较少。一旦你发现了一位善于'解决大问题'的人,你可得抓住他,他可能就是一位未来的成功者。"

(2)小材大用。

刘备的儿子刘禅就是一例。综观刘禅的品行,根本就没有能力担负最高统治者的大任,这一点刘备最清楚,诸葛亮也不是不知道。然而,由于君主世袭的观念根深蒂固,刘备死后,刘禅顺理成章地当上了蜀国的皇帝。诸葛亮虽然握有重权,但皇位上坐着的毕竟是另外一个人,诸葛亮的治国治军活动受到了无形的限制,难以充分施展才干。由于诸葛亮的辅佐,刘禅的昏庸给蜀国带来的危害尚有一定限度;诸葛亮死后,才智低下的刘禅宠信宦官黄皓,把井井有条的蜀国搞得乱七八糟,最终导致亡国。

在现代社会中,小材大用的现象也很普遍。论资排辈、任人唯亲等观念经常在一些人头脑中作怪,有些管理者缺乏对下属的了解,仅凭片面印象用人。于是,一些无德、无才、无智、无勇的庸人时或被推上重要岗位,滥竽充数,最后贻误了事业。

曾经盛极一时的美国王安电脑公司也出现了倒闭的惨局。造成这一局面的首要原因就是用人不当——小材大用。1986年,由于身体状况欠佳和受浓重的"传子"意识影响,王安将公司交给了自己的儿子王列执掌。尽管王安深知王列才能平庸,但还是希望他的儿子能在锻炼中成长起来。当36岁的王列首次以主席身份主持董事局会议时,他根本不知道公司发生了什么事情。此时公司已经出现了财政危机,而他还大谈如何改进管理,令董事局对他大失信心;数名多年追随王安的老职员也因此而辞职,使公司组织元气大伤。两年之后,公司财政状况越来越恶化,出现了严重的亏损,成为王安电脑公司走向衰败的转折点。

(3)用人所短。

讲"能质",就是指人才能力的不同素质类型,切忌错用。

诸葛亮一出祁山失败,在于错用了马谡守街亭。马谡追随诸葛亮多年,为他出过不少好主意,虽然是个好参谋,但却不是一个能独当一面的将才。而诸葛亮却偏偏在关键时刻让他去守街亭,失败不足为怪。

台湾总源沙拉油公司也是因错用人才而造成了巨大损失,总源公司是台湾最大的食用油加工企业。公司所有人陈书友为了使企业管理现代化,决定将所有权与经营权分离,于1973年聘请日本人中川担任公司总经理,授予其经营管理的全权,自己只担任董事长。40多岁的中川在大学时是学化学专业的,此人并不是帅才,掌管基层部门也许有能力,但担任这么大公司的经理实难称职。加之中日文化和经济差异,他能管理日本的企业,但不能很好地管理台湾的企业。中川一上任,就照搬了日本的管理模式,搞乱了企业原有的章法,第一年就出现了亏损。陈书友本着"用人不疑"的原则,只当交了学费。第二年又赔钱,陈书友又视为企业经营转型期的必然现象。到了第三年企业经营无起色,陈书友一调查,发现公司纪律松弛、账目不清,总共亏损1.2亿元台币,给总源公司带来了巨大的损失。

能级、能质与岗位要求对应的原则,从理论上讲并不艰深难懂,但操作起来却也不是轻而易举的。

为力求避免大材小用、小材大用和用人所短等现象发生,在选人用人时,应注意以下两点:

(1)对人才的能级、能质作客观的、综合的考察。

衡量一个人才是否堪当重任,不能戴着有色眼镜,也不能依据一时的、片面的印象。有些企业和部门不惜金钱和时间,精心设计了一套程序,用于对人才进行全面、客观的记录、测试和考核。有的学者提出,在了解人才系统中各个层次、各个岗位对人才能级、能质的需求之后,要想做到量才适用,就应给予测试对象一个机会,看其是喜欢解决难题还是喜欢解决容易的问题,从中了解测试对象的智慧、信心、经验、才能和与人相处的方法,这样做可以节省时间和资金。

(2)人才的能级、能质与岗位是动态对应的。

因为人才的情况在变化,要允许人才流动,能上能下。此外,要使岗位能级要求略高于人才的能级水平,这样才具有挑战性,催人奋进,最大限度地发挥人的潜能,促进人才的成长。

日本经营之神松下幸之助认为,企业运用人才主要是合适。小材大用、大材小用都不是理想的用人准则,唯有适才专用,才能使人发挥他的极致。

松下幸之助于1918年开始做生意,当时公司的规模很小,所幸那时的松下幸之助已拥有了适合的人才。按照当时的规模,当时在学校前三名的优秀学生是不会到松下公司来的,如果他们来了,松下幸之助也会感到困扰,因为没有合适的工作给他们做。

所以,到松下店里来工作的人,大部分都来自普通小学校,很少有来自高小的,甚至公司想要找中学毕业的人才都需费一番功夫。直到1927年,松下幸之助才开始网罗专门学校的人才。也就是说,松下幸之助做了9年生意,才第一次雇用了两名从专校毕业出来的学生。这使松下幸之助感觉到,企业雇用的人才都要适合工作的需求,这样才能把生意做起来。因此,后来松下公司所属不管哪一家分公司或事业部,都以寻求适合自己立场、经营状态的人才为准绳。

在松下幸之助看来,雇用太优秀的人有时有些麻烦。当然,他们也是勤快的工作者,但大都会抱怨:"这么无聊的工作,一点乐趣也没有。"但如果聘用不这么自负优秀的人,就会常心存感谢,满意自己担任的职务和工作环境而认真工作。

在日本有句话叫"适合身份",意思就是以公司经营政策为前提,雇用身份合适的人。若你也能热心地寻求这些人,就不会觉得人才难求了。

松下幸之助最后总结说,世上没有十分圆满的事情,雇用到七十分的中等人才,说不定反而是公司的福气,何必一定要去找一百分的人才呢?

在21世纪,企业之间的竞争在于人力资源的竞争,这要求企业一定要注意对人才的培养,在选择和使用人才方面要量才使用,做到适才适用,才能使其内在的潜力得到最充分的发挥。

2.学会容忍员工的缺点

管理者如果只注重下属的缺点和短处,那不仅是愚蠢的,也是一种不负责任的态度。

——德鲁克

索尼公司董事长盛田昭夫认为:只有一流的人才,才能造就一流的企业,如何筛选、识别、管理人才,并证明其最大价值,为企业所用,是领导者面临的颇为头痛的问题。

因此,他确立了衡量人才的两个尺度:内在激情和外在能力。

一个人才所具有的内在激情, 与一般我们常说的某人有热情是不同的,它比热情更富有内涵。生活中,有些人外表平静,内心却充满激情。而外在能力则是说这个人才所具有的专业技术能力、自我管理和管理他人的能力、公关能力等,这些都是在实际工作中我们所能够看到的。

基于上述标准,人才可以相对分为三类:

第一类人才,内在激情与外在能力都高;

第二类人才,内在激情高而外在能力低;

第三类人才,内在激情低而外在能力高。

每个人的激情和能力所创造的价值不是简单的加法关系,其中任何一个因素的增加,都会导致结果呈几何数增长。

第一类人才是对组织最理想的管理型或专业带头型人才。对于管理者来说,最关键的是给这些人以充分的权力,让他们在宽松的环境中充分发挥聪明才智,实现他们自己的目标;同时赋予他们很高的责任,最大限度地发挥释放他们的创造能力,从而形成强大的组织合力,推动组织向健康的方向发展。

第二类人才在新招募的员工中比较常见。他们工作热情很高,态度端正,但是没有工作经验,动手能力很差。对于这类员工,管理者应当充分肯定他们的激情,因为这种激情往往是最原始的、本能的、潜力最大的。

针对这类员工工作能力的不足,管理者应该通过制定相关制度对他们提出严格要求,进行系统有效地培训,同时鼓励他们大胆实践,以便在工作过程中增长才干。一定要先安排这类员工在一线进行锻炼。对这类人员的管理是一项长期的投资,管理者要有耐心。

第三类人才多为专业领域中的技术性人员,他们是组织中价值很高的财富。一般说来,他们对于自己的职位或是长期的发展没有明确目标,是最需要激励和鞭策的。

管理者一方面要对他们的能力予以肯定和信任;另一方面又要对他们提出具体的期望和要求,使他们看到自己的价值,激发他们努力工作的动力。需要管理者引起注意的是,这类员工通常对现状不满,尤其对自己的报酬和上升空间不满,需要管理者经常与其沟通,以调整他们的心态。

除上述三类人才外,组织中还有一类内在激情与外在能力都低的员工,领导者也不能忽视。领导者对这类员工首先要有信心,本着"多养马,少换马"的原则,尽量激发他们的激情和提高他们的能力,但一定要控制好在他们身上所花的时间和精力。如果这类员工长时间没有改变,就不要再浪费时间和金钱,果断予以淘汰出局。

多些宽容,开诚布公

优秀的领导人会容忍错误的发生并鼓励下属吸取教训。

20世纪80年代中期,新可乐的引入成为曝光度最高的商业失败之一。面对消费者巨大的消极反应,77天之后,传统可口可乐重回市场。

尽管大败一场,新可乐项目中却没有人受到谴责,更没有人被解雇。

这个项目的领军人、营销主管齐曼虽然事后离开了公司，但7年之后，他又重回可口可乐，领导全球营销部。公司CEO郭思达解释说："不能容忍错误，我们就会丧失竞争力。如果你的出发点就是避免出错，你就走上了无所作为之路。你跌倒，是因为你在前进。"

原谅齐曼的大错，使公司从中吸取教训，是郭思达卓越领导力的明证。新可乐溃败之后，可口可乐重整营销策略，逐年从百事手中夺回市场份额。

正确对待错误的关键，是要用心良苦地将错误公之于众。如果员工意识到可以对问题进行开诚布公的讨论，他就会知道，承认错误、改正错误会得到支持。比起独断、拒斥、惩罚或者解雇，积极的、面对面的交流效果更好，业绩、士气和团队精神都将因此而得到大幅提升。

教练指导，助其成长

因为整体上不称职而解聘下属的情况很常见。商业上如此，政治上同样如此。

20世纪80年代，英国首相撒切尔夫人在组阁之际不得不做出艰难抉择："我同样也让豪威尔和扬从内阁离职。豪威尔作为内阁大臣的缺点在他任职能源部的时候就已经显现出来了，而他在交通部的表现也证明我的判断没有错。无论是作为反对党还是作为特别委员会主席，他都具有足够的卓越才能，但他缺乏由创造性的政治想象力和实干才能形成的综合素质，这使他不能成为一流的内阁大臣。"

当然，即使下属不称职，一个杰出的领导也应该加以教练和指导，促使他改头换面。进行指导时，尤其要让员工更好地了解他们自身和他们的工作。这可以让他们知道如何改善心态，在面对与业绩相伴而来的焦虑、屈辱和挫折时更讲究方式方法。

耐心的指导者会注意避免操之过急，不给受训的人设定过高目标。他提出问题的时候，不是匆忙给出答案，而是诱发受训者首先说出问题的确切含义。问题了然于胸之后，答案自然就有了，受训者就可以在没有指导的情况下自发地寻求答案。

如果教练和指导没有达到预期的效果,领导者别无选择,只有裁员。即便如此,领导者本人也要承担部分失败的责任。正像匈奴王阿提拉所说的:"首领如果不称职,等级最高的下属也不能接替他。首领失败了,下属也好不到哪去。"

明确层级,奠定基调

所有领导者都一定遇到过权威受到下属挑战的情形。是应该视而不见,还是用心对付发起挑战的人?

爱德华兹,在1990年成为首位完成环球帆船赛的女性,她曾做出过艰难决定——很早以前,爱德华兹解雇了船队中的二号人物——她的大副。

领导者一旦感到队伍中有人起了破坏作用,就必须采取行动。做出决定尽管艰难,但不可避免,此举能增强领导者的可信度,而逃避问题造成的破坏性甚至要超过那个挑事的人的坏脾气。

领导者有责任事先定好上下级关系,为工作方式定下基调,并把这些信息有效地传达给下属。对领导者的挑战多半来自于对既定的理念和上下级安排的不认可。一旦某些挑战破坏了队伍的运转,就必须面对它、解决它。领导者如果不得不在捣蛋分子和团队精神之间做出抉择,如何取舍是显而易见的。

突破教条,鼓励创新

通用电气的韦尔奇是全球著名的企业领袖之一。他在职的时候,培养了一大批杰出领导者人选,密切关注每个人的个人发展,安排他们任职于不同的岗位以获取相关的经验,为他们设定富有挑战性的目标,给他们充分的空间施展才能。据说,他还在GE设立了一个人才更新系统,让绩效最低的10%的雇员离职。

成功的领导者应该是什么样子,成功的企业应该是什么样子,韦尔奇心知肚明,对于不符合的,则坚决剔除。但是,剔除那些不符合既定模式的人,本身是一件危险的事情。

如果模式本身就是错的呢?如果模式没有及时更新与时俱进呢?

刻意按照团体要求塑造员工,其后果可能是积极的,也可能是消极的。

要取得积极的效果,就要让员工明白如何在复杂的组织环境中开辟成功之路;让他们独有的、富有创造力的天性获得认可和支持;让他们不必压抑自己的本色和想法,或者感到畏惧和缺乏信任。

与此相反,如果员工不得不循规蹈矩,压制自己的行为、特点和人格,放弃自尊和自由,被当作"次等人";或者规章制度完全是上层管理人员说了算,毫不考虑下属的愿望,而上层管理人员又可以倚仗权势另搞一套,那么,负面效应就不可避免了。

比"按照既定模式打造员工"更好的办法,是给他们提供个别的帮助、指导和支持,让他们能在完成自己目标的时候做得更好。

这就是说,要鼓励他们增进技能,诱导他们互相合作,使他们自觉地投身于工作之中。

以身作则,言出必行

信任是一种言出必行的信念,是对一种传统美德——"诚实"的恪守。领导者的行为与他口头上宣称的信念要相吻合,起码要不相冲突。有效领导的基础不是卖弄聪明,而是言行合一。表达信任的方法很多,比如:事先商定好明确的原则,并尊重别人的原则;

让别人有权自主决策,或者共同协作做出决策;

鼓励团队协作和参与;

倾听别人的心声,达成共鸣;

在他人遇到困难时能挺身而出。

同样的原则也适用于下属。一个团体要想超越每个人的能力,争取最佳表现,领导者必须确信下属认同整个团体的目标,不会破坏它的实现。如果有些下属很明显做不到这一点,领导者别无选择,只能重新审视依靠这些下属是否明智。

3.对员工最大的激励就是帮助他们获得业绩

> 对员工最大的激励就是帮助他们获得业绩，只有业绩才能让他获得成就感。不是加薪，不是晋升，不是奖励，那只是结果而已。
>
> ——德鲁克

一直以来，激励是管理范畴的一个热门话题。德鲁克认为：管理就是界定企业的使命，并激励和组织人力资源去完成。有的管理者认为，"管理就是激励"。尤其是进入21世纪，随着"80后"、"90后"新人成为就业大军中的主体，这些生长在改革开放、物质产品比较丰盛年代的年轻人，关于他们的激励是否有些合适的方法？为什么员工"工作条件越来越好，内心的动力却越来越小"？

在任何竞技比赛中，每个人都想赢，那是一种强大的内在动机。

做任何事业工作时，每个人都想成，那是一股强烈的内心意愿。

没有人甘心落后，没有人愿意失败。为了比周围的人更出色，为了得到周围人的认可，舍得付出辛劳，可以加倍努力，这本身就是一种需求，是对成就感的需求，而不仅仅是为了钱。马斯洛的需求理论认为，人的最高需求是实现个人价值。心理学家赫兹伯格说，钱只是保健因子，而不是激励因子。

那么，比钱更重要、更有效的员工激励有哪些呢？

第一，开诚布公的沟通。

高诚信的企业会对员工毫无保留地公开公司的业绩情况，解释公司在经营管理及人力资源管理方面的一些基本政策，鼓励员工主动参与信息分享，同时无差别地公布包括坏消息在内的新闻并向员工坦承地承认在经营管理上的一些失误。

一家咨询公司总裁罗斯制订了一个长期的奖金计划以激励公司1500

名雇员中2/3的员工，他精确地计算了每一位员工在年终的时候将会拿到的奖金数量，并设定了一个上浮尺度，之后把这个奖金的分配方案和员工进行了沟通。但由于互联网经济的破灭，公司业绩没有达到预期目标，奖金计划大打折扣，只能发出计划中的40%。

为了挽救这一严峻形势，罗斯和公司的其他高管花了2周时间到40个城市的分公司和员工见面，亲自向员工解释发生的事情并承认管理层在项目制定上犯下了失误。

最后，高管层还是取得了绝大多数员工的理解和支持，问题得以化解。

第二，与员工分享福利。

过去的几年里，不少企业已经认识到，大部分的员工对自己的切身经济利益不是很敏感。为了改变这种状况，提升员工对利益的关注程度，一些企业开始推行一种年度的"总额奖励计划"，以此和每一个员工的报酬进行沟通，包括工资、体检和伤残福利、退休金等。

意料不到的效果是，推行这种计划的企业大幅度提高了员工对公司的信任度。真正原因并不是很清楚，但一种可能是，这些企业的员工认为管理层对他们有更为深入的理解及支持，并为他们做了很多工作。

5年前，苏珊作为团队主管加入一家外贸公司，当时，该公司的员工信任度一度滑至冰点。与竭力改变公司固有的企业文化不同的是，苏珊把重点放在了改变公司的福利上。她实施了一个公开的政策：她对公司的雇员进行了遍访，并和他们进行了非正式的交流。之后，她将注意力放在了赖以支持人力资源部门运转的人力资源系统方面，如报酬、赔偿及健康福利，并和员工讨论为公司付出的收益及可能得到的全年性的报酬。比如，一个员工因为家庭原因需要一笔数目不小的贷款，另一个员工需要健康咨询等。慢慢地，当员工的需求与企业的福利计划结合——在人力资源部门的推动下——变得清晰的时候，信任开始在企业内部重新构建起来。

第三，让员工参与公司决策。

为了构建一个高信任度的组织，管理层必须寻求员工不信任企业的来源以提高员工士气。

麦子是位于上海的一家战略咨询公司的合伙人。两年前，她服务的一个制造厂有5000名雇员，但是产品质量和客户服务很差，员工士气降到低点，员工信任基本没有。

"我们工作的第一步是和员工坐下来沟通，了解问题的根源以及员工为什么会认为管理层不可信。"麦子说。人力资源部发现，员工对管理层的晋升感到厌倦，因为管理层对提供给工人的工具或为提高产品质量的权限非常有限。同时，员工还向高管层提供了改善工厂管理和促进组织变革的一些建议。

麦子说，工厂管理层不仅执行了这几条建议，而且积极告诉员工执行后的变化情况。"仅是从员工那里寻求建议是不够的，"麦子解释说，"你必须告诉员工高管层采纳了哪些建议及取得了哪些效果，而不能简单地假定员工会留意这些变化。"

根据麦子的介绍，倾听员工的建议对改善工厂的信任度发挥了很大作用，制造厂很快达成了节减成本的目标，产品质量提升了70%，准时交货率上升了40%。

第四，让员工为其表现负责。

高信任度的企业得到的回报是员工高绩效的工作，这种环境对低绩效的员工则是一种培训，仍不合格的就会被自动淘汰。

几年前，小陈在一家培训公司人力资源部任职，该公司的高管层正备受性骚扰丑闻的困扰——每个员工都知道这些事情。"人力资源部的建议是劝这些高层都离职。"小陈说，"然而，老板不倾向于这种解决办法，但很明显，员工因为这件事对公司管理层失去了信任。大约9个月后，CEO辞职，卷入丑闻的高管人员都被解职。董事会最后认为人力资源部的建议是对的。"

对小陈来说，那次经历中采取的行动不仅对保持员工士气和企业可信度很重要,而且对维护团队的信誉也是至关重要。"管理层的每一个人都不得不维护组织的可信度。"他说,"但在事实上,团队领导不得不出面澄清,因为我们是管理层和员工之间沟通的桥梁,我们必须做好两个方面的工作。如果我们都失去了信任,那这个组织就没有什么可以信得过的了。"

4.自我管理是管理的最高境界

每一个人都必须携带自己的开山刀。

——德鲁克

在新经济环境下,知识型员工越来越多,员工的知识更加丰富,思维更加活跃,活动空间更加广泛,自主意识不断增强,管理者难以完全靠制度来管理员工。

德鲁克有一句名言:"每一个人都必须携带自己的开山刀。"每一个人,尤其是经理人,必须先学会自我修炼,管理好自己。对于企业管理者来说,自我管理是管理的最高境界,是最经济和有效的管理方法。

日本麦当劳老板藤田为了把自己下属的进取欲望转化为工作热情,促使下属更好地为麦当劳工作,想出了一个"员工加盟制度"的点子。

藤田向所有职工宣布:凡在他的麦当劳汉堡店干满10年以上的职工,如果自己有意经营日本麦当劳分店,日本麦当劳总店将予以支持,总店将为这样的职工选择好分店的开办地点,到时该职工只要向总店交纳250万日元的保证金,即可利用日本麦当劳的名义单独另干,成为日本麦当劳加盟店的老板。由于在日本麦当劳干了10多年,训练有素,经营方法熟悉,所以这些另起炉灶的职工都十分成功,不久腰包就会鼓起来,这对所有的日本麦当劳的职工来说无疑是强大的吸引力。冲着日后能当老板,日本麦当劳的职工干劲十足。

斯太利农产品公司的一家分厂曾试验"自我管理"。具体做法是,根据生产、维修、质量管理等不同业务的要求和轮换班次的需要,把全厂职工以15人一组分成16个小组,每组选出两名组长,一位组长专抓生产线上的问题,另一位组长负责培训、召集讨论会和作生产记录。厂方只制定总生产进度和要求,小组自行安排组内人员的工作。小组还有权决定组内招工和对组员的奖惩。该厂实行"自我管理"后,生产率激增,成本低于其他工厂,旷工、辞职和停工率都降到了1%以下,而生产设备的利用率则达到了设计标准的115%。

狄俄蒙纤维制品公司有一个机构执行自我管理,取名"百人俱乐部",其职权包括记录工人的表现和对出勤率高、安全生产、有建树的职工颁发奖金、奖品。"百人俱乐部"成立一年,生产率提高了3.4%,上、下级冲突减少了73%,还减少了事故,共为公司节约开支160万美元,平均每个职工每年节省5万多美元。

桑伯格制袜公司的改革更具有戏剧性。该公司1980年推出一套运动袜,一年之内销售总额从前一年的80万美元猛增到270万美元,次年又跨过500万美元的大关。为了保持产品的声誉,公司老板决定采取产量、质量到人,实行"自我管理"。决定一宣布,工人立刻组织起了一个个自由结合的"质量图",切磋技术,交流意见。工长虽然还负有记录工人表现的任务,但何为优、何为劣,标准必须由"质量圈"来决定。一年后,公司产品的一等品率高达99.3%,大大超出了同行业水平,销售额比上一年增长了50%。

作家杰克森·布朗曾经有过一个有趣的比喻:"缺少了自我管理的才华,就好像穿上溜冰鞋的八爪鱼。眼看动作不断,可是却搞不清楚到底是往前、往后,还是原地打转。"

德鲁克提出,管理者必须明白,除非你首先能够管理"自我",否则你不能管理任何人或任何东西。一个连自己都管不好或者管不了的经理人,难道还能够管好员工吗?

现实生活中,那些极其成功的经理人——韦尔奇、艾科卡、松下幸之助、格鲁夫、比尔·盖茨……他们都是自我管理成功的典范。在学习和实践后,我们总结出自我管理的"八项基本原则":

(1)目标原则。

每个人都曾有一个愿望或梦想,也会有工作上的目标,但经过深思熟虑制定自己的生涯规划的人并不多。生涯规划的实现,需要强有力的自我管理能力。

有目标的人和没有目标的人是不一样的,在精神面貌、拼搏精神、承受能力、个人心态、人际关系、生活态度上均有明显的差别。通过同学聚会,分析成败的原因,可明显地看出这一点。

早定生涯目标并坚定不移地为之奋斗,20年后才不会后悔!

(2)效率原则。

浪费时间就等于浪费生命,这道理谁都懂得。但是,我们每天至少有1/3的时间在做着无效的工作,在慢慢地浪费自己的时间和生命!所以,要分析、记录自己的时间,并本着提高效率的原则,合理安排自己的时间,在实践中尽可能地按计划贯彻执行。

坚持下来,你会发现,你的时间充裕了,你的工作自如了,你的效率提高了,你的自信增强了。

(3)成果原则。

自我管理也要坚持成果优先的原则。做任何工作时,都要先考虑这项工作会产生什么样的效果,对目标的实现有什么样的效用。这是安排自我管理的工作顺序的一个重要原则。

与成果关系不大的事,交给别人干好了。

(4)优势原则。

充分利用自己的长处、优势积极开展工作,从而达到事半功倍的效果。这是自我管理的一个非常重要的原则。

人无完人,你不可能消灭自己的缺点,全剩下优点。你所能做的就是收起你的缺点,发挥出自己的优势。

(5)要事原则。

做工作分轻重缓急,重要的事情要先做。在ABC法则中,我们把A类重要的工作放在首先要完成的位置。在自我管理中,A类——重要的工作就是与实现生涯规划密切相关的工作,要优先安排,下大力气努力做好。

(6)决策原则。

一是决策要果断。优柔寡断是自我管理的大忌,想好了就要迅速定下来。二是贯彻要坚决。不管遇到多大阻力,都要坚定不移地贯彻到底。三是落实要迅速。定下来就要迅速执行,抓住时机,努力工作。

(7)检验原则。

实践是检验真理的标准,自我实践的目标正确与否,需要实践来检验。要坚持"以人为镜",及时收集、征求同事们的意见和建议,检查自我管理的实际效果。

(8)反思原则。

自我管理也要定期进行反思。检查自己的目标执行情况,分析自我管理中存在的问题,制订调整和修正方案,从落实的实际出发,保证自我管理健康地向前发展。

另外,管理者还必须学会一定的管理技能。

需要具备的管理技能主要有:

(1)技术技能。

技术技能是指对某一特殊活动——特别是包含方法、过程、程序或技术的活动——的理解和熟练。它包括专门知识、在专业范围内的分析能力以及灵活地运用该专业的工具和技巧的能力。技术技能主要是涉及"物"(过程或有形的物体)的工作。

(2)人事技能。

人事技能是指一个人能够以小组成员的身份有效地工作的行政能力,并能够在他所领导的小组中建立起合作的努力,也即协作精神和团队精神,创造一种良好的氛围,以使员工能够自由地、无所顾忌地表达个人观点。管理者的人事技能是指管理者为完成组织目标应具备的领导、激励和沟通能力。

(3)思想技能。

思想技能包含："把企业看成一个整体的能力，包括识别一个组织中的彼此互相依赖的各种职能，一部分的改变如何能影响所有其他各部分，并进而影响个别企业与工业、社团之间，以及与国家的政治、社会和经济力量这一总体之间的关系。"即能够总揽全局，判断出重要因素并了解这些因素之间关系的能力。

(4)设计技能。

设计技能是指以有利于组织利益的种种方式解决问题的能力，特别是高层管理者不仅要发现问题，还必须像一名优秀的设计师那样具备找出某一问题切实可行的解决办法的能力。如果管理者只能看到问题的存在，并只是"看到问题的人"，他们就不是合格的管理者。

这些技能对于不同管理层次的管理者的相对重要性是不同的。技术技能、人事技能的重要性依据管理者所处的组织层次从低到高逐渐下降，而思想技能和设计技能则相反。对基层管理者来说，具备技术技能是最为重要的，具备人事技能在同下层的频繁交往中也非常有帮助。当管理者在组织中的组织层次从基层往中层、高层发展时，随着他同下级直接接触的次数和频率的减少，人事技能的重要性也逐渐降低。也就是说，对于中层管理者来说，对技术技能的要求下降，而对思想技能的要求上升，同时具备人事技能仍然很重要；但对于高层管理者而言，思想技能和设计技能特别重要，而对技术技能、人事技能的要求相对来说则很低。当然，这种管理技能和组织层次的联系并不是绝对的，组织规模大小等一些因素对此也会产生一定的影响。

5.有效沟通是合作的关键

> 农民知道,大多数农民做什么;工厂的工人也知道,其他工厂的工人在做什么;但现在,即使在同一个组织内,没有人知道其他人在做什么。与你共事的每个人,不知道你在工作上的轻重缓急。如果你不问,也不说,你的同事和下属就会瞎猜。
>
> ——德鲁克

在日常工作中,企业的老板或领导一般要处理比员工更多的事务,经常会不停地给员工分配任务。特别是在任务压顶的时候,领导一般可能会意识不到沟通问题,只是以命令的形式将任务布置下去,就算员工有想法也不愿意沟通。

作为管理者,由于所处角度不同,再加上事务繁忙、工作节奏和思维都很快,很容易忽略执行方的员工的处境,反而常有抱怨,认为对员工说话就像是对牛弹琴;而员工则认为是领导不了解自己、不相信自己,对其所说的话不能理解。

某纺织企业3年来一直为某家客户提供一种“乳白”的布匹,每年有高达几百万金额的订单!可是,2008年6月,远在外地出差的老板突然接到该客户一个20万元的订单,是“洁白”的布匹订单,而且还十万火急!于是,老板给副厂长打电话说明情况,吩咐赶快投入生产。可在交代工作时,老板并没有强调这次该客户要的不是以往的“乳白”布匹,而是“洁白”布匹,只是轻描淡写地说过后,又给副厂长交代了另外一大堆要办的事。副厂长本来想再问问老板关于布匹的具体要求,但一想到老板平时的急脾气,自己一多问,倒是显得太愚钝。于是,已经习惯于每年为其生产“乳白”布匹的副厂长没有多想,便组织生产。结果可想而知,当布匹生产出来发给客户后,客户要求退货,给这家纺织企业造成了不小的损失。当追究责任时,老板除了批评副厂长一顿,也别无他法。

从这个案例中,我们可以看到,因为情况紧急,老板并没有想到下属在具体执行任务时需要的重要信息,只是想当然地传达了命令,而忽略了与下属进行更清楚、深入和平静的沟通,也没有提醒下属应该注意的有关事项,更没有一个好的沟通心态,致使企业遭受了严重的损失。

实际上,这就是现在管理上存在最多的沟通问题。美国著名未来学家奈斯比特认为:"未来竞争是管理的竞争, 竞争的焦点在于每个社会组织内部成员之间及其与外部组织的有效沟通上。"

沟通看起来很简单,但能否以正确的方式沟通,让员工明白自己的意思,是十分关键的。

一位30多岁的研究生被提拔任命为一个课题组的组长, 第一天走马上任,便烧了"三把火"。早上一到办公室,他就组织开会,对着比他年长的同事安排了一通工作。他先是对老王说:"你管采购, 把你的工作梳理一下,该付款的赶紧完结了。"老王一下子没回过神来,丈二和尚摸不到头脑,因为之前工作的流程并不是这样安排的,很灵活。

接着,他对老唐说:"你管销售,7天以上的合同赶紧去催。"老唐盯了新领导一会儿,扭过头。之后,他又对新员工小李说:"把你的工作整理一下,向我汇报。"小李心说:"我才来了5天,上周才进行过新员工培训,我还不知道从哪里入手呢,怎么向你汇报?"小李也没吱声,去做自己的事情了。

新官上任的第一天,大家就在沉闷、压抑的氛围之中度过了。久而久之,曾经的同事和他的关系大不如以前,越来越疏远。同事变成了下属,变得判若两人,每天早上上班的时候,要不就耷拉个脸,一脸不情愿,要不就是踩着九点上班的铃声进来,一个个就像霜打的茄子。

正如美国心理学家马斯洛的需求理论,职场多数人会追求自我价值的实现,深信自己通过辛勤工作和卓越表现能成为企业提升的最佳人选。即使不得不承认主管比自己强,可感情上仍难以接受,往往会莫名其妙地产生敌视和不予合作的态度;更有甚者,在嫉妒心的驱使下会出难题、找麻烦,不服从主管的工作指令甚至处处拆台。

沟通中35%来自语言,而65%依靠非语言沟通。有人曾说,沟通的关键不是沟通的内容,而是如何用对方可以接受的方式来沟通。企业的员工与老板本身就是不同利益的两个主体。对于企业老板来说,因为承担着巨大的风险和压力,容易认为有些事情根本不需要和员工讲那么清楚,尽职尽责是其本分。可员工则不这样认为,他们看到的都是作为老板所享受的特权,比如可以让下面的人做事,自己不做;可以迟到早退;可以决定员工的去留……

作为一个企业领导者,你和下属的沟通会有多少个层次?

初级沟通:信息交流

第一个层次的沟通叫作信息交流。沟通一向是、现在是、将来也依然是企业中的重要问题,作为管理者,你必须清楚地表达你对未来的要求和对结果的看法。

在企业的日常管理中,信息交流的最好方法就是开会。我们可以在会议中对一周的工作状况进行总结,对接下来的工作做出计划,大家在会议上交换彼此的信息,了解工作进度。现在,很多中小型企业的老板只用一个电话交代任务,却不善于与员工面对面交流信息,最后造成信息中断,影响了工作效率。

最低层次的沟通就是你和大家有信息的交流,但是你可能会发现很多时候我们开会仅限于交流信息,结果会开完了,效果却不明显。这个时候,沟通就要上升到一个较高的层面,即知识传导。

中级沟通:知识传导

一个企业由不同部门组建,不同部门的人员知识层次参差不齐,有研究生、本科生、高中生甚至还有小学水平的人员,不良的沟通必然会降低企业的工作效率,甚至可能导致错误。所以,为了平衡差距的悬殊,必然要有类似于培训之类的知识传导,这也是一个新员工一定要接受培训的原因。

积极沟通,传导知识,互补不足,尽量减少企业中"有理说不清"的现象。但是很多时候，这种沟通只是硬授予知识的被动沟通。就好像我们的应试教育，老师照本宣科地给学生传授知识，教授学生解决特定的题目用特定的方法。所以，这个层面的沟通只是授人以鱼，而不是授人以渔。要做到授人以渔，我们需要高一层面的沟通——智慧启迪。

高级沟通：智慧启迪

智慧启迪，顾名思义就是启发别人的智慧。启发别人的智慧，关键在于启动慧根。就好比一条干涸的河，不论你怎么灌水都无济于事，只有找到源头并且启动活水才能最终解决问题。

在企业管理中，一个企业领导者往往是也应该是一个善于启发他人智慧的人。启迪员工智慧，与员工有效沟通，这是一个企业领袖的作风。

其实，企业老板与企业领袖是有区别的，正如李嘉诚所说："我常常问自己，你是想当一个团队的老板，还是一个团队的领袖？"很显然，愿意做领袖。老板只是简单地支配下属，告诉下属前门不开就走后门；但是企业领袖却善于引导下属，教会下属正向找不着路就从负向去找。现在企业界流行一个名词叫"教导型企业家"，教导型企业家不是一个简简单单的企业老板，而是一个善于启迪员工智慧、培养员工才能的企业领袖。在这样一个世界上，不断受到启示的时候，知识就会发生裂变，所以智慧的启迪就是点醒他人。

特级沟通：情感融通

在很多情况下，企业领导者虽然尝试与下属努力沟通，可是信息交流依然不畅，知识传导依然有误，智慧依然无法启迪，在沟通中依然存在很多障碍。怎么办？其实这个时候，打通情感是最好的办法，因为情感融通了，其他的自然也就容易沟通了。就好比，你要下属去执行任务，但是下属对你有偏见，他不喜欢你，那么你就要转变他的情感，让他喜欢你、接受你。

人既是一个理性的动物，又是一个感性的动物，但本质上，人是一个情感的动物。几乎所有的人，除了极少数的极端分子之外，都过不了情感这一关。情感融通之后就会是我信赖你、我喜欢你、我爱你，所以很多的领袖人物都爱他的士兵,他的士兵也都拥戴他。这种爱戴、拥戴就打通了情感,拉近了上司与下属之间的距离,形成了良好的沟通。

超级沟通:精神默契

心领神会,达成共识,这个沟通就是到了无影之间的精神默契。其实,大家合作久了就特别有这种感受,就是你想的和他想的一样,一拍即合。当沟通还处于技术层面的时候,就要用比如"我们沟通一下吧"这样的语言;但是在精神层面,就不需要语言的沟通,有时候只要一个眼神,彼此就都明白了。

又比方说,一个球队里面,国界不是问题,年龄不是距离,身高不是差距,已经突破了语言、年龄、民族的障碍。在球场上,如果大声说你从左面,我从右面,他从后路,这个语言一喊,结果会很糟糕。一个真正高水平的球队,只要那个人稍有表示,其他的人全都会看明白。这就是一种默契。

高层次的沟通是不沟自通,心有灵犀一点通,有时候不点也会通,因为这是一种默契,精神的默契是神交的一个状态。在一个团队里面,如果大家都可以做到配合默契,就会减少很多不必要的阻力,提高工作效率。

可见,有效沟通已经成为各类机构的管理者和员工最为关心的问题。但由于沟通媒介泛滥,导致经理人无所适从,以至于再也没人能准确把握沟通的内容,组织内部的沟通隔阂反而因此扩大了。

沟通失败的根本原因在于,缺乏对沟通的实质和目的的了解,所以管理者非常有必要了解彼得·德鲁克提出的有效沟通的四个基本法则。

法则一:沟通是一种感知

禅宗曾提出过一个问题:"若林中树倒时无人听见,会有声响吗?"答曰:"没有。"树倒了,确实会产生声波,但除非有人感知到了,否则,就是没有声响。沟通只在有接受者时才会发生。

与他人说话时必须依据对方的经验。一个经理人和一个半文盲员工交谈,他必须用对方熟悉的语言,否则结果可想而知。谈话时试图向对方解释自己常用的专门用语并无益处,因为这些用语已超出了他们的感知能力。接受者的认知取决于他的教育背景、过去的经历以及他的情绪。如果沟通者没有意识到这些问题，他的沟通将是无效的。另外，晦涩的语句意味着杂乱的思路，所以，需要修正的不是语句，而是语句背后想要表达的看法。

有效的沟通取决于接受者如何去理解。例如，经理告诉他的助手："请尽快处理这件事，好吗？"助手会根据老板的语气、表达方式和身体语言来判断，这究竟是命令还是请求。德鲁克说："人无法只靠一句话来沟通，总是得靠整个人来沟通。"

所以，无论使用什么样的渠道，沟通的第一个问题必须是："这一讯息是否在接受者的接收范围之内？他能否收到？他如何理解？"

法则二：沟通是一种期望

对管理者来说，在进行沟通之前，了解接受者的期待是什么显得尤为重要。只有这样，我们才可以知道是否能利用他的期望来进行沟通，或者是否需要用"孤独感的震撼"与"唤醒"来突破接受者的期望，并迫使他领悟到意料之外的事已经发生。因为我们所察觉到的，都是我们期望察觉到的东西；我们的心智模式会使我们强烈抗拒任何不符合其"期望"的企图，出乎意料的事通常是不会被接收的。

一位经理安排一名主管去管理一个生产车间，但是这位主管认为，管理车间这样混乱的部门是件费力不讨好的事。此时，经理需要了解主管的期望。如果这位主管是一位积极进取的年轻人，经理就应该告诉他，管理生产车间更能锻炼和反映他的能力，今后还可能会得到进一步的提升；相反，如果这位主管只是得过且过，经理就应该告诉他，由于公司精简人员，他必须去车间，否则只能离开公司。

法则三：沟通产生要求

一个人一般不会做不必要的沟通。沟通永远都是一种"宣传"，都是为了达到某种目的，例如发号施令、指导、斥责或款待。沟通总是会产生要求，它总是要求接受者要成为某人、完成某事、相信某种理念，它也经常诉诸激励。换言之，如果沟通能够符合接受者的渴望、价值与目的，它就具有说服力，这时，沟通会改变一个人的性格、价值、信仰与渴望；假如沟通违背了接受者的渴望、价值与动机时,可能一点也不会被接受,或者最坏的情况是受到抗拒。

宣传的危险在于无人相信,这使得每次沟通的动机都变得可疑。最后,沟通的讯息无法为人接受。全心宣传的结果,不是造就出狂热者,而是讥讽者,这时,沟通起到了适得其反的效果。

一家公司的员工因为工作压力大、待遇低而产生不满情绪,纷纷怠工或准备另谋高就。这时,公司管理层反而提出口号"今天工作不努力,明天努力找工作",就会更加招致员工的反感。

法则四:信息不是沟通

公司年度报表中的数字是信息,但在每年一度的股东大会上,董事会主席的讲话则是沟通。当然,这一沟通是建立在年度报表中的数字之上的。沟通以信息为基础,但和信息不是一回事。

信息与人无涉,不是人际间的关系。它越不涉及诸如情感、价值、期望与认知等涉及人的成分,就会越有效力且越值得信赖。信息可以按逻辑关系排列,技术上也可以储存和复制。信息过多或不相关都会使沟通达不到预期效果。而沟通是在人与人之间进行的。信息是中性的,而沟通的背后都隐藏着目的。沟通由于沟通者和接受者认知和意图不同而显得多姿多彩。

尽管信息对于沟通来说必不可少,但信息过多也会阻碍沟通。如"越战"期间,美国国防部陷入了铺天盖地的数据中。信息就像照明灯一样,当灯光过于刺眼时,人眼会瞎。同样,信息过多也会让人无所适从。

在此,我们可以借鉴英特尔公司的内部沟通体系。

在英特尔总部,专门设有一个"全球员工沟通部",促进英特尔沟通体系与团队发展。英特尔在内部推崇并采取开放式的沟通模式,其内部的沟通是双向的,包括许多沟通的渠道。

(1)网上直播、网上聊天。

英特尔为电脑制造了"奔腾的心",推动世界进入网络信息时代,自身也成为了网络科技的受惠者。公司的高层管理人员会经常通过英特尔内部网络，向全球员工介绍公司最新的业务发展，以及某个专门问题的情况。英特尔的管理层还会通过网上聊天和员工进行互动的沟通，回答员工现场提出的各种问题。

(2)季度业务报告会。

季度业务报告会是英特尔公司进行员工沟通的重要方式。这是一种一对多或多对多的沟通，是一种面对面的沟通。在季度业务报告会上，公司不单向员工通报公司最新的业务发展情况，还现场对员工所提出的问题进行回答。员工通过现场提问，直接、面对面地与公司管理层进行交流。

(3)员工问答。

在英特尔季度业务报告会之前，为了了解员工所关注的问题与所顾虑的事情，各部门内部会通过员工问答的方法，预先了解员工的心声。这也成为了英特尔公司内部一种有效的沟通渠道。

(4)员工简报。

在英特尔公司，每个季度会出版定期的员工简报，这已成为其员工内部沟通的一个重要方式。在英特尔的工厂里，每个星期都会定期出版一期员工快报，让员工自由取阅，把公司及工厂里发生的最新重要事情、消息，通过简报的形式告知员工。

(5)一对一面谈。

一对一的面谈是自下而上的沟通中比较常用的重要方式。公司与每一名员工之间就工作期望与要求进行沟通，通常通过员工会议的形式进行，要求员工来制定会议的议程，由员工来决定在会议上想谈的内容，包括员工对自己职业发展的想法，对经理人员的看法和反馈。

(6)定期的部门会议。

英特尔各业务与职能部门会定期召开会议，经理人会定期和所有的下属进行及时沟通，听取员工的建议与想法，传达公司的政策与各项业务决策。

(7)全球员工关系调查。

在英特尔全球，每年都会进行一年一度的全球员工关系调查，英特尔总部会派人到全球各个国家与地区的分公司，对员工关系与沟通情况进行调查。

(8)开放沟通。

英特尔同许多著名全球500强公司一样，采取门户开放式的沟通。很多时候，员工的顾虑与意见不愿意直接与其上司面谈。对此，英特尔的人力资源部专门设有一名员工关系顾问，员工可以去与人力资源部的员工关系顾问进行面谈。员工关系顾问会对所了解的信息进行独立的调查，了解员工反映的情况，然后将调查结果通知公司有关部门，包括员工的经理。在这种沟通方式中，英特尔制定了一系列的规则来避免经理人员对员工采取一些不适当的方式，保护员工的权利。

由此可见，英特尔通过这些不同沟通方式的综合运用来获得消息或者听到的反馈与建议，构建起一个完整的内部沟通系统，取得了良好的沟通效果，值得借鉴。

德鲁克提出的四个"简单"问题，可以用来自我检测，看看你是否能在沟通时去运用上述法则和方法：一个人必须知道说什么；一个人必须知道什么时候说；一个人必须知道对谁说；一个人必须知道怎么说。

第六章

10分钟读懂知识管理

——提高知识工作者的生产力

德鲁克从历史的角度断言:21世纪,管理所面临的挑战是如何提高知识工作者的生产力。因为,21世纪知识工作者的总体数量将高于体力劳动者。知识是发达经济中的主要产品,发达国家的绝大多数人口也靠它来维持生计。

1.重新认识"科学管理"——使知识工作更具生产力

> 使劳动能够有生产率的是知识,也就是把那些简单而不具技能的动作放在一起,组织起来加以执行。
>
> ——德鲁克

首先,我们要从弗雷德里克·泰勒说起,了解一下什么是"科学管理"。

泰勒是美国古典管理学家,科学管理的创始人。他在伯利恒钢铁厂工作多年,从一名学徒工干起,最后升到了总工程师。在他的管理生涯中,他不断在工厂进行实地试验,系统地研究和分析工人的操作方法和动作所花费的时间,逐渐形成了其管理体系——科学管理。

泰勒的主要著作是《科学管理原理》(1911)和《科学管理》(1912)。

泰勒的科学管理的根本目的是谋求最高效率,而最高的工作效率是雇主和雇员达到共同富裕的基础,使较高工资和较低的劳动成本统一起来,从而扩大再生产。要达到最高的工作效率,就要用科学化的、标准化的管理方法代替旧的经验管理。

接着,德鲁克在《重新认识科学管理》(1973)一文中具体论述了弗雷德里克·泰勒当时的具体做法。

首先,需要大幅度地提高工资。泰勒要求每个管理层将"科学管理"引进管理实践之中去,系统地研究工作和任务——也是"科学管理"在一开始便要致力研究的。他同时还要求在系统引进科学管理理论之前,工资须大幅上调30%~100%。他在《车间管理》一书中首先提出了"任务系统"这一概念。他说道:"本书旨在提倡'高工资',这也是最有效管理的基础。"他相信以正确的方法做事而带来的生产力的提高,也使得工资的提高成为可能。同时,走上了如今我们所谓的"富裕之路"。泰勒坚信工人应该得到由于采取"科学管理",而使生产力提高所带来的全部好处,不管这种好处是提高工资还是缩短劳动时间……

然而，泰勒并不认为经济利益本身能起什么激励作用。他的预见后来都得到了人际关系学派研究的印证：即高工资本身并不能带来所谓的激励作用。但是，对低收入的不满却会严重挫伤并摧毁员工的积极性。

其次，根据泰勒的主张，第二个需要根本改变的，就是要消除因不正确的劳动方式而造成的肌肉拉伤和身体损坏。他不止一次地指出，"科学管理"可以减轻身体劳动的强度并使人维持体力，那种传统型的工作方式会使人的身体受到不同的损伤、疲惫、拉伤、能力的下降以及精力的耗散。

在《科学管理原理》的引言中，泰勒有一段论述，他引用了一个奇特的、完全超出了当时那个时代的比喻：无度地损害体力就好比滥用、摧毁人类宝贵的自然资源，比如森林、煤炭、石油等。

最后，泰勒认为"科学管理"能提供管理者各种方法，最充分地发展员工的人格，以期建立工业时代的人与机器的和谐。

在美国国会听证会上，他说道：在管理层中应逐渐形成这种职责，就是要潜心研究每个员工的性格、人格以及工作绩效，以期找到他的弱点。但更重要的是，在另一方面，找到他在其他领域发展的可能性，然后尽可能系统地、有计划地培养、帮助并教授这个工人以掌握这一领域的技能。并且，尽可能地给予这个工人各种提升的机会，最终使他的个人能力、禀性得到充分发挥，为他所服务的公司提供最高、最有意义和最有价值的工作成果。科学择人、育人并不是一种一次性的行为，它应是长期的任务，也应是管理层需要不断深入探讨的主题。

泰勒不仅仅传授他的科学管理学说，也在实际工作中实践了这些理论。他最有意义的创新之一，同时也是他在每一个引进他的"科学管理"的工厂中坚持要做的事，就是委派一些人员进入工厂。这些人员的主要工作职责便是发现工人的优势，并帮助培训工人提高能力，使他们变得更有责任心，最重要的是，让他们能承担更大的工作任务。

他强调——这一点，他在伯利恒钢铁厂的实践工作最为成功——由于引进了"科学管理"，工厂里除了正常的减员或人员调整，必须给工人安置工厂内的另外一个工作外,没有一个工人被开除。他一再强调需要丰富工作内容,而不要将工作局限为一种简单的重复性劳动。同时,他还强调管理的职责是去发现一个人适合干什么,然后确保他能做好这类工作。泰勒认为除了那些极少数有能力但不愿去做工作的人之外,可以为各种类别的工人找到他可以成为"头等工人"的工作。管理层的工作就是确保他们能得到超越自己的机会。

如果要总结泰勒科学管理的特征的话,那么就是这样一个事实:那些旧的管理模式中被称为"老板"的人,在科学管理模式中变成了员工的公仆。他们的职责就是时刻等待时机用各种方式帮助他们的员工。

以上引用了泰勒的部分事例,是为了说明,泰勒既不关心盈利也不关心成本,他所关心的就是今天我们所说的"生产力"。

德鲁克的目光则要更远一些,他一针见血地认为:"今天知识工作者的生产力同1880年的体力劳动者的生产力一样低。实际上,我们有数据表明,虽然现在有这么多高新技术、电脑和各种新设备,很多知识工作者,比如医院里的护士、企业的区域销售人员,他们中有的人的生产力可能比1929年还要低。"

至于要使知识工作更具生产力,德鲁克认为,这需要许多条件:需要设立远期目标和近期目标,需要有重点和评估手段,需要系统地摒弃那些不再出成果的任务和不再需要的服务,还需要有效的组织结构。

反思一下,当企业不得不面对原有的市场已经成为一片"红海"、新技术层出不穷、竞争对手日渐强大、产品淘汰速度飞快等巨大压力的时候,只有那些持续创造新知识,将新知识传遍整个组织,并迅速开发出新技术和新产品的企业才能成功。而这种企业最大的特点就是拥有比竞争对手学习得更快的能力,能够比竞争对手更加有效地进行知识管理与组织学习。

以上的道理如今已经被越来越多的企业所熟知和认同,而德鲁克从历史角度断言的"知识管理"也正迅速成为当今社会最重要的管理技能之一。一时间,人们对知识管理、组织学习以及学习型组织的热情和兴趣大为高涨。

但令人遗憾的是,人们却对什么是知识、如何对知识进行管理、如何对知识进行有效的综合利用等问题缺少深刻的认识。

下面我们就来做一个大概的学习。

学习:知识管理公式:KM=(P+K)S

知识管理可以用一个公式来帮助理解:KM=(P+K)S。

KM(Knowledge Management)是指知识管理。

P(Person)代表企业的员工;+代表信息科技;K(Knowledge)代表知识,主要是指企业内部共享的资料;S(Share)表示分享。

只有营造一个员工愿意分享的环境,一个员工可以轻松分享的途径,知识管理才可以起步。

什么是知识?

达特茅斯大学艾莫斯·塔克商学院教授詹姆斯·布莱恩·奎恩教授在其荣获美国出版协会奖的著作《智能企业》中,把知识分为了四个层次。

依据其重要性从低到高分别为:

认知知识(知道是什么)、高级技能(知道是怎样,即诀窍)、系统理解(知道为什么)和自我激励的创造力(关心为什么)。

其中,前三种知识可能存在于组织的系统、数据库或操作技术中,而第四层次的知识更多地体现在组织文化之中。随着知识由认知上升到自我激励的创造力,知识的价值也会显著增长。

但是,在实践中,大多数企业把员工培训和知识管理的重点放了开发基本技能上,对系统技能和创造技能的开发却很少涉及。也就是说,更多的知识管理只关注了让员工"知其然",却忽视了还要让员工"知其所以然"。

因此,只有先从广义上去理解和认识知识,才能对其进行更为科学和有效的管理。特别是如果能够对那些存在于员工头脑中潜在的想法、直觉和灵感加强发掘和管理,并综合起来加以运用,将会更好地激发员工个人的责任感以及对企业和企业使命的认同感,并将那些潜藏的知识融入到实际的技术和产品之中,从而使人人都成为知识的创造者、传播者、共享者和利用者。

如何对知识进行管理?

新的知识总是来源于个体,而知识管理的核心活动就是将个体的知识传播给其他人。这种传播体现在组织的各个层面,无时不在,无处不在。因此,在这个过程中,要想更有效地管理知识,不仅要关注知识本身,同时还要关注知识的发送者、接收者和组织环境。而在这四者之中,知识本身和组织环境是更为重要和关键的因素。

日本先进科学与技术研究所知识科学研究生院的第一任院长,一桥大学创新研究所、加州大学伯克利分校汉斯商学院教授野中郁次郎先生在其著作《知识创新型企业》中,通过对大阪松下电器公司的开发人员开发家用烤面包机的案例进行分析,进而提出了"显性知识"和"隐性知识"的概念。其中,显性知识具有规范化、系统化的特点,所以更易于沟通和分享,例如产品说明、科学公式、计算机程序等;隐性知识是高度个人化的知识,具有难以规范化的特点,因此不易传递给他人。用哲学家迈克尔·波拉尼的话来说,就是"知而不能言者众"。此外,隐性知识深深地根植于行为本身,根植于个体受到的环境约束,主要分布于高级技能、系统理解和自我激励的创造力之中。

显性知识和隐性知识的区别表明,组织中的知识管理有四种基本模式:

从隐性到隐性。有时,单个个体可以直接与其他个体共享隐性知识。例如我们熟悉的师父带徒弟,虽然徒弟能从师父那里学习到认识知识,但不管师父还是徒弟,都没有掌握认知知识背后的系统化的原理。他们所领会的知识从来都不能清楚地表述出来,因此很难被组织更有效地综合利用。

从显性到显性。单个个体也能将不连续的显性知识碎片合并成一个新的整体。例如,总公司收集各分公司的信息,形成一份报告。虽然这份报告综合了许多不同来源的信息,但是这种综合并没有真正扩展公司已有的知识储备。

从隐性到显性。将隐性知识显性化，意味着寻找一种方式来表达那些只可意会不可言传的东西。而达到这一目的的管理工具包括实践社团、商业智能、情境规划、建立学习型历史文献、行动学习等。

从显性到隐性。随着新的显性知识在整个企业内得到共享，其他员工开始将其内化，用它来拓宽、延伸和重构自己的隐性知识系统。

在知识管理中，上述四种模式都会存在，而且发生着动态的相互作用。而从隐性到显性和从显性到隐性则是知识管理的重点，它们相互转化的过程也是组织的知识螺旋式上升的过程。

正如我们所知道的"硬性"结果（如财务指标和技术指标）常常由"软性"问题（如企业文化和组织环境）所决定一样，如果我们把知识管理比喻成火炬，那么组织环境就是点燃火炬的火种。在上文的论述中，我们明确了隐性知识在知识管理中占有着重要的地位，也是知识管理最主要的对象。而实际上，由于隐性知识不仅包括高级技能，还包括系统理解和自我激励的创造力，因此，将隐性知识显性化，使它能够被组织的成员共同分享的过程，实际上也是个人世界观的表达过程。当员工创造新知识时，他们同时也是在重塑自我和组织环境。

但同时需要引起我们重视的是，即使员工们确实产生了一些有价值的想法和见解，他们仍然很难将这些信息的含义传递给他人。因为对于新知识，人们不仅仅是被动接受，还会从自己的处境和立场出发加以理解和解释，于是，在一种环境下有意义的知识，如果传递给另一个环境中的人，它就会改变甚至失去原来的意义。

因此，营造一个能够引导员工进行知识创新和共享的环境，使他们能够相互交流、不断对话、促进反思，并从不同的角度进行审视，进而将不同的见解统一起来，形成新的集体智慧，最终融合到新技术和新产品中，将是知识管理的首要步骤。而在营造组织环境的过程中，要注意打破部门和企业界限，确保思想的及时交流，同时对员工加强头脑风暴法。解决问题能力和评估实验以及其他的核心学习技能的训练，对于消除组织影响学习的障碍,提高知识管理的效率都将是非常重要的。

如何对知识进行有效的综合利用?

400年前的哲学家培根曾说过:"知识就是力量。"而诺贝尔经济学奖获得者哈耶克教授却认为:"知识加自由才是力量。"的确,面对如此一个信息时代,只有通过对知识进行有效的综合利用,使知识在组织内转化为新的行为方式,知识才会使企业更有力量。

哈佛商学院教授戴维·A.加文在其著作《建立学习型组织》中从五个方面对知识的有效综合利用进行了描述:系统化地解决问题、采用新方法进行学习、从过去的经验中学习、从他人最好的时间中学习、在组织中迅速有效地传递知识。同时他还认为,如果不能对事物做出评估,就无法对其进行管理。因此,全面的学习型的评估显得尤为重要。这种评估既包括对认知行为变化的评价,也包括对一些有形的结果的评价,其最终目的就是要将新的知识转变为自身新的行为方式,并通过行为的改变提高企业的业绩。

不创新就落后,对今天的企业来说,竞争的趋势已经使我们每个人都感同身受,但对于这种趋势做出正确的反应却并非易事。因此,我们必须更好地运用知识、管理知识,以使我们在竞争中抢占先机,让我们在竞争中更有力量。

虽然目前很多企业都声称要建立"学习型组织",但知识管理的概念在中国本土的认知率还很低,而且很多企业所谓的知识管理还只是停留在文档管理局面,只有极少数中国企业真的在做知识积累,进行知识管理。

要缔造学习型组织,需要解决三个问题:有人可以教、有东西可以学,学起来要方便。而知识管理主要解决后两个问题。

2.最宝贵的资产是知识型员工和他们的生产力

20世纪企业最有价值的资产是它的生产设备;21世纪组织机构最宝贵的资产(不论是商业机构还是非商业机构),将是知识工作者和他们的生产力。20世纪中管理最重要、最独特的贡献就是在制造业里将体力劳动者的生产力提高了50倍之多;21世纪管理所能做的与此同样重要的贡献,是提高知识工作和知识工作者的生产力。

——德鲁克

知识型员工是企业中一个特殊的群体,他们掌握着企业的核心技术和知识,在企业中主要从事管理与技术工作。对企业而言,知识型员工的重要性不言而喻,对这一群体的管理也是企业人力资源管理的重点和难点。

知识型员工的特点,用一句话来概括就是:作为追求自主性、个体化、多样化和创新精神的员工群体,激励他们的动力更多地来自工作的内在报酬本身。

企业之间的竞争,知识的创造、利用与增值,资源的合理配置,最终都要靠知识的载体——知识型员工来实现。

与非知识型员工相比,知识型员工在个人特质、心理需求、价值观念及工作方式等方面有着诸多的特殊性:

(1)具有相应的专业特长和较高的个人素质。

知识型员工大多受过系统的专业教育,具有较高学历,掌握一定的专业知识和技能;同时,由于受教育水平较高的缘故,知识型员工大多具有较高的个人素质,如开阔的视野、强烈的求知欲、较强的学习能力、宽泛的知识层面,以及其他方面的能力素养。

(2)具有实现自我价值的强烈愿望。

知识型员工通常具有较高的需求层次,往往更注重自身价值的实现。

为此,他们很难满足于一般事务性工作,而更热衷于具有挑战性、创造性的任务,并尽力追求完美的结果,渴望通过这一过程充分展现个人才智,实现自我价值。

(3)高度重视成就激励和精神激励。

在知识型员工的激励结构中,成就激励和精神激励的比重远大于金钱等物质激励。他们更渴望看到工作的成果,认为成果的质量才是工作效率和能力的证明。他们愿意发现问题和寻找解决问题的方法,也期待自己的工作更有意义并对企业有所贡献。因此,成就本身就是对他们更好的激励,而金钱和晋升等传统激励手段则退居次要地位。不仅如此,由于对自我价值的高度重视,知识型员工同样格外注重他人、组织及社会的评价,并强烈希望得到社会的认可和尊重。

(4)具有很高的创造性和自主性。

与体力劳动者简单、机械的重复性劳动相反,知识型员工从事的大多为创造性劳动。他们依靠自身占有的专业知识,运用头脑进行创造性思维,并不断形成新的知识成果。因此,知识型员工更倾向于拥有宽松的、高度自主的工作环境,注重强调工作中的自我引导和自我管理,而不愿如流水线上的操作工人一样被动地适应机器设备的运转,受制于物化条件的约束。

(5)强烈的个性及对权势的蔑视。

与传统的体力劳动者不同,知识型员工不仅富于才智、精通专业,而且大多个性突出。他们尊重知识、崇拜真理、信奉科学,而不愿随波逐流、人云亦云,更不会趋炎附势、惧怕权势或权威。相反,他们会因执着于对知识的探索和真理的追求而蔑视任何权威。此外,由于知识型员工掌握着特殊专业知识和技能,可以对上级、同级和下属产生影响,因此,传统组织层级中的职位权威对他们往往不具有绝对的控制力和约束力。

(6)工作过程难以实行监督控制。

知识型员工在易变和不确定环境中从事创造性的知识工作,其工作过程往往没有固定的流程和步骤,而呈现出很大的随意性和主观支配性,甚至工作场所也与传统的固定生产车间、办公室环境迥然不同,灵感和创意可能发生在任意的工作外时间和场合。因此,对知识型员工的工作过程很难实施监控,传统的操作规程对他们也没有意义。

(7)工作成果不易加以直接测量和评价。

知识型员工的工作成果常常以某种思想、创意、技术发明、管理创新的形式出现,因而往往不具有立竿见影、可以直接测量的经济形态。由于现代科技的飞速发展,许多知识创新和科研性成果的形成通常非一人所能为,而需要团队的协同合作、共同努力。由上述特点决定,对知识型员工特别是个人的工作成果,经常无法采用一般的经济效益指标加以衡量。这一特点为企业正确评价知识型员工的个人价值和给予合理的薪酬带来了一定困难。

(8)新工作、新任务的挑战,因而拥有远远高于传统工人的职业选择权。

一旦现有工作没有足够的吸引力,或缺乏充分的个人成长机会和发展空间,他们会很容易地转向其他公司,寻求新的职业机会。所以,知识型员工更多地忠诚于对职业的承诺,而非对企业组织做出承诺。

3.知识型员工的绩效管理

今后50年内,能最系统、最成功地提高知识员工生产率的国家将占据世界经济的领导地位。

——德鲁克

在新的环境下,企业的市场竞争越来越体现为以知识型人才为核心的竞争。企业要吸引和留住知识型员工,必须在绩效考核体系上有先进性,不仅要给予他们合理的报酬,还要从公平客观评价、个人成长空间、培训机会等对他们进行多角度的激励,才能提高他们的归属感,激发他们的工作热情和创新精神。

在企业的管理中,凡是工作的主要成果可以定量评估的职位,绩效评估方法都不会太难。但是现在企业里还有一类员工是不能用常规的绩效评估方法来考核的,因为在他们当中,有很多人所做的工作可能不会像制造一个零件或者生产一个产品那样很快见到成果,例如企业的人力资源部、企管部、客户服务部、战略规划部、市场调研部、研发部等,还有知识密集型企业的员工,比如媒体、咨询公司等,他们通常都在办公室里、电脑桌前,使用着阅读、思考、研究、讨论、写作等工作方式,运用掌握的知识来想方设法帮助企业的产品和服务增值。

由此可见,知识型的员工已经成为了一个企业较为重要的资产。但是,知识型员工所具有的追求自身价值的实现、较强的独立性、乐于挑战性工作和创新精神等特点,使得如何建立对知识型员工的绩效评估体系成了管理中的一个难点。

公式:知识型员工的绩效=工作能力参数工作能动系数工作成果影响力

知识型员工的生产要素是知识和他们头脑里的思想,因此,他们的绩效产出更多地取决于两个方面:一个是他们自身的能力,另外一个就是他们的工作能动性。所以,对知识型员工的工作能力参数是首先要设定的。例如,在一个企业的营销战略制定部门,就需要对一个部门里的知识型员工的知识结构、擅长的领域等能力型的指标体系构建出来,这样才能够预见一个知识型的员工未来能够迸发出多少能量,以及在工作中如何表现其协调、沟通、组织和创新能力。当然,员工的工作能动性也是重要的因素,因为知识型员工很容易消极怠工——因为他们的产出不能用统一的尺子去衡量。而如果员工能力也表现了,主动性也很强,那么怎么知道其结果呢?那就需要对其工作带来的影响通过多个方面来评价,例如咨询公司的研发部门,其研究出来的模型是不是被公司内的人广泛使用,是不是被客户认可,内部员工是不是做出肯定等。

综合来说，知识型员工的绩效等于工作能力参数工作能动系数工作成果影响力。

要点1：薪酬体系不能局限于金钱

虽然金钱对于知识型员工并非主要的激励因素，但缺乏金钱的激励也万万不行。对于中小企业的知识型员工来说，报酬的高低仍然是评价衡量自我价值的尺度，即使是高出市场平均报酬一点点，也会对他们起到很大的激励作用。然而，知识型员工非常会把握自己工作努力的尺度，而且对于收入的不满，他们通常不会主动提出，要么消极面对，要么选择离开。如果报酬公平，他们会正常工作；如果他们觉得报酬要比公平报酬要大，他们可能会工作更加努力。因此，如何把握住知识型员工的薪酬体系设计的"度"很重要。一般来说，应该和操作型的岗位的薪酬结构分开，至少要高于操作型岗位的15%~20%。但管理者也应看到，知识型员工不仅对物质需求有要求，还非常关注薪资外的福利，例如弹性工作制、带薪休假、保障及购房津贴等各种福利。因此，企业在进行知识型员工的薪酬设计时，眼光不能局限于金钱量化的工资制度，各种非工资性薪酬也应纳入考虑的范畴，这样才能使知识型员工的"心"稳定下来。

要点2：绩效评估的结果指标比过程指标更重要

一般来说，绩效评估不仅仅关注结果，也关注工作过程，例如员工有没有迟到，上班是不是在认真干活等。但是，对于知识型员工来说，这些考核不见得就是非常必要的。

某行业报不久前遭遇了媒体改革，主管部门不仅取消了财政补贴，还要求将报社推向市场，实行企业化运作。过去，该报社基本没有绩效评估这种概念，大家都吃大锅饭，不愁发行，不愁资金，工资也比较稳定，这样一改，如何建立一套卓有成效的绩效管理和评估体系，就成为了如何留住员工并发挥他们最大的潜力的问题。报社领导班子对一些企业进行了考察后，制订了一整套详细的绩效考核方案：要求所有的编辑、记者每天上下班必须"打卡"，如果在上班时间出去，一定要填写请假单，否则将会扣罚稿费；此外，员工们每天都要填写工作绩效表格，其中详细到每小时在干什么,这些表格除对采编人员的文章、版面等进行多方面的评估,还对员工们的日常行为进行评估,包括办公室、办公桌的整洁程度也成为了考评内容。但是这套绩效管理体系实施仅两月余,采编人员就怨声载道,虽然每天编辑记者出勤率明显比以前高,表面工作都做得很好,但是稿件质量却大幅下降,不断有员工提出辞职。最后,总编不得不取消了"打卡"等规定,而把绩效管理体系定为:每个记者或编辑每月必须完成多少稿件或多少合格版面,超额完成者给予一定比例的奖励,并于月底评选优秀稿件和版面,完不成的则在稿费方面给予一定的扣罚。这条规定实施后不久,采编人员的积极性高了,报纸质量也上去了。

由此可见,在对知识型员工的绩效管理中,结果指标比过程指标要重要得多,因为他们的工作环境带有不确定性,工作过程带有不易控制性,而他们又有较强的独立性、自主性和一定的创造性。

要点3:引进自我管理绩效体系

知识管理专家玛汉·坦姆仆经过大量的调查研究后认为,激励知识型员工的前四个因素分别是:个体成长(约占34%)、工作自主(约占31%)、业务成就(约占8%)和金钱财富(约占7%)。

这说明,对于知识型员工来说,个人成长空间和工作自主性是非常重要的。在这个基础上,比较好的做法就是引入自我管理绩效体系,因为知识型员工一般都自认为比其他人聪明,对于公司提出的硬性规定常常不予理睬,因此,要衡量其绩效,公司需要让知识型员工进行自我工作认知和自我管理。例如,让知识型员工按照公司的目标制订出计划,公司不硬性规定每个人或每个项目组什么时候应该完成多少工作量,而是告知最终的成果完成时间,并在每个星期要求公司的知识型员工在公告板上将每个人或项目组的工作进度贴出来。

这么做的好处在于,知识型员工的自尊心很强,他们如果看到自己落后了,你不用采取什么其他措施,他们自己就会努力赶上。目前,在企业的研发部门、市场营销部门,以及咨询公司等,这种方法都比较奏效。到一个月完成的时候,人力资源主管把这些表格综合到一起比较,便能知道大家每个人做得怎么样,而且每个人还可以进行工作绩效的原因分析。

要点4:建立没有终点的阶梯状的晋升体系

与其他类型的员工相比,知识型员工更重视能够促进他们发展的、有挑战性的工作,他们对知识、对个体和事业的成长有着持续不断的追求,因此,他们对企业发展目标和个人晋升体系也非常重视,有时候,他们还担心自己的才能没有被企业及时发现。

知名的麦肯锡咨询公司的绩效管理被誉为知识型员工管理的典范,其绩效考核的体系简单描述就是"UP or OUT"。员工进入公司通常是从一般分析员做起,经过2年左右考核合格升为高级咨询员,再经过2年左右考核升至资深项目经理,这是晋升董事的前奏。此后,通过业绩审核可升为董事。

所以,一个勤奋、有业绩的人在6~7年里可以做到麦肯锡董事,但是在他每一个晋升的阶段,如果业绩考核并未达到要求,就要被OUT(离开麦肯锡)。

作为全球咨询公司,麦肯锡现在有700多位董事,即合伙人。毫无疑问,他们是麦肯锡最优秀的员工,也是麦肯锡的管理者和老板,但这并不意味他们具有终生在麦肯锡工作的保障。

每年,麦肯锡从600多名合伙人中轮流选出十几位合伙人组成评审小组,对各位合伙人的业绩进行查看,如果未达到要求,同样要被请出局。这样,每一个员工即便成为了合伙人,也会继续考虑自己如何去进步、去创新,因为在这个绩效体系里面,就是成为了合伙人,也不代表事业就到了顶峰。

现在,很多企业对于知识型员工的激励体系是有终点的,因此,很多企业的员工做到了副总、总监等职位后,多半都会跳槽或者另起炉灶,因为很多企业的绩效体系到了这一个级别就封顶了,知识型员工通常觉得做到这个级别,没有什么挑战了,对自己的工作就不会再继续努力。比较理想的情况是将绩效考核的体系进行分级,例如同样是营销主管的职位,可以分为初级、中级和高级,这样就能够让那些在企业里待了很长时间的知识型老员工知道自己还有空间。

此外,激励知识型员工更需要长期激励,它能减少员工的短期行为,降低离职可能性。要长期保留和吸引优秀的高级人才,需要使知识型员工觉得自己是企业的一员,而不是"高级打工者"。目前国内外企业界运作效果良好的长期奖励计划是"认股期权",认股期权最大的功效在于,它可以为他们提供一种比较优惠的税率积累资本的方法,同时把企业支付给高级人才的现金水平控制在最低的水平。由于股票的期权性质,企业可以牢牢控制高级人才的日益积累起业的庞大资产,使得他们积极努力工作。

要点5:重视绩效,同时也要重视培训

知识型员工对于自己的学习是比较重视的,他们在企业工作,不仅希望从企业内部学习到更多知识,还希望能够进一步深造,例如上MBA、EMBA,或者一些短期的培训等。而在一些企业,对知识员工的培训却存在很多误区。一些企业担心成本过高,怕培训完员工跳槽,企业不划算;另外的则认为培训只是针对那些学历比较低、文化和素质不太高的员工,而知识型员工本身就是一些学历高、素质好的人才,再对他们进行培训显得有些浪费。

目前,知识管理已经成为了企业建立核心竞争力的一个重要话题,知识管理的推动,多半是企业的知识型员工来推动的。而对知识型员工的培训,可以促进知识在内部的共享,相当于一个知识型员工上了EMBA,整个团队就可以从他那里获得部分知识。知识型员工通常也比较"好为人师",他学习完,就会和大家分享他学习到的知识。一些国际大公司,都建立有自己的学院,例如宝洁、摩托罗拉、惠普、微软等,他们通过完善的培训体系,使很多知识型的员工不断地提升自己,更好地和企业的发展结合了起来。

4.如何打造知识型的组织

因为信息科技的发展,使得企业组织的变革由"管理权与所有权分离"的第一次变革,到"指挥控制型组织"的第二次变革,发展成为"知识型组织"的第三次变革。知识已经成为管理行为的基石,如果企业领导不能以知识作为决策的基础,在面对专业知识工作者时,会不可避免地陷入难与知识共鸣的困境,也会发生知识对话的落差以及相互沟通的障碍。

——德鲁克

创办奥美广告的大卫·奥格威曾经说过:"著名的医院会做两件事:一是照顾病人,二是教导资浅医生。奥美也在做两件事:一是照顾客户,二是教导年轻的广告人。在广告的领域里,奥美就好比一所教学医院。"在奥格威的身体力行下,奥美建立了具有特色的教学型组织文化,成为了一个成功的知识型组织。

根据企业管理者"对业绩的关心"和"对人的关心"程度的组合,可以将领导分为5种主要类型:

贫乏型领导者:对业绩和人关心都少。实际上,他们已放弃自己的职责,只想保住自己的地位。

乡村俱乐部型领导者:对业绩关心少,对人关心多。他们努力营造出一种人人得以放松,感受友谊与快乐的环境,但对协同努力以实现企业的生产目标并不热心。

中庸型领导者:既不偏重于关心业绩,也不偏重于关心人,风格中庸,不设置过高的目标,能够得到一定的士气和适当的产量,但不是卓越的。

专制型领导者:对业绩关心多,对人关心少,作风专制,他们眼中没有鲜活的个人,只有需要完成任务的员工,他们唯一关注的只有业绩指标。

团队型领导者:对生产和人都很关心,对工作和人很投入。在管理过程中,把企业的任务需要同个人的需要紧密结合起来,既能带来生产力和利润的提高,又能使员工得到事业的成就与满足。

显然,团队型领导风格相对来说是较为完美的领导方式,尤其是随着知识经济时代的来临所导致的领导权力动因的转移,使团队型领导风格更显重要。传统领导理论强调的是"职位权力",主要体现为合法权和奖惩权。前者是经过正式任命的权位权力,后者则是领导者对其下属的资源控制、奖赏、调职、减薪、降级或解雇而让部属不得不接受其领导的权力。

然而,"职位权力"正逐步被以知识为基础的"知识权力"所取代。

被尊称为领导力学院的GE公司就是一个典型的以"知识权力"为导向的教学型组织。曾研究过韦尔奇的密歇根大学商学院教授诺埃尔·蒂奇指出:"成功致胜的组织被刻意设计成教导型组织,所有经营流程、组织结构及日常营运机制,全都是基于促进教导而建立的。"而韦尔奇作为成功的企业领袖,身体力行地在通用电气内部营造出了一种良性的教导循环。韦尔奇在他的回忆录中曾经说道:"说到底,教育是我一生的抱负。我一直热衷于教学,得到博士学位之后,我甚至前往几间大学进行面试。在我早年的GE岁月里,我定期在午餐期间为一名技工彼得·强思讲授数学。"

这种韦尔奇身上所体现出来的"知识权力"主要来源于两个方面:一是专家权,这是领导者本身拥有的相关专门技术和知识,它既有助于推进组织任务,也可赢得部属对其的尊敬;二是典范权,这是一种因领导者个人的独特人格特质,通过言传身教而获得的部属认同。可以说,"知识权力"下的领导行为更多的是一种素质影响力,它依赖于领导者的素质品格,使得部属因心悦诚服而接受其领导,并完成其指派的任务。

这样的领导行为要求领导者既要是"教练",又要是"榜样",还要是

"啦啦队"。

作为"教练",首先,要能给员工指出愿景。愿景是一种希望,也是一种能量,它是组织战斗力的目标;其次,要成为团队训练者来帮助员工培养技能。对于知识型员工来说,领导者不善教导就难以领导。

作为"榜样",领导要起到感召的作用。大家都说"榜样的力量是无穷的",员工之所以愿意跟随领导朝着一个共同愿景去努力奋斗,根源还在于员工对领导者行为和人格的信任。只有当领导者的做法让员工感到信任和尊重时,他们才会自觉自愿地追随领导者的做法,这就是榜样的力量。

作为"啦啦队",领导要给员工动力,为员工喝彩。奥格威说:"当员工有令人激赏的表现时,明确地表达你的赞美。"当然,赞美并不排斥责备,领导要善于为员工设立SMART的工作标准,员工没有达到时同样需要予以适当的责任。因为,最容易损伤团队士气的事常常是领导者容忍员工二流的工作成果。

测试一下:你是否善于管理知识型员工?

所谓知识型员工,是指"掌握了符号或概念,运用知识或信息工作的人",这类型员工的共同特征是思想有深度、行为较主观。按照这个定义,当前很多中层经理、专业技术人员都属于知识型员工。那么,如何才能管理好他们的同时又不束缚其才华与创造力呢?通过下面的测试,来看看你是否善于管理知识型员工吧!

1.知识型员工喜欢各抒己见,有时会向同事指出你的缺点,你知道后的一般反应是:

A.表现得非常不高兴

B.假装不知道

C.虚心接受并与其探讨如何改进自己的工作

2.你是否喜欢让员工揣摩、迎合你的意思?

A.是的,这样才有高高在上的感觉

B.喜欢员工能跟着自己的思路走

C.喜欢员工提出更合理的建议

3.你认为对知识型员工最有效的奖励方式是:

A.奖金

B.当众表扬

C.为其提供学习、培训机会

4.你觉得采用什么方式能更好地体现你对知识型员工的尊重?

A.一视同仁

B.使用敬称

C.为其创造能够展现个人才能的机会

5.知识型员工对公司提出的发展建议中常会夹杂着抱怨,面对这种建议,你会:

A.予以制止,避免其造成负面影响

B.与其谈心,消解其心中不平

C.与其共商公司发展战略

6.知识型员工喜欢按自己意愿而非上级指令行事,但为了贯彻执行,你会:

A.强令其执行命令

B.与其沟通,但不勉强

C.与其讨论时晓之以理,说服其按命令执行

7.对知识型员工的批评,你的态度是:

A.该批评时就毫不客气

B.常常担心批评会损伤其面子

C.有理有据地批评

8.知识型员工创新性较强,常不满于企业对其所作的考评,这时你会:

A.让他们知道不满意也得接受

B.对其特殊照顾

C.强调制度的公正性比合理性更重要

9.知识型员工一般不轻易相信任何事物,对指令或同事常抱不信任态度,对此,你会:

A.不论其是否理解,都强制其执行

B.给其时间,理解后再执行

C.注意维护下级自尊,帮其与同事建立信任关系

10.针对知识型员工常有的好高骛远,你的做法是:

A.强调一切从实际出发

B.告诉其公司愿景

C.指出其加盟公司之举至今仍是明智之选

测评方法:

选A得1分,选B得2分,选C得3分,最后将分数加总。

测评结果:

10~16分:你的气质和个性刚性很强,为人处世不喜拐弯抹角,希望下属服从指挥,做事不拖泥带水。但对追求自由、个性、创新的知识型员工来说,刚性太强的管理有可能会束缚其才华、学识的发挥。

17~23分:你很珍惜知识型员工,从你的管理行为中可以看出你常常对其进行特殊照顾,但管理应该讲求公平原则,不应对其过于纵容。知识型员工也有虚荣、主观、多疑、敏感等弱点,要将其个人想法融入公司理念,使其得以在公平环境中尽施所长。

24~30分:你很善于知识型员工的管理,很有可能你本身的知识层次较高,因此对知识型员工的思想、行为特征能有比常人更充分的理解,管理起来更得心应手。你不仅能让他们将才华尽情挥洒在正确的事情上,而且在其心目中也是一个好榜样。

5.定制适合知识性员工的激励机制

随着知识型员工的逐渐增多，人们对平等和自我价值的需求将更为强烈。那些无视规则，或是将自身视为规则的管理者都将遭遇灭绝性的打击。人们可以为某种规则放弃自身的追求，但绝不会因为某个人而放弃。

——德鲁克

今天的知识型员工一般都具有较高的个人素质，拥有较高的学历和其他方面的能力素养，不再是仅仅出卖劳动力的"机械"，对于专业知识、经济、管理等都有较多的认识，掌握着最新的技术。所以，我们必须根据他们的特点来进行激励，首先是制定适合他们的激励机制。

首先，薪酬激励。

尽管薪酬是一种外部激励因素，但是在我国，当前它仍然是一种十分有效的激励方式，也是企业和员工都十分关注的话题。因为薪酬所提供的物质生活保障，不仅是知识型员工生存和发展的前提，也是知识型员工产生更高层次需求和追求的基础；而且金钱财富的多少，还是一个人工作成就大小和社会地位高低的重要标志，使人的价值在分配中得到体现。

薪酬体系应该是包括工资、奖金、福利待遇、股份、红利等多层面、多种形式的报酬支付和价值分配制度体系。在知识社会里，知识是企业价值创造的主要源泉，薪酬体系尤其应该充分体现知识对企业价值创造的贡献率。

其次，很重要的一点是，建立完善、公正的绩效考核制度。

建立完善、公正的绩效考核制度对于稳定知识工作者队伍来说是非常重要的，因为绩效评价考核是激励的基础，如果考核评价不能反映知识工作者的实际工作业绩，那么在此基础上的激励可能不会得到想要达到的效果,反而可能带来负面的影响,这是企业管理层所不愿意看到的。

对技术型、知识型员工的考核机制主要由考核流程与考核指标两部分构成。设计考核流程时必须考虑到考核方式、考核表格、考核周期、考核与激励相结合等相关要素。针对高级技术人员及部门、小组,可以侧重其成果奖励;针对低级技术人员,则可以侧重其技能提升的奖励。

"工作"是激励知识型员工创造、传播和应用知识的最具影响力的要素。"能力发挥"、"工作挑战"、"工作成就"等对企业知识型员工最为重要的需要因素的满足都离不开工作本身。

要使知识型员工的工作行为本身就能满足其需要,对其产生强烈的"工作激励"效果,企业应侧重于两方面的工作:要培养知识型员工对工作本身的热爱;要使知识型员工了解工作的未来发展。当知识型员工从事一项自己喜爱的工作时,会不自觉地把工作看作是一种娱乐,而不是一种任务或负担,这会极大地调动其工作的积极性,从而促进工作的进展。当知识型员工充分了解到工作的未来发展与自己的人生目标的一致性时,他会主动地投入工作以实现自己的个人目标,在此同时,企业的目标也得到了实现。

最后,建立学习型团队,创建以知识为核心、鼓励学习、崇尚创新的企业文化氛围。

谈到团队学习,就要先谈知识共享,因为知识开发后共享才是关键。知识共享是知识管理的核心部分,花大量力气将知识开发、提炼出来,就要让员工学到、悟到、用到。成功地实施知识共享,才能促进团队内所有成员以最高的效率共同获得最有价值的知识,即提升团队学习能力。

实践中,知识共享的实现仿佛并不顺利,其原因有个人原因和组织原因两个层面,换句话说,实施知识共享的前提是突破个人意识障碍和组织意识障碍。

(1)先进的个人意识是知识共享的前提。

一般,团队中的个人存在着严重的意识障碍,主要表现在强烈的垄断意识和匮乏的奉献精神。知识所有者在工作过程中获取的工作输出、经验总结、理论成果、时间安排技术、假想、技巧、人际沟通技术、管理技术、思维定式、心理体验等，都必须付出一定的金钱和精力。更有甚者，为巩固自己的地位或获取精神上的满足，宁愿花费更高成本去获取别人尚未掌握的知识。当开发者无法通过正常利润补偿成本时，他们往往会限制知识的传播，提高知识的价格，以获取高额的垄断利润。对于这类人，知识与同事共享之前总要弄清几个问题：给了别人，万一他超过自己怎么办？奉献有必要吗？能在共享后得到什么利益呢？

这几个问题告诉我们，知识垄断意识和奉献精神的匮乏严重地阻碍了知识共享的实现。

(2)切实重视知识管理是知识共享的保证。

毋庸置疑，多数公司只是在口头上重视知识共享。首先是缺乏资源投入。知识共享的全过程包括知识的获得、编选、组合和整理、分类，知识共享途径的建立，就知识创造、分离和利用对雇员的教育和补偿等，无不需要大量的资金和精力。另外是制度建设力度薄弱。很多企业相关奖励制度不配套，最后导致只是推崇和鼓励拥有独特技能的人才，实行专家主义，对贡献知识的员工缺乏有效的激励，忽视集体知识对公司运作和发展的意义。

知识共享成功实施的前提是解决好两个层面的事情。

一是个人层面，即转变个人对个人知识的认识偏差——认为个人知识是"私有财产"，引导个人以提高个人核心竞争力为第一行动指南。

合作意识——员工个人必须清楚，不仅是工作需要团队合作，学习更加需要。如果缺乏危机意识而只是看中内部交易谈判，甚至讨价还价，可能就会丧失合作机会。

比较优势意识——员工相信自己无论如何在某一方面都会具有相对比较优势，对方的弱点并不能对您造成威胁，但优势却能相互共享。如果由于对方存在弱点而瞧不起对方，最后拒绝合作，则只会丧失被对方帮助的可能。

发展意识——不断追求进步，保持学习的欲望，时刻建立自己的相对优势及奉献知识的能力。单纯依靠现有的相对优势生存并期望能得到团队的帮助,必然无法适应团队发展。

时效意识——任何优势都是有时效性的。趁你的优点还有价值,赶快行动,去寻求内部交易,若失去了对别人存在的价值,也就没有了与人合作的资本。

二是让组织把"重视知识管理"落到实处。

培育共享的价值观和团队精神——传统企业文化崇尚个人成就,漠视和逃避合作,视个人对知识的掌握为个人资本。要求员工进行知识共享,无异于让他们承认自己在某些领域逊色于人或将自己引以为傲的资本拱手让人,抵触情绪的产生是很自然的。

实际上,人具有创造知识的无穷能力,而知识不同于传统的资产,它只有在共享时才会不断地增长。知识被越多的人共享,知识的拥有者就能获得越大的收益。

在知识交流中,员工为了保证自己在企业中的地位而隐瞒知识,或者企业为保密而设置的各种安全措施给知识共享造成了障碍,对企业的发展都极为不利。观念的转变要循序渐进,长期以来形成的观念不可能一下子改变,突然的变化得到的结果可能是消极应付。困难是可以想象的,因此在变革过程中要有高涨的积极性和坚韧的精神。

从领导层开始——领导要身先士卒,通过表率管理,使企业的价值观从观念形态转变为可以感觉的现实。不断强化共享意识,使知识共享成为日常工作的一部分,不断鼓励员工进行共享活动,摒弃信息利己主义,形成有利于员工进行合作的文化氛围。

创建学习交流平台——很多企业内部员工的知识共享活动多数只是通过企业的内部刊物、通知、通告或计算机信息系统完成,面对面交流,特别是第一线员工与最高领导的互动交流很难进行,隐性知识共享困难。员工长期处于一个固定的小圈子里,交流对象有限,知识较难发展,公司的知识共享长期处在较低层面上。

我们希望有这样一个平台,其等级观念弱化,层次结构简单,以人为本的观念使员工平等地传播和反馈知识,形成开放性的、学习性的、成长型的知识共享机制,鼓励员工建议和批评,增加员工互动对象的流动性,使知识共享保持活力。这样的平台,有利于员工相互影响、相互交流和沟通,有利于增强企业的团队合作精神,有利于企业知识更新,有利于企业适应环境变化。企业可以通过技术图书馆、出版企业内部刊物定期公布企业内重大信息,定时召开通报会,公布企业经营情况,建立企业系统知识平台。组织者可以推动多种形式的学习,如在线学习活动、集体学习活动、信息交换会议、专题会议制度、技巧讨论、深度会谈、电子邮件、电子公告栏、电子论坛等非正式交流来帮助学员交换实践体会。而个人也要养成好的总结习惯,积极发表论文,积极参与培训教学活动,促使企业结构扁平化、简单化,形成平等畅通的互动渠道。

6.使知识型团队发挥最大潜力的手段

我们将必须重新规定提供就业机会的组织的目标和对其进行管理的目的,即,让法定所有人(如股东)满意,和让人力资本的所有人满意,也就是让知识工作者满意,而他们就是能为组织带来财富的人。这是因为,企业和其他组织的生存能力将日益取决于他们在提高知识工作者的生产率方面所具有的"竞争优势"。在这方面,首要和最基本的前提条件是他们是否能够吸引和留住最优秀的知识工作者。

——德鲁克

通过采用上文所述几种制度和方法,我们可以完成知识型团队初步建立的工作,即完成知识型团队框架结构的搭建。但要像德鲁克说的那样"吸引和留住最优秀的知识工作者",使团队正常运行并发挥最大潜力,仍然需要多种多样的激励手段。

手段一：用赞美来证明他们的高自我价值感

技术、知识资源的稀缺性和市场需求的高增长的矛盾，使得企业知识型员工自我价值感很高。如果从人力资本投资的角度看，知识型员工在积累知识的过程中曾经支付了较高的成本，既包括学习费用，也包括学习期间没有收入的机会成本，还有学习很艰苦的心理成本。之所以付出这些成本，是因为他们对将来获得高收益有一定的预期，本着付出与回报相对应的心理，知识型员工常常有较高的自我价值感。知识型员工选择职业或跳槽的过程实质也就是为了寻求投资收益最大化的过程。

美国口才学家威廉·詹姆士曾说："人性最深刻的愿望，就是恳求别人对自己加以赏识。"确实如此，美国总统华盛顿喜欢人们称呼他"美国总统阁下"；凯瑟琳女皇拒绝接受没有注明"女皇陛下"的信函；就连驾驶员也不愿意别人叫他"车夫"。

赞美是清泉，可滋润下属干涸、焦虑的心田；赞美是定心丸，能安抚下属不安、躁动的心。作为管理者，给下属1分钟赞美比批评下属10分钟要管用。多一次赞美，企业就多一分定力。

以"丰富女性人生"为己任，致力于创建一个"全球女性共享的事业"的玫琳凯，传奇一般地摘得《福布斯》杂志评选出的200年来20位全球企业界最具传奇色彩并获得巨大成功的人物桂冠！究其原因，这和玫琳凯的管理有关：适时而真诚地称赞员工，告诉员工"干得不错"。这个秘密武器是其企业管理哲学中的不二法则。

在公司内部，玫琳凯制定了一系列运用"赞美"的举措：如果员工第一次卖出100美元的化妆品，就会获得一条缎带作为纪念；每年一次的盛况空前的"玫琳凯年度讨论会"，会邀请从阵容庞大的推销队伍中推选出来的两万多名代表前来参加，而且，成绩卓越的推销员会穿着代表最高荣誉的"红夹克"上台发表演说，而后给推销化妆品成绩最好的美容师颁发镶钻石的大黄蜂别针和貂皮大衣——这是代表公司最高荣誉的奖品；不仅如此，在公司发行的通信刊物《喝彩》月刊上，每年都要把公司各大领域中名列前茅的人的名字登载出来……

就这样，在她的带领下，公司大大小小的一线员工都学会了这一法则，并且能够很好地加以运用。一次，有个美容师在第一、二次的展销会上都没卖出什么东西，直到第三次才卖出35美元的东西。然而，这位美容师的上司（当然也是玫琳凯的员工）却十分热情、开心地对她说："你在美容课中卖出了35美元的东西，那实在太棒了！"此时恰逢玫琳凯经过，于是，这位上司拉着美容师走过来说："让我介绍我们的新美容顾问给您。昨晚，她在美容课中卖出了35美元的产品！"然后稍作停顿又接着说，"她前两次的美容课都没卖出什么，但昨晚她竟然卖出了35美元，那不是很棒吗？"玫琳凯听后，微微一笑，感到十分欣慰，那位美容师也显得格外开心。

之后，那位美容师取得了可喜的成绩，其上司也因为善于运用"赞美"激励下属而得到了玫琳凯的重用。

后来，玫琳凯在回忆这件事情时说："我认为，直接告诉你的下属'You are very good'、'Good job'、'Well done'是激励下属的最佳方式，也是上下级沟通手段中效果最好的，因为每个人都需要赞美。只要你认真寻找，就会发现许多运用'赞美'的机会就在你的面前。"

赞美不仅可以培养员工，提高员工的自信心，还可唤起员工乐于工作的激情。艾伦·休格爵士是英国最懂得赞美之道的人之一。他常对着一些有前途的选手粗暴地咆哮"干得好"，而选手们则顿时会笑逐颜开——正是这种反常的赞美，激励了那些选手。

每个人的成长、成功都离不开鼓励。就企业而言，鼓励就是给员工锻炼、证明自己能力的机会。在鼓励的作用下，员工会认识到自己的潜力，并不断发展各种能力，成为生活中的成功者；就管理者而言，鼓励员工可以为自己树立良好的个人威信，使上下级关系更为融洽，沟通更为便捷，也能够提高员工的工作效率。如果管理者都能用鼓励的办法领导员工，企业的管理水平势必会上一个新的台阶。

那么，管理者该如何把"干得不错"及时、有效地传达给知识型员工呢？

（1）要称赞具体的事情。

英国著名的小说家毛姆曾说："人们嘴上要你批评他，其实心里只要赞美。"这说明每个人都喜欢称赞,无论是老板还是下属。

具体的赞美,要比笼统地表彰他的能力更有效。这能使被赞美的下属更清楚地意识到自己因何事而得到了赞美,从而把这件事做得更好。而且,针对某件事的赞美还可避免其他下属产生嫉妒心理。

当然,有针对性地表扬员工的工作,然后再提出自己的建议,不可不说是精明的管理者所应掌握的激励下属的重要方法。这样的做法,不仅可以激发员工的工作激情,还能达到圆满完成任务的效果。

(2)公正、公开、及时地去称赞。

所谓公正,就是要做到一碗水端平。要做到公正地称赞员工,就要做到对有缺点的员工公正,对超越自己的员工公正,称赞自己喜欢的员工要适度。同时,传达"你干得不错"时,可以选择非常公开的方式对单独的一个人进行表扬。这样不仅可鼓励被称赞的员工,让他意识到管理者对他的肯定和赞赏,也可以给其他员工树立榜样,鞭策其他员工努力工作,干出成绩。另外,赞美是对一个人的工作、能力、才干及其他积极因素的认可,及时的赞美可使员工了解自己行为的结果,是一种对自我行为的反馈,而反馈必须及时才能更好地发挥作用。

(3)别开生面的书面致谢。

网络的便捷取代不了书信的意义,以书面的形式向员工致谢是不可忽视的赞美方式之一,这恰恰也是激励知识型员工最好的"礼物"。美国大企业家艾科卡在其自传中曾提到自己处理人际关系的准则:"如果要责备人,我只是口头说说;但是如果要赞美人,我一定会将它用文字表达出来,通过信函的方式送给这位值得赞美的人。"将赞美的话语用文字表达出来,似乎更有永恒的鼓舞价值。

艾森曾经领导过一家规模庞大的洲际性保险公司。他对员工有个十分特别的称赞方式——当任何一位下属达成或是超越基本业绩的要求时,便寄给他们一封赞美信!

在第一封信中,艾森还会附上一个印着红色"成功档案"醒目字样的档案夹,然后才是信的内容:"将这封信,以及日后不论是我、公司其他领导、保户或是任何人写给你的赞美信函全部存放在这个档案夹中。在未来的日子里,你也许会遭遇失败、挫折,也许会对自己丧失信心,但是不论遭遇到如何不如意的事,请你拿出这个档案夹,重新阅读这些写满赞美的信函。这些历史性的信函证明了你曾经是成功者,是个令人赞叹的实力派人物——你绝不是个泛泛之辈。你曾经登上成功的高峰,现在,你一样可以做得更棒!"

这一特殊的称赞方式,得到了很多员工的理解和支持。他们喜欢这样的表扬方式,也默默努力着,希望收到更多这样的信函。一些员工反映,每当他们反复地阅读这些信函时,似乎真的可以克服业绩不佳及事事不顺心时期的沮丧心态。

这些"成功档案"中的信函,调适了员工因挫折而产生的消极心态,并为他们输入了一股新的力量和勇气,使他们充满自信地面对问题、接受挑战。

需要提醒的是,在赞美员工时,一定要赞扬工作结果,而非工作过程。如果一件工作还没有完成,你仅仅是对员工的工作态度或工作方式感到满意,就进行赞扬,则可能达不到理想的效果,因为这种基于工作过程的赞扬会增加员工的压力。你可以说:"你做事效率真高,看来,你确实在这方面独有所长。"而不应说:"祝贺你,提前完成了任务。"当然,这还可看做是侧重表扬员工个人魅力的方式。

手段二:用批评逆向挖掘潜能

如果说赞美是抚慰灵魂的一缕阳光,那么批评就是照耀灵魂的一面镜子,能让人更加真实而深刻地认识自己。管理者恰如其分的称赞会让员工有春风拂面、信心倍增之感,而有分寸的批评则如和风细雨般涤荡心灵,同样能让员工甘愿敞开心扉、诚心接受、引爆潜能。

但是,知识型员工不同于其他员工,他们希望从批评中获得的是引导性的意见和建议,如果运用不当,只会用尖刻的语言奚落、讽刺、挖苦员工,就会使员工体会不到工作的乐趣,自信被打击,从而使工作质量降低。"哀莫大于心死",时间长了,对员工、对管理者、对企业的发展都不利。

艾克森每年都会受邀参加某单位的图书评审工作。这个工作虽然报酬不多，但却是一项荣誉，很多人想参加却找不到门路，也有人只参加一两次，就再也没有机会了。因此，大家对此都羡慕不已。是什么原因让艾克森年年有此殊荣呢？

直至艾克森年届退休时，有人问他其中的奥秘，他才微笑着向人们揭开了谜底。

原来，他之所以能年年受邀，并不是因为他的专业眼光和职位关系，而是他能热情地给他人以激励，委婉地给他人以批评。当他发现某些错误时，他会在会议结束之后，找来图书的编辑人员，私底下告诉他们编辑上的缺点。这样，不仅保住了图书编辑人员的面子，还使得承办该项业务的人员也都很尊敬他、喜欢他，所以，他才能每年都当评审。

艾克森的这种批评方式间接地鼓舞了那些编辑人员，不能不将其视为一种高明的激励手段。虽然批评是一件令人十分难为情的事情，但是艾克森却能将它把握得很好并自然运用。

对知识型员工的批评不应伤害到对方，而是通过批评激励他，使对方做出更好的业绩。对此，管理者需要掌握一定的技巧。

（1）掌握一定的批评原则。

可以说，一名优秀、成熟的领导者总是善于在表扬中一箭双雕：既鼓励了员工的先进和优点，又鞭策、指出了其落后和缺点。这种婉转的、间接的批评，是一种引导与鞭策，往往比直接的批评更有说服力，更有利于激发落后者的内在动力。而要达到这样的目的，就要掌握几个批评的策略。

幽默式批评原则——管理者批评自己的下属时，可以使用一些富有哲理的故事、双关语、形象的比喻等，以此缓解批评时紧张的情绪，启发受批评者思考，从而增进相互间的感情交流，使批评不但达到教育对方的目的，同时也能创造出轻松、愉快的气氛。

伏尔泰曾有一位懒惰的仆人。一天，伏尔泰请他把鞋子拿过来，鞋子是拿来了，但却布满了泥污。伏尔泰问道："你怎么不把它擦干净呢？"

那位仆人说："用不着，先生。路上尽是泥污，两个小时以后，您的鞋子又要和现在的一样脏了。"

伏尔泰没有讲话,微笑着走出门去。"先生慢走!食橱上的钥匙还没给我呢,我还要吃午饭呢。"

"朋友,还吃什么午饭?反正两小时以后你又将和现在一样饿了。"

在这里,伏尔泰巧用幽默的话语,批评了仆人的懒惰。如果他厉声呵斥他、命令他,就不会有这么好的效果。

启发式批评原则——要使对方从根本上、从内心深处认识到自己的错误,需要管理者从深处挖掘出现错误的原因,晓之以理,动之以情,循循善诱,帮助员工认识、改正错误。

"抓大放小"的批评原则——所谓的"大",指的是原则、价值观、绩效目标等;而"小"指的则是习惯、想法、思路等小节。作为领导者,不可一味地盯着一些细枝末节不放,这会使员工感到厌倦甚至反抗。

(2)不可不学的成功批评要点。

批评与责备有很多讲究,对不同的对象要采用不同的技巧,也要选择不同的时机。作为领导者,一定要讲究艺术,把握好尺度,这样才能让你的批评艺术更具魅力。下面是成功批评员工的一些要点。

批评一定不要公开——有些管理者总觉得批评、责备人是件严肃的事,于是总会下意识地找个正规的场合,用比较严肃的语气和表情进行批评。这里需要提醒的是,如果你希望批评能够产生效果,并不使对方产生反抗情绪,就要让批评"秘密进行"。

批评必须是善意的——有句话说:"我们的批评应该是善意的,而非恶意的;我们的批评应该是激励,而不是打击;我们的批评应该是维护人的尊严,而不是辱没人格;我们的批评应该是爱而不是恨,是藏在严峻的外表下深沉、炽热的爱。"是的,由于批评本身就不是一件令人愉快的事情,如果领导者的批评再不是善意的,批评只能成为制造员工与领导者冲突的导火索。所以,领导者应注意自己在批评员工时的态度。

只对事不对人——"对事不对人"的批评要点不仅容易使员工客观地认识自己的问题,让他们心服口服,而且可防止让员工认为你对他们有成见,更重要的是,可以在部门内形成一个公平竞争的环境,使员工不会产生为了自己的利益去溜须拍马的想法。所以说,在批评员工时,要尽量对事不对人。

批评的方式要委婉——委婉式批评也称间接批评,一般采用借彼说此的方法,声东击西,让被批评者有一个思考的余地。其特点是含蓄、婉转,不伤害被批评者的自尊心。

松下幸之助有一次在公司餐厅招待客人,一行6个人都点了三明治面包。等6个人都吃完主餐,松下幸之助让助理去请烤三明治面包的主厨过来,他还特别强调:"不要找经理,找主厨。"

助理注意到,松下幸之助的三明治面包只吃了一半,心想一会儿的场面可能会很尴尬。

主厨来时很紧张,因为他知道请他的客人是松下幸之助。

"是不是有什么问题?"主厨紧张地问。

"烤三明治面包,对你已不成问题,"松下幸之助说,"但是我只能吃一半。原因不在于厨艺,三明治面包真的很好吃,但我已80岁了,胃口大不如前。"

主厨与其他5位用餐者面面相觑,大家过了好一会儿才明白是怎么一回事。"我想当面和你谈,是因为我担心你看到吃了一半的三明治面包送回厨房,心里会难过。"

松下幸之助的这一委婉式批评,可以看作是对主厨的激励,这样做既顾及了员工的面子,又对员工起到了很大的鞭策作用。如此,员工也会体谅你的立场与好意,从而以积极的工作热情来回应。

手段三:适度授权,让知识"流动"起来

知识共享的推动早期主要通过行政命令、利益诱导的形式。此时,知识共享很难自然而然地产生,只有当人们意识到和感受到有必要贡献自己的才能,或者是能够得到更多的时候,知识共享才能较顺利地进行。实践中,对团队学习有突出贡献的人要舍得适度授权。

授权既是一种领导方法,又是一种领导艺术,运用得当,能充分调动起员工的情绪,使其完全投入到工作当中去。在现代企业里,领导者不可能事事都亲力亲为,毕竟一个人的时间、知识和精力都是有限的。领导者想让工作更富有成效,想激发出知识型员工无限的潜力,首先必须学会向员工授权。

但是,出于各种原因,总有些领导者不愿或不敢授权,喜欢事必躬亲。常见的表现就是分不清哪些是战略决策的事,哪些是战术操作的事,更分不清哪些是应该自己做的,哪些应由下属去完成。这也在一定程度上侵夺了员工的成长权、成就权。久而久之,必不得人心。

沃尔玛创始人山姆·沃尔顿说过:"一名优秀的经理,最重要的一点就是懂得授权和放权。"他们往往乐于并且善于将权力分配给自己的下属,懂得该放手时就放手,为下属创造一个施展才华的舞台。迈克尔·波特也认为:"领导者唯有授权,才能让自己和团队获得提升。"

是的,授权是领导者激发员工潜能的前提;也只有授权,领导者才能去做更重要的决定以及思考企业的远景、方向。而员工则从被动的执行者,成为具有判断、创新能力的人才,并发挥高效的执行力。所以说,授权不仅是权力的赋予,也是让员工学习和成长的开始。

詹森维尔公司是一家典型的美国式家族企业,规模不大,但是自1985年以来,企业发展却相当迅速。这是什么原因呢?原来,公司实施了权力下放的措施。管理层将制订预算的任务交给了现场的工作人员,而这项任务在之前是由公司的财务人员去指导完成的。此措施实施了一段时间之后,现场的工作人员学会了预算,财务人员就只负责把关。这样不仅极大地提高了工作效率,也调动起了员工们的工作热情。就这样,在自行制定的预算指导下,工作人员自己设计生产线,需要添置新设备时,他们会在报告上附上一份自己完成的现金流量分析文件,以证实添置设备的可行性。

不仅如此,为了让每一位员工更有权力,CEO塞塔尔大胆地撤销了人事部门,成立了"终身学习人才开发部",支持每一位员工为自己的梦想而奋斗。每年向每位员工发放学习津贴,对学有成效的员工,公司还发奖学金。

自从实行权力下放以来,公司的经营形势一片大好,销售额每年递增15%,比调资幅度高出整整一倍。这远远超出了公司之前的预料。

后来,塞塔尔深深地体会到:"权力要下放才行。一把抓的控制方式是一种错误做法,最好的控制来自人们的自制。"

从这个事例中我们得知:企业规模小的时候,领导者可以通过自己的勤奋一件件打理;但是等企业规模大了以后,如果还要事事都亲自去打理,那就会出现按下葫芦浮起瓢的局面。所以说,只有通过用人并授之以权的方法来解决,才能使自己抽身,解脱自己,并激发员工的潜能。

如今,这一方法越来越多地被世界上的成功企业总裁所使用,他们善于通过用人、授权去延伸自己的力量、激发员工的潜能。

美国环美家具跨国集团的总裁莫若恩老先生喜欢下中国象棋,在闲暇时间里,他总喜欢和公司的员工对弈几盘。在莫若恩老先生的营销理念里,有许多和棋弈相通的亮点。他曾对一位高级主管说:"用人就像下象棋,车往右走一步,棋就可能输;而往左一摆,就赢了。同是一颗棋子,只要放好了位置,就能充分发挥它的能力和作用。"近40年来,莫老先生没有亲手签过一张支票,这只是他"充分授权"用人之道的一个小侧面。他曾经幽默地说:"具体的事情,如果我做错了,连骂都没得骂;而让别人去做,我还可以保持骂的权力。"

只会自己包揽做事的领导者充其量只是个将才,而非帅才;而将权力下放给员工,运筹帷幄、稳当坐镇、指点江山者才称得上是称职的领导者。这样的领导者才能实现企业的蜕变,提高自己的管理水平,引爆员工的无限潜能。

第七章

10分钟读懂领导力

——德鲁克的有效领导力模式

德鲁克说："领导力并不是一种具有磁性魔力的个性……领导力是将一个人的愿景提升到更高层次的视野，是将一个人的绩效提升到更高的标准，将个性推到超越常规局限的地步。"

1.当人们几乎不知道有领导者存在时,这时的领导才是最佳的领导

领导的唯一定义就是有追随者。

——德鲁克

我们来看看领导者对一幅关于小男孩和小提琴的图画的描绘:

这个小男孩拥有一张艺术家的面孔,他被眼前的小提琴深深地打动了,心中涌动着弹奏这件乐器的强烈的欲望。

小男孩似乎刚刚完成正规训练,看起来像是因为自己不能弹奏出想象中的悦耳之音而感到有些垂头丧气。

他看起来似乎正在暗暗地发誓,一定要花大量时间和精力来练习,直至能够演奏出令自己满意的、比现在好几倍的音乐为止。

凭着如此的决心和苦练,小男孩终于成为了他那个时代最伟大的小提琴家。

请注意文中那些情感强烈的词,如"深深地"、"强烈的欲望"、"垂头丧气"以及"向自己发誓"等。正如图画所描绘的那样,领导者正是这样的:富有情感,有明确的目标、自信心,意志坚定。

领导者知道如何对现状进行挑战,知道如何依据经济现实情况建立公司的共同远景,并且知道如何制定战略以实现公司的愿景。他们是沟通高手,是积极的传播者,因为他们知道需要让公司所有的员工以及公司的相关利益者都了解并相信公司的愿景;他们也是积极的授权者,因为他们已经意识到必须放手让员工有更多的自主权去实现公司的愿景。

什么是领导?

曾经有一位主管人力资源工作的公司副总裁要求德鲁克:"为我们开设一场研讨会,指导一下如何才能获得个人魅力。"这个副主管提出的问题所隐含的意思是,领导力意味着必须受追随者欢迎,领导者对此要孜孜

以求,直至成功。这其实是用个人魅力来取代效果,是一个极大的错误。

魅力反而可能会"毁了领导者"。具有个人魅力的领导者通常会遵循自己的一套路数,并且要求所有事情必须按照"他们的方式"进行。他们对自己的优越性和自己永不犯错的做事方式深信不疑,因此,他们不愿意考虑其他人与己冲突的不同意见,不愿意恰当地评估自己的行动所造成的影响和风险。由于不愿意修正自己的方式,不愿意做出改变,这些领导者会比常人更容易遭遇失败,更容易造成重大的损失。

关于领导者的著名论断不少,请看:

美国历史上威望最高的罗斯福总统认为:"一位最佳的领导者是一位知人善任者。而在下属甘心从事其职务时,领导者要有约束力量,切不可插手干涉他们。"

同样身为总统的理查德·尼克松说:"我有一个原则,就是拒绝做别人可以做的决定。领导者的第一条原则就是只做该做的大决定,不要把自己搞得琐事缠身,不要把自己变成问题。"

GE总裁小阿尔弗雷德·斯隆的原则是:"去让别人开动脑筋,自觉地积极行动,并做到彼此精诚合作。"

美国国家计算机公司经理帕特森认为,一个高明的企业应该是机器的设计者而不是机器的制造者。他有句至理名言:"不要去做可以交给别人做的事情。"

美国凯罗柯电气公司负责人有一条领导原则:交给下属的工作,绝不再故意查看,只在最后验收工作结果,这叫做"抽身谋大计"。

松下幸之助说:"我虽然是经理,但是我并不是站在前头拼命工作,而是站在后面由各从业人员来替我做事。"

英国著名的出版家诺思克利夫虽然事情很多,但他始终从容不迫、运用自如。其诀窍在哪里呢?他回答说:"我只担任指挥工作,一切事务性工作都交给那些能够胜任的人去做。我自己把精力放在计划创新上,一旦计划出笼,我又去考虑新的计划。"

领导不是目标,而是过程。换句话说,没有一个一成不变的"领导"定义，领导是一个进化的概念。他应当能为公司的发展做出远景规划，而且思想与行动统一；此外，他必须能够向本单位的人清楚地描述这个企业，并通过讨论、倾听与诉说来获得一个可接受的共识，朝组织的目标迈进。

领导和管理都只是公司为了达到整体目标而采取的一种内部协调机制，"领导者"和"管理者"也只是达成整体目标的工具。即使是那些伟大的领导者，也是一样。领导者不能超越组织的整体目标而任意行事。

一个好的领导者不只是一个好的商人，还要更多地与精力、激情及激励能力等诸如此类的因素联系在一起。一个好的商人并不一定就是一个好的领导者，只有当他们与精力、激情、激励、授权等诸多能力和因素结合在一起时，才有可能成为一个好领导。

领导者激励员工，创造开放的、能释放员工能量的氛围，就如蜂后无须作决策，只须散发化学物质来维系蜜蜂的整个体系一样。在人类的"蜂巢"中，这种物质叫"文化"。

蜂后不会怀疑工蜂工作的效率，它只负责让自己的工作有效，这样工蜂们才能做好自己的工作。而且，蜂后除了基本需求外，也没有奖金可领。领导者不应挡在员工的路上，而要栽培他们，让他们有机会赢，并且在他们胜利的时候加以奖赏。

领导者必须能与自己的手下分享信息，进行真正的沟通，直到他们每一个人都知道而且共享相同的愿景目标为止。

真正的领导者不是在商务舱里喝香槟，而是卷起袖子找问题。他不是向组织空降圣旨，而是来自基层，决不离开基层。他在基层发挥作用，那正是战略形成的基础之所在。这种管理与公司日常工作融为一体，使所有深深扎根于基层的人都可以去发展那种令人振奋的主动性。这样，那些与员工接触的管理者便可以支持这种主动性，并激励战略演化的进程。

总之，一个领导者是一个现实主义者，一个改革家，一个战略家，一个交流大师，一个鼓动者，一个善于学习的人。

当人们几乎不知道有领导者存在时，这时的领导才是最佳的领导。他会做到当自己的工作完成、目标实现时，人们却说：这是我们自己做的。

自我鉴定：合格领导者的特质

一名合格的领导者至少要具备6个方面的基本特质，这6个描述基本特质的单词都是以P开头，所以我们把它们称为"领导的6P特质"。这6个特质是成为一个合格的领导者必不可少的。当然，仅仅是"合格"，而不是"优秀"或者"卓越"之类的词。

请记住：真正的领导者不是天生的，是奋斗出来的，而且通常是自己奋斗出来的。领导者造就自己。

领导远见(Purpose)

领导者必须对未来有明确的发展方向，他们应该向下属展示自己的梦想，并鼓励成员按梦想去前进。只要下属需要，领导者随时都要在身边，就像彼得·德鲁克所说："优秀的经营管理和平凡的经营管理有一个不同，那就是优秀的经营管理能够取得长期和短期的平衡。"在制定领导远见的时候，必须要有领导的目标来进行配合。优秀的领导者应该是一个方向的制定者。

热情(Passion)

领导者必须对自己所从事的工作和事业拥有特别的热忱。同时，好的领导者不仅自己对未来充满信心，还要能激发下属的工作热情。一个不能够激发下属工作热情的人，或者说不会激励下属的人，是没有资格做领导的。领导热情既没有替代物，也很难量化，但它是企业完成目标和任务的一种催化剂。

自我定位(Place)

领导者应该特别清楚自己扮演的角色以及这个角色所应承担的责任。这些角色包括上司、下属、同事，还包括一个角色，那就是千万不要忘记你自己。他应该知道如何让自己进步，怎么样给自己加压，怎么样去学习新东西。

优先顺序(Priority)

优秀领导者的一个特点就是能够明确地判断处理事务的优先顺序。

领导者要想提高领导绩效,就必须懂得有所取舍,在有限的时间和资源范围之内,决定到底先做什么,这就是优先顺序的思维方式。领导者应当能决定自己需要什么,而且能决定应当放弃什么,这两个决定具有相同的重要性。也许决定放弃什么比决定要做什么更难,但是领导者需要这种勇气和智慧。

人才经营(People)

领导者应该相信,无论是上司、同事还是下属,都是企业可以依赖的资源,都是企业的绩效伙伴。但是,人员也可能成为企业的负担。领导者需要识别人才并善用人才,发挥他们的才干。

领导权力(Power)

自古以来,领导和权力是密切相关的。领导能力包含着领导风格的因素,也包含着权力的因素。所谓权力,就是一个人影响另外一个人的能力。权力的关键是依赖性,你对谁有很强的依赖性,反过来他对你就有很大的权力。权力须与领导者个人的魅力结合起来。

2.如果没有品格和诚信,领导者将一事无成

光靠品格和诚信自身,其实并不能成就什么;但是,如果没有品格和诚信,则将一事无成。

——德鲁克

对于领导力来说,诚信非常重要,因此德鲁克认为,缺乏诚信是需要承担责任的领导者的一个主要的否决因素。

孙子早在2000多年前就把领军人物的品格视为衡量领导的重要条件——智、信、仁、勇、严:智者不惑,无信不立,仁者不忧,勇者不惧,严以

律己。

德蕾莎修女,1979年诺贝尔和平奖获得者,管理着上亿美元善款资产,而她全部的家当就只有一部电话和三套衣服。德蕾莎修女的一生"把一切都献给了穷人、病人、孤儿、孤独者、无家可归者和垂死临终者;她从12岁起,直到87岁去世,从来不为自己而只为受苦受难的人活着。有品格和素质的人,不论有权无权,领导还是非领导,他们的影响力是永恒的,是不可磨灭的。

无论是哪种类型的领导力,品格都非常重要。从某种意义上说,领导力就是品格。要想支撑领导力,必须具备三个要素:抱负、能力和诚信。如果三个要素失去平衡,出现了抱负与能力的可怕结合,就会出现个人权力高于组织愿景、把个人利益摆在整体利益前面的自私领导者;而如果没有能力、诚信与抱负的结合,又会制造出一个善良却没有能力的领导者。诚信与能力的结合可以促成善举,但却不会开辟新的天地。只有这三者平衡,才能让领导者忠于一个合乎道德的抱负,并为他人实现那个抱负。

在现实生活中,很多单位并不缺乏人才,有的甚至人才济济,但却面临着发展动力不足的困境甚至难逃被淘汰的结局。究其原因,就在于这些企业、公司的管理者普遍缺乏诸如忠诚、敬业、诚实、积极主动等优良品德,而这些正是一名管理者品格优劣的重要体现。

在职场中,品格好是根本。能力弱,可以通过实践、师傅传帮带、培训来逐步提高,使自己的综合素质得以提升,磨炼自己,先"修身"、"齐家"后再"治国"、"平天下"。品格差的人,就算能力强,所做的事却不一定对,不一定会有好的结果;品格好的人,无论是在职场还是商场,都会有好的人缘、好的机会。品格好,同事和主管都愿意与你相处,愿意帮你,你自然会有好的工作"风水",相应也会有好的结果。

在某知名媒体一次关于"单位最忌讳员工哪一点"的访谈会上,许多著名企业家都旗帜鲜明地把"人才观"中的"品格"排在了第一位。可见,员工在品格方面所犯的错误是他们最不能容忍的。同样,对于每一家企业的高管来说,品格也容不得打折扣。

　　对于企业领导来说,品格就像火车的方向、路轨,而才能就像发动机。如果方向、路轨偏了,发动机的功率越大,造成的危害也就越大。良好的品格比一百种智慧更有价值。每个人的潜力都是无限的,有什么样的品格,就会有什么样的工作业绩与生命质量。人与人之间并没有多大不同,成功者与失败者、卓越与平庸之间的迥异之处正在于品格的高下。优秀的品格是个人成功最重要的资本,是人最核心的竞争力。具有优秀品格的人,总是会时常从内心爆发出自我积极的力量,可以说,好的品格是推动一个人人生不断前进的动力。

　　不少企业管理者在目睹别人的成功时,总会慨叹自己的"时运不济"——不是没有遇到好的机会,就是没有碰到好的老板,再不然就是因为……很少有人能真正从自己身上去找根源,去思考自己的做人品质是否过硬、是否令人赞赏。品格操守是事业成功最忠实的资本,很多人对于这一点缺乏深刻的认识:有的人过分地注重技巧、权谋和手段,却忽视了对良好品格的培养。有些人虽然很有才干,但他们存在投机心理,这样的人即使再专业、再有才干,也会被众多单位拒之门外——事实上,哪怕是一个"才高八斗"的人,倘若轻视品格的自我修养和塑造,他也绝对成不了真正的"人才"。

　　如何来具体界定管理人员的品格呢?首先应该具有忠诚、敬业、诚实、节俭、富有责任心等优良品德。他们关心集体,关心组织的发展,对待工作积极、热情、勤奋,具有团队精神,以一种感恩的心态积极主动地为组织的发展、生产与管理出谋划策……这些都无不透射出好品格的影子。

　　品格也是资源。品格好的领导者胸怀宽广,他们关心部下,关心客户,关心同志,关心社会。因此,他们必将受到部下的拥护、客户的爱戴、同志的信任和社会的尊敬——可以想象,由这样一些人构成的企业一定战无不胜、基业常青。那么,具体来说,领导者如何才能做到品格好呢?

　　(1)用人所长,而不是用人之短。

　　一个人如果总是看到别人不能做什么,盯着别人弱点和不足不放,"哪壶不开提那壶",而从来没有看到别人能够做什么,无法欣赏别人的优点,那他就会破坏组织的精神。当然,一个管理人员必须清楚了解他的下属的局限性,但是他应该把这些看成是他的下属能够做的事的一种约束条件,是促使他们做得更好的一种挑战。领导者必须要把眼光放长远一点,要学会把适当的人调配到适当的岗位,让人尽其才,才能使员工卓有成就。

(2)对事不对人,而不是对人不对事。

领导者如果老是问"谁正确",而不问"什么事正确",把人事置于工作要求之上,势必会造成公司文化的腐蚀和破坏。如果老是问"谁对谁错",就会促使下属但求无过、阳奉阴违,甚至玩弄权术。尤其糟糕的是,它会促使下属在发现错误后掩盖错误,而不是采取积极的补救和改正措施,这对组织而言将是一场灾难。

(3)认真负责,精益求精。

温总理在寄语中国铁路事业时说,安全和质量离不开人,产品如品格,什么样的品格就有什么样的产品,而品格中最关键的是高度负责、精益求精、一丝不苟。一语道破发展的本质。反之,领导者品格不好,做人的原则和底线就会轻易弃守,如此,再好的制度、技术、措施都会大打折扣,导致问题成堆。此前一些食品安全事件,领导者明明知道瘦肉精是不能添加的,明明知道地沟油是有毒有害的,自己也是绝对不会去吃的,但就是在利益的驱动下堂而皇之地干了起来。

(4)敬业是成就事业的基石。

领导者要将自己的职业视为自己的生命信仰,那才是真正掌握了敬业的本质。当敬业意识深植于脑海里,做起事来就会积极主动,并从中体会到快乐,从而获得更多的经验和取得更大的成就。懂得敬业、能够敬业是一个人在职场中提升自己、发展事业的前提,敬业所表现出来的积极主动、认真负责、一丝不苟的工作态度,是职场人士应当而且必须具备的品质,它是创立最佳工作业绩的有力保障。

(5)品德优先,而不是有才无德。

把才凌驾于德之上,这是人事决策不成熟的表现。实践证明,有才无德的人对组织的破坏远甚于有德无才的人。

总之,未来是领导者的时代,而非管理者的时代。它并不是天生的,而是后天造就的;领导者是自己成长起来的,而不是人为制造出来的。作为一名领导者,必须要有三个敬畏,即敬畏法纪、敬畏人格、敬畏口碑。最后,希望每一位领导者都能重视、提高品格修养!

3.卓有成效的领导者必须清楚的四件事

领导是一项工作,一项需要脚踏实地,既不浪漫,也不稀奇的无趣的工作。

——德鲁克

德鲁克在自己的著作中回忆起了高中时期学习军事战役时的情形,他说道:"我们的历史老师很优秀,他本人也是受过重伤的退役军人。上课的时候,他让我们每个人从一些书中任意挑选几本仔细阅读,然后写一篇心得报告。老师就以这篇报告作为期中考试的试卷。当我们在课堂上讨论这些报告时,班上有位同学提出了一个问题:'几乎每一本书都有提到,这场壮烈的战争从军事上而言是完全不合格的战争,为什么?'"

"我们的历史老师毫不犹豫,并且一针见血地指出:'因为将领牺牲得不够多,之所以如此,是因为这些将领只是让别人去冲锋陷阵,自己却待在安全的后方。'"

"将领牺牲得不够多"就代表着战争中不合格的将领牺牲了他人的性命,自己却苟延残喘地活了下来,为的是"一将功成万骨枯"。不合格的领导者要么不顾他人的死活,要么就清除异己,最终都会付出惨重的代价。

换句话说,领导是责任,领导的本质则是"绩效",即合格领导的责任应该是"贡献"。不过,现今的高科技战争是否与历史上的战役完全是两回事呢?当然并不完全是。

德鲁克观察卓有成效的领导者,发现他们都清楚四件事。他在作品中罗列如下:

(1)"领导者"唯一的定义是拥有追随的属下,若没有遵循者,他们便不能成为领导者。

这些领导者中,有些是思想家,有些是先知。所谓的"思想家",指的是他们有一套明确、简单、清晰、具体并且可操作的经营理论;而"先知"是指他们既能洞察先机,掌握人口统计学与人口结构的变化,采取行动,又能做出有效的重大决策影响组织。

(2)真正的"领导者"应该是引导属下做正确的事,因为领导才华是以领导者做事的成果来判定的。受欢迎、受爱戴、受仰慕甚至是受崇拜都不算是具有领导才能。

(3)言行一致,树立典范。

信任领导者,未必就是喜欢他,也未必认同他所做的任何一件事。追随者的信任,是基于确信领导者能说到做到,也就是相信他具备"言行一致"的美德。领导者的行为必须和他所坚持的信念相符,不能相互矛盾,他的行为更不能背离他的信念。卓有成效的领导者并不是基于个人的聪明才智(当然聪明才智也很重要),而是能保持前后一贯的作风。

(4)领导就是责任。

领导并不是指阶级、头衔、特权或金钱。卓有成效的领导者清楚地知道,自己必须为最终的结果负起责任,无论是好的结果还是不好的结果,他都必须面对,并且全权负责。因此,他渴望有强而有力的团队,他自律甚严,并且要求属下百分百地付出和贡献,所以他不会担心属下的能力比自己强。但当属下不努力时,领导者也会不假辞色地给予提醒。领导者更会把他们的成功视为自己的成功,而不是看成对自己的威胁。

领导是一项工作,领导者必须承担责任,并协助属下做正确的事,以言行一致、树立典范为要求,做出重大的贡献,才能赢得部下的追随,实现组织的使命与愿景,真正成为一位思想家或先知,这也是德鲁克一生的最佳写照。他的著作很多,创建了很多新的概念,知行合一,开明管理,做出了伟大的贡献,成为了改变世界的领导者,赢得了世人的尊崇和追随。

考察领导是否具有如下七大特质:

我们从人类的行为来观察领导者,看看他们究竟有哪些共通性。在此基础上,德鲁克进一步提炼出了卓有成效的领导者的共同点,即他们都具有以下的特质。

(1)知道什么事是自己必须要做的,而不是自己想要做的。成熟的领导者由于心胸开阔,愿意接纳别人的意见,因此,他会兼听专家反对的建议,而不是偏信自己喜爱的说辞。甚至,他会选择对社会有益、对企业有利,但对自己而言压力更大的工作去做,因为这是他必须要做的事。

(2)知道自己应该做什么才能让工作变得更出色。优秀的领导者常自问"我能做什么",而不是"我喜欢做什么"。往往喜欢做、有兴趣做的事大都不是自己的长处,更不是能有所贡献的事,这样,就容易一事无成,毫无成效可言。身为顶尖的领导者,要能发挥自己所长,让别人来补充自己所短,才能让工作变得更出色。因为顶尖的领导者会认清现实,认识自己,他清楚地知道,要想成就一番大事业必须依赖团队的合作,绝对不能单打独斗。组织的目的,在于使一群平凡的人做出不平凡的事来。

(3)知道企业的使命和目标是什么。任何组织都有其成立的宗旨和目的,企业的宗旨反映了企业对社会与人类的正面价值的追求。找寻企业的使命和定位,再由市场和顾客给企业下定义,弄清楚顾客是谁、应该是谁,并将此转换成企业的具体目标。当然,企业的使命是持久的,而目标是暂时的,为了实现企业的使命,必须具有策略的思维与方针,才能将目标落实,最终实现企业的使命。卓越的领导者深知,企业若要完成使命,必须依赖自身的核心能力;但更重要的是,若想成为卓越的领导者,要懂得善用集体的智慧和创新,这样才有可能在经济不景气或衰退时,使自己的企业立于不败之地。

(4)对人的多样化要有绝对的包容性。企业是集合不同个性、属性及各类专才的组织,为了实现企业的使命和目标,这是必要的做法。企业不是要找同样类型的员工来工作(更何况,这样的员工也找不到),企业的领导也不要刻意寻找与自己类似的人，因为有效的领导者对员工的多样化都有绝对的包容性，他们要做并且能够做的是发挥他们的长处，对企业做出贡献，满足外界客户的需要。这是领导者之所以存在的唯一理由，而不是让企业成为"改造员工个性的工厂"。但当涉及个人的行为表现、价值标准及品行操守时，有效的领导者则完全不能容忍所谓的"多样化"。

(5)不担心员工的能力比自己强。刘邦之所以是刘邦，是因为他知人善任、用人长才。虽然张良拥有超人的策略思维与规划才能，萧何具有财务的专精和安抚民心的专长，还有识才的本领，但是，刘邦还是找来了韩信。对于这些人才，刘邦不但不妒忌，反而让他们组成了高绩效的团队，建立了强大的国家。无独有偶，这句话也验证了钢铁大王卡内基的墓志铭上的那句话：一位知道选用比自己能力更强的人来为他工作的人安息于此。卓有成效的领导者也都是如此。

(6)每天"对镜检测"，自我觉察。卓有成效的领导者通常会养成自我省察的习惯。例如，当每天早上起床，站在镜子前面时，他们会自问：这个人，是否正是他们所要成为的人。通过这样的自我检测，他们能自我巩固，并且抵御身为领导者面临的外在诱惑。他们也会自问：我是否只是在做一些讨人喜欢的事，而不是对的事，同时，也疏忽了更根本而长期的事。

(7)真正的领导者并不是传教士，而是笃实的实践者。领导者之所以能成为领导者，不是因为他们说了什么，而是看他们做了什么。光说不练的领导者是无法获得属下的信任的。只有通过有效的行动，才能经得起事实的检验。只有这样，才能成为一位真正的领导者。

领导者，必须经得起事实的检验，有自我省察的心智，用人长才及做自己所能贡献的事。然而，今日卓有成效的领导者未必能在明日的环境变动下依然成功，为此，21世纪最大的挑战是使企业拥有一位能够应对变革的领导者，企业要主动寻求变革，并且，视变革为企业的机会所在。

4.领导力的修炼的关键是以身作则

领导力的前提是以身作则。

——德鲁克

只有领导者具备并发挥领导力,才能有效引导和激励员工,增强企业的凝聚力,提升组织的核心能力。而发挥领导力的最有效途径,就是领导者以身作则。"身教"往往比"言传"更为有效。

领导者要一贯坚持以身作则,这是非常具有挑战性的事情。

现实中,许多领导者往往言行不一致,自己本身的言行和要求员工遵守的原则和理念相背离,这样的领导者,奢谈领导力的发挥与提升,显然是自欺欺人。

正人先正己,培养员工和下属之前,领导者必须提升自身素养,遵循和坚持"由内而内"的修炼方式,真正从内心去反省和观照,建立纯粹的信仰,沉淀清晰的理念,扎牢坚定的立场,然后才可能"由内而外"传播信念和原则,塑造组织与企业的文化,并引导和促进员工的发展。如果领导者缺乏信仰,就很难影响和引导员工,很难为员工提供长期有效的示范。没有信仰的人缺乏持久的言行一致、真诚和理性,往往表现出行为情绪化和立场不坚定。这样的领导者,连基本的"取信于人"都谈不上,又谈何开发与提升员工的领导力?

"喊破嗓子,不如做出样子。"老百姓对领导总是"听其言、观其行"的,其行善,其言才有力。"以正德临民,犹树表望影,不令而行。"

作为联想总裁,柳传志一直把"其身正,不令而行"这句话放在办公桌上,勉励自己。联想公司在柳传志的带领下,由20万元起家,发展成为今天有上百亿资产的大型集团公司,成为了中国电子工业的龙头企业,这和他处处以身作则、身先士卒有着必然的联系。

柳传志说："创业的时候，我没高报酬，我吸引谁？就凭着我多干、能力强、拿得少，来吸引住更多的志同道合的老同志。""要部下信你，还要有具体办法，通过实践证明你的办法是对的。我跟下级交往，事情怎么决定有三个原则：同事提出的想法，我自己想不清楚，在这种情况下，肯定按照人家的想法做。当我和同事都有看法，分不清谁对谁错，发生争执的时候，我采取的办法是，按你说的做，但是，我要把我的忠告告诉你，最后要找后账，成功与否要有个总结。你做对了，表扬你，承认你对，我再反思我当初为什么要那么做；你做错了，你得给我说明白，当初为什么不按我说的做，我的话，你为什么不认真考虑。第三种情况是，当我把事想清楚了，我就坚决地按照我想的做。"

联想有一条规则，开20人以上的会迟到要罚站一分钟。这是一项很严肃的规定，这一分钟是很严肃的一分钟，任何人都必须执行。事情很巧，第一个被罚的人正是柳传志原来的老领导，柳传志和他都感到很尴尬，罚站的时候他本人紧张得不得了，一身是汗，柳传志坐着也一身是汗。柳传志悄声跟老领导说："您先在这儿站一分钟，今天晚上我到您家里给您站一分钟。"而柳传志本人也被罚过3次，其中有一次是因为他被困在电梯里，咚咚地敲门希望有个人听到帮他请个假，敲了半天也找不到人，出来后，他没作任何解释便自觉地被罚了站。

这就是柳传志，要求别人做的，自己首先做到；禁止别人做的，自己坚决不做。正是因为如此，他才真正地发挥出了领导的影响力。反过来说，作为领导，连自己都做不到或不愿做的，要求下属执行自己的规则，根本没有一点说服力，即使执行了也起不到根本性的效果。

亚科卡就任美国克莱斯勒公司经理时，公司正处于一盘散沙状态。他认为经营管理人员的全部职责就是动员员工来振兴公司。在公司最困难的日子里，亚科卡主动把自己的年薪由100万美元降到了1000美元。这100万美元与1000美元的差距，使亚科卡超乎寻常的牺牲精神在员工面前闪闪发光。榜样的力量是无穷的，很多员工因此感动得流泪，也都像亚科卡一样，不计报酬，团结一致，自觉为公司勤奋工作。不到半年，克莱斯勒公司就发展成了拥有亿万资产的跨国公司。

企业领导者都非常希望有一支高素质的员工队伍;但反过来,员工们更希望自己的老板能像个老板,是个事业上处处以身作则、靠得住、信得过的带头人。只有这样,员工们才会感到有奔头,死心踏地地跟着你。正如著名管理学家帕瑞克所说:"除非你能管理'自我',否则你不能管理任何人或任何东西。"

5.领导者的价值就是"贡献"和"承诺"

重视贡献,才能使管理者的注意力不为其本身的专长所限,不为其本身的技术所限,不为其本身所属的部门所限,才能看到整体的绩效,同时也才能使他更加重视外部世界才是产生成果的地方。

——德鲁克

德鲁克先生有一句名言:如果你把"功绩"从你的词汇表里抹掉,用"贡献"取而代之,那么你将在经营中获得最佳的成果,"贡献"能够使你把工作中心放到合适的地方——客户、员工和股东。

德鲁克在《卓有成效的管理者》中指出,重视贡献,才能使管理者的注意力不为其本身的专长所限,不为其本身的技术所限,不为其本身所属的部门所限,才能看到整体的绩效,同时也才能使他更加重视外部世界才是产生成果的地方。因此,他会考虑自己的技能、专长、作用,以及所属的单位与整个组织及组织目标的关系。只有这样,他才会凡事都想到顾客、服务对象和病人。事实上,一个组织之所以存在,不论其产品是商品、是政府的服务,还是健康医疗服务,最终目的都是为了顾客、为了服务对象,或为了病人。因此,重视贡献的人,其所作所为可能会与其他人卓然不同。企业如果能够在顾客需要的领域做出独一无二或者数一数二的贡献,收获是自然而然的事情,企业自身的需要必然要通过对于顾客的贡献来获得,此外,价值链成员之间、组织成员之间的关系从本质上而言都是贡献关系,只有他们在实践中做到相互主动贡献,才能保证整个价值系统为顾客做出应有的贡献。

他对于管理的一个描述是:管理就是承诺。

有了承诺,管理才能够真正具有有效性。管理的有效性和贡献价值,是德鲁克先生任何时候都在关注的问题。

他曾经问杰克·韦尔奇:如果你的客厅闲着,你能不能把它借给别人用一用呢?

德鲁克认为,如果你没有激情来做好某一项特定的业务活动,可以找到一个兼具专业技能和激情的同盟者来做这项工作,这样往往能把工作做得更好。要通过专业且富有激情的同盟者将通用雄厚资源的效能充分释放,所以韦尔奇也说,通用公司意识到自己不可能成为世界上最好的软件设计者,于是比其他企业早20多年就找到了一家对软件设计充满激情的印度企业,来帮助自己做这方面的工作。

在德鲁克的启发下,韦尔奇逐渐将这种模式发展成为时下流行的"无边界组织"。很多企业把拥有资源当做自己的强项,而事实上,释放资源效能的能力才能构成企业真正的优势,因为资源必须经过有效的实践才算有效。

承诺目标。对于目标的承诺,可以回答"做什么"以及"做到什么程度"的问题。看起来这是一个非常简单的问题,但是我们的管理者并没有这样去做,他们没有切实地认为结果目标是一种承诺,所以我们常常看到公司的目标只是一种形式。而因为管理者对于目标的反应决定了员工承诺的水平,也就进而决定了为了实现目标所投放的所有资源的成效并不理想。所以,如果我们需要实现目标,管理者就要对目标有明确的承诺,员工才会达成绩效目标以支持总目标的实现。

承诺措施。对于执行措施的承诺是回答"如何做"这个问题。管理者必须做出的努力就是找到实现目标的措施,并使措施能够贴近员工的实际。如果管理者不研究措施,不能够在方法上和工具上给予员工帮助,就不会得到管理的结果,有效性也会大打折扣。所以,为实现绩效目标,员工与管理者对完成目标的方法措施要达成共识,并将执行措施作为工作的内容,以确保目标的最终达成是至关重要的。

承诺合作。对于合作的承诺可以回答"与谁做"这个问题。管理所需要解决的问题就是管理者和被管理者之间的合作分工问题,没有分工、合作,就没有管理。为提高团队绩效、高效推进关键措施和实现目标,管理者要与员工交流,确保员工愿意参与和支持承诺。

6.导致领导者失败的十大致命错误

错误领导者并不相信其所肩负的使命;相反,他们总是在寻求个人权力。在一位错误领导者眼里,最重要的事情是自我扩张、自我膨胀。错误领导者经常会展示"历史性功绩",试图确保自己在舞台上亮相。因此,错误领导者表现出具有个人魅力的个性,这一现象并非少见。许多有效领导者也同样体现出了具有个人魅力的个性,但是他们却将其个人魅力用在了对使命的不懈追求上。

——德鲁克

德鲁克认为,错误领导者,或者"有毒有害的领导者",在组织的每一个层面中都会存在,他们具有带传染性的影响力。那么,你怎样才能知道自己跟随的是一位有效领导者还是一位错误领导者呢?

下面总结出了导致领导者失败的十大致命错误——而这十大错误,从未出现在有效领导者的反馈清单上。

依照其危害性从强到弱的次序,这十大错误依次是:

(1)缺乏精力和热情导致缺乏斗志

一次又一次,失败的领导者被他的同事们描述成缺乏激情、工作不主动。实际上,这是导致他们失败的最明显的原因。

(2)接受平庸表现而非优异结果

失败的领导从不制定张力目标,让员工工作闲散,进而鼓励平庸的表现,导致本团队的工作结果低于好领导下的团队工作。

(3)缺少清晰的发展愿景和方向

失败的领导者对未来没有清晰的概念,对公司发展方向并不清楚,而且不愿意讨论未来发展,导致他的下属在没有方向的道路上前行。

(4)缺乏合作精神,不是合格的团队成员

失败的领导者总是喜欢单打独斗,即使在团队活动中,他们也不能建立积极的团队关系。最严重的是,他们把工作当作竞争,把同事视作对手。

(5)不能言出必行

让同事对你失去信任的最快方式,就是不能做到言出必行。在这方面表现最差的领导,带来的威胁更大,因为他们树立了坏榜样。如果其他人也这样做,那么整个组织就可能会倒退。

(6)不能从失败中吸取教训

随着失败的领导者升职,他们的傲慢和自满会越发膨胀,这会导致他们得出一个危险结论,即他们已经到达了职业生涯中的某一阶段,不再需要职业发展。伴随着这种状态出现的,还有领导者不能从失败中吸取教训,这导致他们会反复犯同一个错误。

(7)由于抵触新观念,所以不能领导变革、缺乏创新

不论是缺乏想象力还是故步自封,其外在表现都是不愿意从下属或是同事那里接受意见。

(8)不愿帮助他人成长

不关心直属下级的职业发展,不愿当下级的教练或导师,这样的失败领导者只关注他们自己,从不关心员工或部门的长期发展。

(9)糟糕的人际关系

或许是出于主观恶意,或许是生性不敏感,这些领导者对人粗鲁、爱训斥他人、大嚷大叫、喜欢贬低他人。但导致这些错误出现的最通常原因

是领导者的不作为,比如:不听取他人意见,不好好提问,不和其他人接触,不表扬他人或不做有助于形成好行为、带来成功的事情。

(10)失误的判断导致糟糕的决策

就好像领导者指挥军队在悬崖上打仗时做出错误决定一样。

以上任何一个错误都足以打败一个领导者。研究表明:这些错误通常会同时出现三四个,因为一个错误会导致另一个错误。但关键是,八成以上的错误源于领导者的不作为。在同事、老板、下属看来,即使领导者最明显的不当行为,也是由于他们作为太少。不过,这样的错误不容易被发现,因为无论这些错误出现在别人身上或者我们自己身上,我们都很难马上认识到。因为它们表现得不明显,不能引起我们的注意,所以我们也不觉得需要改正这些错误。

7.领导者与管理者的本质区别

　　一般而言,管理者都具有很好的智力、很好的想象力和很好的知识水平。但是管理者的有效性与他的智力、想象力或知识之间,几乎没有太大的关联性。有才能的人往往最为无效,因为他们没有贪图到不择手段。才能本身并不是成就,一个人的才能唯有通过有条理、有系统的工作,才能有效。

——德鲁克

德鲁克对"领导者"和"管理者"角色的分析最初出现在《管理的实践》一书中。他认为,管理者是任何商业组织中最能动并可以赋予生命的要素,是一种新的领导群体。就本质而言,管理是一种独特的、具有领导性的机制。此处,他没有刻意区别"领导者"和"管理者"之间的差异。

但在此后50多年间,这两个概念的差异被学术界讨论得越来越多,逐渐出现了很多新的观点。

例如："领导者"是高层的管理者;"管理者"负责"管理","领导者"负责"领导";差的管理者称为"管理者",而好的管理者称为"领导者"。

明茨伯格批评以上讨论其实是在误导管理者的实践,"我们一边在唱着高调,一边却已深深陷入狭隘主义的沼泽地里"。

斯隆认为领导力对组织而言是第一位的,建议德鲁克在此领域进行研究。

但德鲁克并不同意,他认为管理者的使命和责任才是第一位的。他甚至认为,许多关于领导者的讨论都不深刻。德鲁克在《卓有成效的管理者》一书中强调了怎样为组织、为社会培养管理者,却很少讲到怎样提高领导者素养。

德鲁克并不认同领导学的特质论。特质论强调领导者的品格、个性特征、价值观系统和生活习惯。这些研究的典型方法是评鉴在任领导者的特性,包括精力、事业心、热诚、友好、正直、道德、技术、果断、知识、智慧、想象力、决心、毅力、耐心、仪表、勇气等。

德鲁克认为"一般而言,管理者都具有很好的智力、很好的想象力和很好的知识水平。但是管理者的有效性与他的智力、想象力或知识之间,几乎没有太大的关联性。有才能的人往往最为无效,因为他们没有贪图到不择手段。才能本身并不是成就,一个人的才能唯有通过有条理、有系统的工作,才能有效。"

他通过访谈事例说明,管理者的个性差异很大。有效管理者的差别,就像医师、教师和音乐家一样,各有不同的类型;无效的管理者也同样各有差异。有效与无效之间在性格和才智等方面,是难以区别的。

德鲁克对行为论的观点也有质疑。20世纪50年代,领导学理论从特质研究转向行为研究,提出了连续统一体理论、管理方格理论、管理四系统理论等。

例如,魅力型领导理论认为,魅力是下属对领导者超凡能力的看法,这类领导者拥有对下属的吸引力、感染力和影响力。

德鲁克反对以上观点。他对魅力和魅力型领导毫无兴趣,甚至认为领导者身上太多的魅力会导致领导力衰败。魅力越多,领导者越固执,不愿也不敢调整和改变一个组织的使命。未来的领导者绝不可能因为魅力而领导,反而会从根本上进行思考,以便于追随者更有效地工作。

"我曾经跟政府部门许多领袖一起共事过,也跟企业界、非政府非营利组织例如大学、医院或教会的领导者有过相处的经验。我可以说,没有任何两位领导者是一样的。"

有人曾向德鲁克求教:"我的董事长要求我想办法提高个人魅力,我该怎么办?"德鲁克回答:"你最好参加一个演艺学习班,去学学当模特得了。"

德鲁克反对片面强调权力的领导学理论。权力分为职位权力和个人权力,其中职位权力包括法定权、奖赏权和强制权,个人权力包括专家权、参照权等。德鲁克认为,以权力为中心的领导者将给组织带来灾难,会成为组织的误导者而非领导者。误导者更感兴趣自己的权力,而不太关心组织的使命和责任;他们对组织目标不关心,但对权势很在意,会利用组织手段来满足自己对权力的欲望。以权力为中心的领导者表现出强烈的自我欲望,就像公关经理那样到处炫耀自己。真实的领导者是平凡的,不浪漫甚至有些枯燥,其有效性体现在善于设定组织目标和优先次序,善于设定并维持标准。

那么,究竟管理者和领导者的区别何在呢?根据近年来理论界的研究和相关的社会实践,领导与管理主要有12个方面的区别。

(1)含义不同。领导是率领并引导某个组织朝一定方向前进,一般包括引导、导向、带领、率领和指挥等含义;管理是负责并促使某项工作顺利进行,一般包括管辖、处理、约束、运用和安排等含义。

(2)任务不同。领导的主要任务是给组织指引前进方向,为组织确定奋斗的目标;一个组织如果没有奋斗的目标和前进的方向,其一切行为就会成为无源之水、无本之木,都将失去意义。管理的任务在于贯彻落实领导提出的路线、方针和政策,促使目标的实现,推动组织向既定的方向迈进。一个组织如果缺乏强有力的管理,一切目标和指向都将成为空洞的口号。

(3)对象不同。管理的对象主要是事,虽也包括人,但多为物、财、信息及管理系统,通过制定各种规章制度、作业手册等来保证管理对象的正常运转;而领导的对象主要是人及其组织,通过调动部属的热情和积极性,激发下属的潜在需求、价值观和情感,实现组织的目标。

(4)作用不同。领导的作用主要是统帅和协调全局性的工作。为了有效地指挥一个部门、一个组织的全局活动,领导者要经常协调和解决下属各部门之间的分歧和摩擦,使整个组织和谐发展。管理的作用主要是做好领导安排的局部范围或某一方面工作。管理者经常要处理好具体部门的业务工作,如质量管理、生产过程控制、产品分析等。领导追求的是整个组织乃至整个社会的效益,而管理则侧重于追求某项工作的效益。

(5)途径不同。领导通过决策为组织指明方向,并通过激励促使下属沿着正确方向前进,克服前进中的困难;管理则通过强制的办法将人们置于正确的方向并实现对其控制。领导通过满足人们的基本需要,激励他们实现问题的有效解决;管理则通过各种制度约束来促使问题的解决。

(6)工作重点不同。领导着重于分析研究和解决本部门与外界相关的重大、长期和广泛的问题,管理工作则注重于解决部门内的一些非重大、短期、策略性和技术性的具体问题。如省、市领导主要是落实中央、国务院制定的方针政策和省委的决定,考虑直属下级的机构设置和重大人事任免,处理影响全面工作的重大问题等,下属部门的日常工作均属下级管理活动的范围,领导者不应过多干预。正如古罗马法典曾经指明的那样:行政长官不宜过问琐事。领导的效能是通过依靠权威而发挥引导、影响的作用来实现的,管理则要通过对具体资源的安排和配置来实现管理目标。

(7)时空观不同。领导者着眼于长远,其所确定的目标多在3~5年甚至更长,因为领导者所研究的目标都是一个组织或部门的重要目标,没有足够的时间是无法完成的;管理者在计划和预算中只注重几个月,多则一两年,因为管理者要通过完成一个又一个短期目标来支撑领导提出的中长期目标。同时,由于领导要统帅全局,因此更加注重系统性问题、宏观性问题和外部联系性问题;而管理则注重于微观问题和细节问题。

(8)风险意识不同。一般而言,领导者经常追求有风险甚至危险的工作,越是机会诱人,冒险工作的决心就越大,他希望通过有挑战性的努力获取更大的效益;管理者则更加看重秩序,会本能地回避风险或想方设法排除风险。领导的职责不是维持现状而是推进组织变革,千百年来,多少领袖人物概莫能外,有的轰轰烈烈,有的循序渐进,虽然方式不同,但任务都是要确定一个目标,然后带领一批人历尽千辛万苦向这一目标迈进;管理者则更加强调维持秩序,因而更习惯于限制,恪守长期形成的管理原则和制度,因为没有规矩就没有方圆,不积跬步无以致千里,因此他们总是小心地看待变革,谨慎地对待风险。

(9)用人方略不同。领导者择人的标准是适应,即适应确定岗位的各方面要求,要能统领他所要负责的部门或组织;管理者择人的标准是专业化,选择经过专业培训的人来担任各项工作,这样他的工作才能有条不紊,才能更加周密细致。在人员使用上,领导者注重目标激励,注重通过沟通和激励来调动人的积极性,对有问题的人员注重教育;管理者则注重执行政策,强调员工的服从性,强调通过组织的力量来完成目标,对有问题的员工则注重纪律处分。

(10)处理问题的方法不同。领导者主要处理变化性问题,通过开发未来前景而确定前进方向,然后把这种前景与组织中的其他员工进行交流,并通过授权、扩展的激励手段,不时创造一些惊喜来鼓舞他们克服困难达到既定目标;管理者主要处理复杂性问题,常常侧重于抑制、控制和预见性,通过制定规划、设计规范的组织结构以及监督计划实施的结果,达到有序的状态。对待长期性问题,领导者力图拓展新的思路,启发人们新的选择空间;管理者总是习惯于限制性选择,难以给人们提供想象发挥空间。

(11)情感表现不同。在与他人的关系中,领导者关心的是事情以及决策对参加者意味着什么;管理者关心的是事情该怎样进行下去。因而,在工作中和与人交往中,领导者与管理者的情感表现是不同的。领导者常常对工作、对人充满热情和感召力,使用的语言常富有感情色彩,会用极大的热情去描绘未来前景,以唤醒人们强烈的情感,自我超越的欲望推动着他们去不断争取心理和社会的变革。他会给组织带来紧张和不安分,因而常常产生意想不到的收获。管理者无论对待工作还是对待他人都较少情绪化,缺乏一种凭直觉感受他人情感和思想的能力。在与他人的相处中,一方面也努力寻求合作,另一方面却又不愿过多投入情感,从而显得缺乏热情和活力。对所处的环境有归属感,认为自己是现有秩序的维护者和监管者,社会赋予了他们指导组织以及平衡现有社会关系的管理能力。

(12)素质要求不同。有人把领导与管理比喻为思想和行为,这从某种程度上说明领导者和管理者的素质要求是不同的。如果说管理者是有效地把事情做好,那么领导者则要确定管理者所做的事情是否正确。

因此,领导者必须站得更高,看得更远,必须能为组织指明前进的方向并告知奋斗目标,必须以敏锐的眼光和超常的智慧寻找到发展的机遇,判定风险所带来的效益。领导者必须投入极大的工作热情才能带动群众工作的热情。管理者是问题的解决者,管理不需要天才,也不需要英雄主义,但是要有坚持不懈、持之以恒、勤奋工作的思想品质,有分析能力和忍耐力,特别是忍耐能力,它对一个优秀的管理者而言是十分重要的。

由此可见,领导与管理的区别是深刻而广泛的。

领导具有务虚性,注重目标和方向;管理具有务实性,注重贯彻和落实。领导具有全局性,注重整个组织和社会的利益;管理具有局部性,注重某一局部和某项工作的利益。领导具有超脱性,不管具体事务;管理具有操作性,必须事无巨细。领导具有战略性,注重组织长期和宏观的目标;管理具有战术性,注重短期内的和具体的任务的完成。领导的功能是推进变革;管理的功能是维持秩序。领导善于激发下属创新;管理习惯告诉下属按部就班。领导者乐于追求风险;管理者则往往回避风险。领导者富于感情;管理者注重平衡。领导者善于授权和扩张;管理者乐于限定和控制。领导者善于思考并产生新的思想;管理者善于行动并进行新的验证性实践。

　　美国著名学者史蒂芬·柯维曾形象地做了这样一个比喻：一群工人在丛林里清除低矮灌木。他们是生产者，解决的是实际问题；管理者在他们的后面拟定政策，引进技术，确定工作进程和补贴计划；领导者则爬上最高的那棵树，巡视全貌，然后大声嚷道："不是这块丛林。"

　　韦尔奇先生也以其丰富的领导实践和人生感悟，形象地指出："把梯子正确地靠在墙上是管理的职责，领导的作用在于保证梯子靠在正确的墙上。"

　　这种描述十分形象地揭示了领导与管理之间的差异。在领导实践中清晰地区分领导与管理的差异，并正确地判定负责人在某一项工作或某一个岗位上是领导还是管理，有着十分重要的现实意义。因为准确的定位，决定着他的思想方法和行为方式，不同的思想方法和行为方式对领导环境中的其他人员都将发生重要影响。

第八章

10分钟读懂创新

——必不可少的企业家精神

创新与企业家精神,一个在企业管理中并不算

新鲜的话题,但是德鲁克先生却给我们带来了深

邃的理解与洞见,令人回味无穷。

1.创新是体现创业的特定工具

创新是体现创业的特定工具,是赋予了资源一种新的能力,使之成为创造财富的活动。实际上,创新本身就创造了一种资源。

——德鲁克

德鲁克对于创业的定义有其特定的侧重——创新。因此,他将创业企业分为有创新的和没有创新的小型企业两种。例如,一个开发并营销新产品的人是创业者,而一个街角的杂货店老板则不是。同样,一位连锁餐厅的店主不太可能是创业者,而一位独立的餐厅所有人可能就是。

换言之,创业者关注创新,创新源于创造变化并赋予现有资源创造新财富的能力。创业者把变化视作市场上的一种机遇的来源:他们欣然接受变化,而不是退避三舍。而且,这是创业者们所持有的惯常想法。对于其他人而言,这种想法脱离常规。

根据德鲁克的观点,创业者学会通过发现和追求机遇来实践系统化的创新,这就是创业形成的过程。变化为创业者创造了一种机遇,不但能创造个人财富,而且能间接地为整个经济创造价值。

换言之,创新并不像我们所想象的那样,都是经过周密的计划、刻苦的钻研,最终取得预想的成果。实际上,很多创新的诞生都是很"不着调"的,因为它们根本就不在原本的预期之内,只是一些"小意外"而已。

创新有时候会显得很奇妙,它会在我们刻意追求时远离,而又会在不经意间出现。一些意外的出现,往往会带给了我们创新的机会,这种机会是可遇而不可求的,也是十分低成本的。

20世纪50年代,当时纽约最大的百货公司——梅西公司遇到了困境:家电的销售额挤压服装的销售额。

梅西公司的董事长对此十分头疼。他找到了管理学大师德鲁克寻求帮助。他对德鲁克说："一直以来,服装销售才是我们的主导,它的利润始终占据公司收入的70%。但你看看现在,利润全被家电抢了,你看看报表,家电的份额已经超过了3/5。"

德鲁克笑着回答:"这也没有什么不好,你的总利润并没有下降,什么赚钱就做什么呗。"

"你不知道,多少年来,始终是服装占主导,如今的情形只是一种意外。我不能让这种意外的状况扰乱了公司的秩序。"

最终,董事长"一意孤行",想尽办法抑制家电产品的销售,让它回到了自己原有的销售水平。

结果,在此后的20年里,梅西公司每况愈下。对于梅西公司的沉沦,公司内部出现了许多种不同的解释:市区的衰落,规模过大而造成的浪费等。

到了1970年,新的管理层入主梅西公司,改变了经营重点,并接受家电产品的销售比重较大的现实以后,梅西公司开始复兴繁荣起来。令公司里的元老费解的是,公司已经逐渐繁荣了起来,但是市区依然衰落,梅西公司的规模依然庞大,人力成本依然高昂。

概率上讲,这种意外事件带来的创新机会并不算少;但从实际情况来看,能够把握住预料之外的机会的企业、管理者并不多见。

原因就在于,很少有人能够意识到在意外事件中蕴含着创新机会,即便是在理论上通晓意外可以蕴藏创新这个理念,但是,当意外真正来临时,管理者更多的是去应急,去解决"意外",而不是把注意力放在意外的创新机会上面。

梅西公司的故事可能会被认为是一种极端情况。但事实上,要让管理层接受意外的成功绝非易事,它需要决心、具体的政策、面对现实的意愿以及足够的谦逊来说"我们错了"。

意外的创新机会可以说无处不在,但是,真正能够利用意外创新成功的企业并不多见。

因为,作为企业的管理者,他们更多的是信奉自己的经验,而不愿意接受意外的成功。

成功的经验往往告诉管理者，能够持续相当长时间的事物一定是"正常的"而且是"永恒的"。因此，任何与我们所认定的所谓自然法则相抵触的事物，必将被视为不合理、不健康，而且显然是反常的现象。

对于企业而言，无论规模是大是小，它的管理者通常都是通过积累经验，逐步成长起来的人才。经验是管理者最后的资本。对于管理者而言，只有熟悉的、得心应手的东西才是最安全的。

德鲁克认为，就像梅西公司的老板，服装带来的利润才是他熟悉的，所以他会不遗余力地将企业向他熟悉的领域靠拢。但事实上，意外的成功已经在叩门，可是他却把成功赶走，然后狠狠地关上了门。

当然，如果一味地去责备管理者不能接受意外的创新，对管理者也是不公平的，毕竟对于意外的成功，在我们现有的管理体系中不会有所谓的"预警"来提醒管理者去注意，即便我们现在在分析案例，也是站在"事后诸葛亮"的角度上。但是有一点我们可以做，就是总结规律，发现意外可能带给我们的机会。

首先，这种意外的成功往往会在一个企业的效益上体现出来。任何一个企业，都会有意外的优势业绩。但是管理者又往往会把注意力集中在出现问题的地方，没有人会注意到那些业绩比预期目标好的地方。就好比梅西公司在家电产品上的意外成功是一种征兆，它代表着一大批消费者在行为、期望和价值观上发生了根本改变。但是管理者管制的不是家电上的成功，而是服装上的失败。所以，企业管理者必须先转变一下观念，不要固守在旧的格局上，对于企业新出现的亮点也要予以关注。

此外，意外的成功并非只是单靠运气的眷顾，更多的时候，意外源自于创新，只不过所收获的结果和预期出现了偏差和意外。

IBM曾经创造出了一种银行专用的电动机械记账机，这种机器的第一客户群定位为银行。但实际情况是，银行对此并不感冒，反而图书馆有购买这种机器的意向。当时IBM的销售经理认为这是胡闹，但是老托马斯·沃森却发现了意外中的机会。结果，在老沃森的授意下，这种记账的机器被改进为负责管理登记的机器，帮助IBM拓展了全新的市场。

意外是形成创新的一种机遇，同时，它也要求企业的管理者慎重地对待它。企业的管理者必须要给予意外足够的关注度和支持，意外才会成就企业的创新。

因特是美国一家很有名气的大型海洋渔业公司，企业的CEO史密斯也是一位很杰出的经理人，有远见，也有魄力。当时，美国的渔业处在转型期，史密斯也意识到了这一点，于是召集全公司中层以上的管理者五六十人参加"关于公司未来发展方向"的讨论。

在会议上，主要的争论在于目前公司的业务中到底有哪些应该放弃。有人大胆地提出，应该抛弃公司的传统业务——远洋捕捞业务，因为这项业务所带来的利润已经越发微薄。而且，这个人还举出了壳牌、美孚等石油巨头的转型，在这个以资本为导向的时代，它们都把传统的油气开采业务规划到了非核心业务区，从而实现了转型的成功。

这个观点引起了与会者的一场激辩。会议结束后，史密斯权衡了一番，他认为开展渔产品深加工和营销方面的创新项目都是可行的，但若放弃远洋捕捞，公司的上百条渔轮和上万名从事远洋捕捞的员工就会闲置；关键是，如果这样做这家企业将不再是一家"海洋渔业公司"，而成了商贸公司。这让史密斯觉得难以接受。

最终，史密斯决定保留并重新整改远洋捕捞的业务，以便提高这项业务的利润。他把公司最好的人才包括他本人的大量精力都投放在了这上面，又贷款购置技术装备更先进的新船。但实际上，远洋捕捞确实已经过时了。这项业务终不见好转，而其他业务也受到了牵连，整个公司每况愈下。而史密斯却仍然坚持，把公司这两年的不景气归罪于高涨的油价。

在因特公司遭受的损失中，我们可以看到，固守于旧思维对适应新环境有多么大的阻力。实际上，因特公司放弃传统的远洋捕捞，就是一种对于新形式下公司经营模式的创新。但是，很不幸，这个创新被扼杀了。

所以，思维够不够开放，能不能剔除思维惯性，对于企业创新而言至关重要。当然,这个道理说起来很容易,但做起来却很难。著名的投资大师沃伦·巴菲特就曾经提及,自己花了超过十年时间,付出了重大代价,才做到了这一点。所以,对于任何管理者来说,要养成开放的心态,知易行难;但是对于创新者来说,却又是不能不重视、不能不解决的。

在现实中,奉行创新是艰苦、枯燥的,同时创新又是一个连续的过程,不存在今天搞创新,明天就把创新扔到了一边。一些企业仅仅把创新作为一种短期的战略,在取得成功之后,就放弃创新,开始守成,这也是这些企业没有继续发展的原因。

实际上,在当今国内的环境下,创新为企业带来了很多机会。市场不断地被打开,全球一体化逐渐推进,给企业既带来了新的挑战,又带来了新的机遇,这其中存在着更大的新的需求等待你去发掘。

2.创新就在脚下,值得不断"反刍"

寻求创新机遇的7个来源分别是:

(1)意外的成功、意外的失败、意外的外在事件。

(2)不一致之事——现实与设想或推测的不一致。

(3)基于程序需要的创新。

(4)每一个人都未注意的工业结构或市场结构变化。

(5)人口统计数据变化。

(6)认知、情绪及意义上的变化。

(7)新知识,包括科学和非科学的。

——德鲁克

德鲁克的理论,所谓创新,就是为客户创造出新的价值。说白了,就是企业用新的流程、产品、服务等去满足新的或者潜在的客户需求。

这就是创新,它并不局限于高端技术、高端行业的圈子之内。实际上,无论是大企业还是新开办的小企业,无论是高科技还是简单服务,处处都有创新的机会。

前面说过,德鲁克发现了寻求创新机遇的七个来源。其中有四项来源存在于企业内部,另外三项取决于企业或产业外部的变化。

第一个来源是"出乎意料"的情况:意外成功、意外失败或意外的外部事件。

德鲁克讲述了众所周知的雷·克洛克的传奇故事——不是把他当作麦当劳餐厅的创始人,而是把他看作一位将企业创办成为餐饮巨头的人,让全世界的人们都认得出企业那金黄色的圆拱和著名的卡通形象。

当雷·克洛克向小型餐厅销售奶昔机时,他注意到他的一家客户,麦当劳兄弟餐厅,购进了相当大数量的一批电器。这一意外的事件让他发现,由于餐厅的菜单简洁、价格低廉以及服务迅速,吸引了如潮的顾客。之后,他买下了麦当劳兄弟,并开始建立起自己的汉堡王国。

根据德鲁克的观点,第二个创新机遇的来源是一种"不一致",即实际状况和预期状况不一致,或与原本应该的状况不一致。

在20世纪80年代中期,德鲁克在创作《创新与企业家精神》一书时,有一家当时生产草坪护理产品(草籽、肥料和杀虫剂)的领先企业。这家企业之所以成为行业的领头羊,源于一台被称作"播撒机"的简单机械装置。这是一个体积小、重量轻的独轮手推车,它身上所附的孔洞能使得草籽、肥料和杀虫剂均匀、适量地通过。而在该播撒机出现之前,没有一家草坪护理产品的生产企业能够向客户提供一台可以控制播撒程序的工具。如果没有这么一种工具,在整个程序的逻辑里就会产生一种"不一致":没有什么办法能够控制肥料撒播的数量。

第三个存在于企业内部的创新来源是建立在程序需要的基础之上的,有一句流传已久的谚语叫"需要乃发明之母"。德鲁克引了摄影艺术的发展作为例子。

在1870年,由于摄影过程需要使用笨重而易碎的玻璃干板,这些玻璃干板必须随身携带并小心翼翼地护理，同时，还需要一台同样笨重的照相机。这样一来，一个人在照相之前就需要做大量的准备工作。到1880年，柯达的创始人乔治·伊士曼利用极轻的纤维素胶片代替了笨重的玻璃干板，并设计出了一种可以使用这种胶片的轻型照相机。10年内，柯达在摄影领域取得了世界领先地位。

德鲁克的第四个企业内部的创新机遇的来源是产业结构或市场结构的变化，这些变化出乎大多数人的意料之外。

德鲁克提到了发生在汽车工业内部的分化，这个产业通过品牌名称的战略在市场上占据一席之地。一辆汽车早就不再只是一种交通工具，如今它变成了一种身份的象征，能反映出一个人的个性。"什么人开什么车"这句话也许有些肤浅，却是许多消费者恪守的信条。例如，一辆宝马跑车会受到崭露头角的高层管理人员的青睐，而梅赛德斯—奔驰轿车则传递着体面、可靠和奢华的信息。

除了上述四个在企业内部出现的创新机遇来源，德鲁克还提到了另外三个在企业外部创造创新机遇来源的变化。

第一个是人口统计数据的变化——包括人口数量、人口组成、就业情况、受教育程度以及收入状况方面发生的变化。

地中海俱乐部在旅游和度假业务方面所取得的成功就归因于他们利用了"人口变化"的机会。特别是看到了出身工人家庭，后成为富裕的、受过良好教育的年轻人的数量不断增长。地中海俱乐部抓住了这个机遇，意识到这些人"是度假胜地的全新的、带有'异国情调'的现成顾客"，是他们所关注的重心。

第二个创新机遇的来源是认知、情绪和意义的变化。

以前，人们的饮食习惯如何与他们的收入和所处的阶级紧密相关：普通人"吃饱"，而有钱人"吃好"。然而，到如今，这种趋势已经演变成"填饱"，就是将可以食用的东西以尽可能最快、最简便的方式吃下去。顾客的满意度取决于送餐的速度而不是食物的质量。有多少人有耐心在麦当劳的等候线外等待超过一分钟呢？真的非常少。成功的食品服务企业是那些已理解并对顾客的这种心态加以利用的企业。

第三个来自企业外部的创新机遇来源是创业的"超级明星"——科学的以及非科学的新知识。

德鲁克是这样描述这个来源的：

首先，在所有的创新中，它所需要的时间间隔最长。说得具体一些，比如对于那些生物技术和医药方面的科学发明，行政审批的完成需要经历一个很冗长的流程。

其次，新知识通常建立在前期大量知识结合的基础上，这其中并不都是技术知识或科学知识。同样，并非所有创新所需的知识都是能得到的。产品的完善涉及很多因素，因此，一个人必须对所有因素都进行仔细的分析。接下来，企业必须将这种新知识进行商品化，并明确其有别于自己竞争对手的战略定位。

最后，为了成功地进行商品化，企业必须以获取主导地位作为目标——由于这种创新是基于新知识的创新，可能会有很多竞争对手，创新者必须在第一时间确保万无一失。

当我们惊叹于德鲁克给我们带来的观念的颠覆时，在深层次更应感谢德鲁克带给中国企业家的信心和鼓励，毕竟"灵光乍现"和聪明绝顶的人可遇而不可求。企业想要长期发展，更需要平凡人日积月累的持续增长，而不是过山车式的跌宕命运。

当我们对"创新"既充满期望又满怀担心时，德鲁克让更多的经理人、企业家有信心去学习、去实践，通过不断的努力与实践，把创新更多地当成可以学会的"技能"，而不是高不可攀的"才气"！

3.创新的成功在于"赢得市场"

富兰克林说:"只要你发明了一个更好的捕鼠器,全世界的人就会把你的门槛踏破。"可是他未曾想过这样的问题:究竟什么样的捕鼠器才是更好的捕鼠器? 而且,这种更好的捕鼠器要给谁使用?

——德鲁克

富兰克林关于创新的思路是,只要有了创新,就自然而然地有了市场。

德鲁克的思路则增加了两个要点:什么创新才更有价值? 针对什么人来创新?

德鲁克认为,创新是否成功不在于它具有多少科技含量或使用了多么高端的技术,而在于它是否能赢得市场。

在现代市场经济条件下,创新更是要以市场为方向,一是要针对顾客需求,二是要提供价值。

1984年,一家专营文具用品的日本小企业的一名普通员工玉村浩美,发现顾客来购买文具时,一次总要买三五种,学生书包内的文具也总是散乱地放着。针对这样的情况,玉村浩美想,为什么不把文具组合起来出售,以满足客户的需求呢?

该企业接纳了她的建议,设计出了一只专门的盒子,在里面放上几种常用文具,组合销售给顾客。结果,这种新式组合文具深受客户喜欢,一年就卖出了300多万盒。

从该案例中可以看到,顾客的需求不一定是显性的,而可能是隐性的。他们通常不会自动说出自己需要怎样的产品,大多数情况下,顾客只能体会和表达出该产品的不方便之处。作为有创新意识的员工或经理人,你需要转化顾客的不满意,从不满意中找到真正的需求。

单个文具和组合文具之间,真正变化的是什么?不是多了一个盒子,不是增加了一点儿价格。那么是什么使组合文具深受顾客的喜欢呢?就是创新做法带来的新价值。组合文具较之前的单个文具,大大增加了使用方便的价值。顾客乐意多掏一点儿钱,来购买大大增加的使用价值。

2002年,蒙牛集团的杨文俊在超市购物时,发现人们在购买整箱牛奶时,搬运起来十分吃力。一次偶然的机会,杨文俊购买了一台VCD往家拎。他发觉VCD的外包装盒上装有把手,拎起来并不吃力。

为什么不在牛奶箱上也装上把手呢?杨文俊立刻将这个好创意运用到了蒙牛的牛奶包装箱上,使得当年蒙牛箱装牛奶销售量大幅增长,同行也纷纷效仿。

杨文俊懂得绕到顾客的不便之处后面找需求,为顾客提供方便的使用价值,其产品自然会受到市场的青睐。

英国曼彻斯特小镇上一个住户家中,来了一位中国小伙子,他就是海尔冰箱海外产品经理邵宏伟。他在住户家中一起收拾厨房、准备餐点,更重要的是,与住户讨论关于冰箱的使用情况。

邵宏伟发现,住户家中的冰箱高度比预留的空间高度矮了很多,看上去很不协调。原来,该住户为了喝上加冰的啤酒,打算买一台带制冰机的对开门大冰箱。但是市面上的这种大冰箱根本进不了家门,也放不进预留的空间位置。最终,他只能买一台较小的冰箱。邵宏伟还发现,该住户喝啤酒时只能加冰块,如果想加冰屑,就必须用刨冰机把冰块打碎,十分不方便。

根据住户的实际情况,邵宏伟回到国内立刻指导研发。2004年8月,海尔推出了"专为英国用户设计的超薄对开门大冰箱"——它的宽度刚好可以进入英国住户的家中,也能方便制作冰块和冰屑。

这款冰箱一推出,就接到了占当地大容量冰箱40%份额的订单。

该案例就是典型的以市场为方向的创新。邵宏伟将用户的不便转化为深层的需求,针对这种需求,专门开发了新产品。新产品为顾客提供了新的使用价值——更方便、更实用。由此可见,深入地调查和研究人们的期望、习惯及需求是创新的一项重要工作。

那么,如何判断创新是否有市场呢?

评价一项创新是否有市场,最直接的办法就是询问市场。

例如,向100个人征询其对某创新想法的看法,看看他们是否会对这个想法感兴趣,如果这个想法变成现实的商品,他们是否愿意购买。即便100个人中只有两个人表示感兴趣,这个想法也未必就是行不通的。试想一下,2%的比例放到全国甚至全球市场中,将是相当可观的客户量。

另外,做市场调查的时候,不仅要注重量,也要注重深度。有时候,深度调查比大量调查更有效。在调查一个创新想法是否具有市场潜力时,必须找出人们对这一创新真正的看法,然后综合人们提出的不同看法和建议。在做深度调查之前,需要准备好相关问题,带着目的去调查。

调查的结果并不完全来自于数据显示和人们的表述,有价值的结果应该是调查人通过这些数据的分析和人们的看法,经过思考总结,最终得出该创新与市场潜力之间的程度关系。

一款创新产品的成功,是在实施前就已经完整地确定好了产品概念,详尽地评估了目标市场,精美地做好了产品设计,细致地计算了各项利益,甚至在之上还有一个战略导向的一揽子"总体产品计划",从产品组合而不仅仅是单款产品的角度考虑问题。当所有这些都在帷幄之中运筹完毕,最后的实施就是决胜千里的把握之仗。

1994年,办公家具供应商世楷公司在间隔不长的时间推出了两款均采用革命性技术的创新产品,结果是Leap办公椅大获成功,而Pathways则被办公室区隔甚至被召回。

CEO詹姆斯·哈克特调查后发现,真正的失败始于产品计划形成之前,即在仅有一个好的产品概念之后,没有足够的时间深思熟虑,就匆忙上马进入实施。Pathways产品团队甚至最开始就在基本理念上争执不下。于是,哈克特开发了四步法,其中前三步的独立思考、确定创新团队的统一观点和制订详尽的产品实施计划等都是"先胜",而最后一步的配置资源、落地实施才是"后战"。

又如,在美国苹果公司内部,对于一个新产品的设计理念常常需要提供3份评价文件：一份市场开发文件、一份工程设计文件以及一份用户体验文件。苹果认为，通过市场调查，可以了解消费者需要什么；通过工程设计，可以探究能做什么；通过用户体验，可以发现消费者的消费倾向和偏好。

如果这3份文件被执委会认可，设计组就会得到一笔预算，并将指定项目负责人。自此，项目团队就致力于扩展这3份评价文件，追加如何实现市场开发、工程设计和用户体验方面的具体要求和细节。在项目进行过程中，团队的工作进展还需要不断地被评价。

4.给创新设立简单明了的目标

创新本身是一个持续的工作过程，没有终点。我们不可能在创新的终点得到益处，只能在创新的过程中，在它实现一个个目标时，得到益处。

——德鲁克

德鲁克指出，创新既是概念性的又是感性的。换言之，既要观察数字，也要和人们交谈，听取消费者的反馈，在实践中对创意进行验证。他认为成功的创新"简单明了"并且"目标明确"。

创新的目标是什么呢？几个世纪以前，人类社会的创造发明都来自于个别天才，而如今，推动社会发展的重大创新几乎都来自于企业和组织。创新不再是神秘的、专属于天才的产物，而是当今社会中理性的、有章可循的工作系统。

创新是一件实实在在的工作，只有明确了方向，它才能真正发挥作用。德鲁克认为，没有目标的付出就是浪费资源，没有目标的创新也不会得到好结果。人们常说要以"创新为目标"，然而，这个创新却是宽泛的、含糊的。

20世纪初，全球生产力大幅度提升，汽车由原来的"唬人的玩具"逐渐转型为"大众化代步工具"的潮流势不可当。原来的市场蛋糕面临全新的分割方式。

对此，美国的劳斯莱斯公司，商人亨利·福特（Henryord）、威廉·杜兰特，以及意大利商人乔瓦尼·阿涅利面对市场的新局面，主动求变，缔造了当时世界上四大汽车制造企业。

劳斯莱斯走的是复古路线：雇用熟练的机械工采用早期手工工具完成装配汽车，定位高端，规定劳斯莱斯汽车只对有身份的人销售，客户的资格加以严格限制——拒绝"平庸之辈"。

亨利·福特则是打造大众化路线，制造由半熟练的工人装配的，可以完全批量生产的廉价汽车。

威廉·杜兰特走的是集团化路线，他创立了通用汽车公司，并开始收购一些当时现有的汽车公司，把它们整合成为一家大型的现代化企业。

乔瓦尼·阿涅利则是"官商勾结"，他使菲亚特成为了该公司向意大利、俄国和奥匈帝国军队提供军事指挥车的主要供应厂商。

到了20世纪60年代，全球汽车工业再次大洗牌。通用、福特、梅赛德斯的全球化战略确保了它们的继续成功；菲亚特虽然在与福特的对决中落败，但也保持了欧洲大厂的地位；而原本在死亡边缘徘徊的小企业沃尔沃、宝马、保时捷则抓住时机，异军突起。

沃尔沃对自己加以重新改造，宣扬自己的坚固，使自己成为了一个"明智型"汽车强有力的世界级经销商。

宝马将销售对象定位为希望展现自己的"不同品位"，并愿意为此付出代价的年轻人，结果从亏损边缘一跃成为主流企业。

而保时捷原本是一种特别款式的大众汽车品牌，结果转向把自己定位为跑车，针对希望从汽车驾驶上获得刺激的人。

沃尔沃、宝马、保时捷的转变让它们在成长变化中尝到了甜头。而原本的汽车大厂，如美国的克莱斯勒、英国的利兰和法国的标致则因为拒绝作出改变，拒绝推陈出新，而沦落为勉强维持收支平衡的企业。

而名噪一时的"坚固的雪铁龙"、"风驰电掣的MG"也因为拒绝创新，分别被新兴的沃尔沃和保时捷彻底击败，沉沦至今。

几十年来，全球汽车格局的转变很清晰地印证了这一点。当市场变化时，企业的管理者如果还是沿袭以前的做法模式，往往会给企业带来灾难，甚至可能导致灭亡。而另一些求变的企业，却有可能抓住时机趁势而起。

市场的变化为每个企业都带来了创新求变的良机，它预示着市场的大洗牌和蛋糕的重新分割。而在这个时候，敢于作为的企业往往能够获得更大的利益。但是，一些业内人士由于固守原来的理念，却将这些机遇视为威胁。相反，一些圈子外的人却能很快地成为一个重要产业或领域的主要分子，而且所冒的风险相当低。

所以，管理者有必要在市场发生变化时，有一番新的作为。而对于市场变化的判断，也成为了企业管理者能否抓住时机、顺势求变的关键。

首先，当市场出现快速且持续增长时，预示着市场将会发生巨大的改变。就像上面所述的汽车行业的例子，市场对汽车不断夸大的需求暗示了新变化的到来。雪铁龙、克莱斯勒作为老牌企业，出于对以往运作模式的成功的迷信而拒绝作出创新，结果遭遇了失败。

其次，在市场趋于成熟时，它的认知方式和服务市场的方式会和发展期形成截然不同的态势，这时候就需要企业的管理者适时地作出创新。就拿医疗来说，随着医疗体系的逐步完善，以往的、传统的综合医院已不再像过去那样风光，规模不大但科目专业化的小型医院开始变得有市场，这种情况在医疗相对成熟的东南沿海地区更加显著。

再次，产品的整合也预示着新市场的形成，企业需要抓住时机拿出新产品，以此在新市场上占有一席之地。比如说，用户交换机(PBX)的诞生。用户交换机结合了两种迥然不同的技术：电话技术和计算机技术。贝尔公司一直是这方面技术的先驱，但是它并没有把它们整合到一起，反倒是罗姆公司抢先一步拿出了新产品。结果，尽管贝尔公司在技术上享有领先优势，但是它在这个市场上的占有率却超不过1/3。

最后,当市场的运作方式改变时,整个市场的格局将会重新洗牌。因为每当市场发生变化时,企业的领导者往往会忽视增长最快的领域,他们仍然抱着将要过时的、正在迅速变得运转不良的传统运作方式不放。因此,该领域的创新者可以获得良好的机会自行发展。

市场也许是这个世界上最脆弱的纸老虎。一方面,市场看上去总是那么繁荣稳定;另一方面,一个小小的冲击,就会使其发生翻天覆地的变化。

我们要牢记德鲁克先生的话:当市场发生变化的时候,也就是创新的最佳时机。要随时站在积极的视角上,深信市场的变化提供了显而易见而且可预测的实践新理念的绝佳机遇。

5.有效的创新必须从小事做起

> 一个企业要创新,必须加强对细节的关注。
>
> ——德鲁克

企业要真正达到推陈出新、革故鼎新的目的,就必须要做好"成也细节,败也细节"的思想准备。否则,所谓的创新只能是一句空话。

在日本零售业界,大名鼎鼎的零售业巨子中内功,最早是从开药店起步的。具有开拓精神的中内功于1957年9月在大阪开设了"主妇之店——大荣",这就是驰名世界的大荣公司的雏形。在经营中,他一反传统的经营惯例,采取"薄利多销,资金快速周转,自助服务,精简人员"的方针,并且制定了"1·7·3"原则,即商店的毛利率为10%,经费率为7%,纯利率为3%。3%的纯利率是相当低的,但由于商品售价低廉,购者甚众,因而使大荣获得了很大的发展。

中内功为贯彻和实践"1·7·3"原则,反复摸索低价进货、廉价销售的渠道,坚持靠物美价廉建立自己零售商店的美誉度、知名度,在商品廉价买进、低价卖出的差价中获利。所以，中内功在采购方面狠下功夫。这样一来，不仅要熟悉市场，还得对顾客和市场进行科学的分析和评估，收集和整理市场信息，及时做出准确决策，有组织、有计划地调配商品。

他的这种经营方式被称为"销售是从采购开始"。大荣实行的是"现金、实价、小报虚价"的公平交易，保证商品优质，贯彻"顾客拿不中意的商品来退货的话，一律退款"的经营原则，因此，采购是尤其重要的一环。首先要保证商品货色，其次进价必须足够低廉。

除积极摸索低价进货的经验之外，中内功还大胆向落后的流通系统挑战，"能够理想地采购到商品，就相当于一半已经卖出去了"，中内功言行一致地做到了这一点。他采取缩短流通渠道的方法，达到低价进货、廉价销售的目的。由于批发商在当时日本流通渠道的中介作用长期处于支配地位，这种落后的旧有渠道有一个明显的缺点：商品往往要经过三四次甚至更多次批发才能进入零售业商店标上价码出售，最终到达消费者手中。且不说商品周转慢，商品价格之高也是可想而知的。大荣则越过层层批发商，直接与厂商联系，直接从厂家批进货物，变"狭长间接"的渠道为"短粗直接"的渠道。

中内功在经营大荣的鼎盛时期，同日本5000多家工厂建立了直接的进货关系，现金采购，从而降低了两成左右的成本。大荣高效能的采购网不仅在日本各地大量采购和订制商品，还把触角伸向世界各地，搞直接进口。美国、德国、英国、菲律宾、新西兰、新加坡和中国都有大荣的工作人员在组织商品进口工作。

大荣的另一个显著特点是自助服务、精简人员。大荣逐渐发展成为无人售货的自选市场，这是降低商品成本的一项成功尝试。20世纪60年代的日本，零售商、批发商和制造厂普遍排斥自选市场，认为自选市场是一种断绝自己生路的经营，因而固守传统的经营方式。中内功却敢于挑战，他认准了自选市场从本质上来说是一种廉价的商店，可以节约可观的费用。因而，在大荣超级市场里，吃的、穿的、用的，顾客可以自由选择，最后到收银处交款。这种顾客自我服务的方式，一改零售店售货员和顾客面对面的服务,不仅为消费者创设了自由、愉快的购物环境,更大大精简了商店工作人员,节省了一笔可观的费用。

中内功在大阪总公司专门设有"消费者服务室",每天收集全国各地的经济信息情报和消费者的意见。由于中内功倾力去研究消费者的心理,适应消费者的需要,因而,循着以顾客为中心的服务宗旨和社会使命感,在数十年的奋斗过程中,终于开辟出了一条成功之道。

在人才培养方面,中内功特别注意依靠人才进行技术革新,将技术革新与体制改革有机地结合起来,取得了显著的效果。他认为,企业面临困难、改组、重建或进行改革时,只要能够保住人才,激发职工的主观能动性和创造性,培养职工热爱公司、热爱商店、热爱工作的感情,并不断努力,就一定能够走出困境。中内功热情鼓励职员大胆尝试,对那些不怕失败、敢于挑战的部下都给予积极的支持。

中内功认为,经营要有创意,不能墨守成规,要积极建立和发展海外零售业,要在阿拉斯加、加拿大、巴拿马、南美、新西兰、澳大利亚、中国等国家或地区设立分店,兼营采购和销售业务,在全世界范围内建立起大荣的采购网和销售网。

中内功还建立了商品转运站。比如一些不易运送、保鲜性高的水果,不需运往大阪的总店然后再往各地分店运送,可直由采购地就近销售,用最新式的机器将集聚的货物迅速分批,就近以最快的速度将商品销售出去。中内功精心设计了商品的分配流向方案,设计出了最节省、最便捷的流通路线,将商品运往大荣在各地开设的分店。

大荣由一个小商店发展成为经营网络遍布全日本的大超市,使单一的经营方式向商品多样化、复杂化发展。

中内功在日本首创经营没有商标的商品,并经营"大荣"商标的商品,这是大荣实现物美价廉的一种重要手段:无商标产品即酱油、菜油、饮料、果酱、卫生纸等商品,这些产品一样都是优质产品。由于它节省了一大笔包装费及广告宣传费用,所以降低了商品的成本,进而降低了商品售价,这样更好地兼顾了二者的利益。创设"大荣"商标的商品是大荣的又一项重要举措,它的开展使大荣商品售价降低了15%左右。有人曾经形象地比喻大荣是"没有工厂的制造商"。

中内功以其天才的经商资质和勇敢的创新精神使大荣在激烈的市场风云竞争中常盛不衰,并不断增强自己的知名度。80年代,大荣就已拥有170多个基层店,共有职工计3万余人;另外,还有独立于大荣之外经营大荣商品的200多个自选市场,有职工2万多人,在全国上下形成了一个庞大的大荣体系,成为日本著名的商业公司,年销售额突破千兆日元,创造了零售界的奇迹。中内功的这些创举为日本零售业界的现代化作出了前所未有的贡献。

我们不难看出,中内功的每一项创新都会给企业带来新的活力和高速增长,而这些创新都不是什么轰轰烈烈的举措,而是对各个环节、各个局部的合理调整。正是这些细节上的不断创新,使大荣公司的机器运转得更有效,产生了更大的利润。

台湾亿万富翁王永庆,于1932年即他16岁时,从老家来到嘉义,用身上仅有的200元资金在一条偏僻的巷子里承租了一个很小的铺面,开了一家米店。当时,小小的嘉义已有米店近30家,竞争非常激烈。王永庆的米店开办最晚,规模最小,更谈不上知名度,加上位置很偏,没有任何优势。在新开张的那段日子里,生意冷冷清清,门可罗雀。

当时,一些老字号的米店分别占据了周围大的市场,他们在经营批发的同时,也兼做零售。王永庆的米店因规模小、资金少,自然没法做大宗买卖,而在零售上也占不到任何优势,因为没有人愿意到他这一地处偏僻的米店来买货。王永庆曾背着米挨家挨户去推销,但效果不太好。不甘失败的王永庆感觉到,要想让自己的米店在嘉义立住脚,自己就必须有一些别人没做到或做不到的优势才行。反复思考之后,王永庆很快从提高米的质量和服务上找到了突破口。

20世纪30年代的台湾,粮食的种植完全靠手工劳作,稻谷收割后都是铺放在马路上晒干,然后脱粒,不可避免地会掺杂许多沙子、小石子之类的杂物。各家在做米饭之前,都要先淘米,非常麻烦。因为大家长期都这样做，或许是辈辈这样做，买卖双方对此都习以为常。但这却给了王永庆继续经营米店的切入点。

他领着两个弟弟一齐动手，不辞辛苦，不怕麻烦，一点一点地将夹杂在米里的秕糠、沙石之类的杂物拣出来，然后再出售。这样，王永庆米店卖的米很干净，做饭时也非常方便，一下子就吸引来了很多顾客，深受顾客好评，米店的生意也日渐红火起来。

附加一个小小的劳动，就打开了人们的钱袋，王永庆体察入微的精明由此可见一斑。

通过提高米的质量打开市场的同时，王永庆还提高了服务质量。

当时，客人都是自己上米店买米，自己运送回家。这对于年轻人来说不算什么，但对于上了年纪的老年人，就很不方便了。而当时的年轻人整天忙于生计，且工作时间很长，不方便前来买米，买米的任务只能由老年人来承担。王永庆注意到这一点后，就改变了传统的经营习惯，采取主动送货上门的经营策略，大大方便了顾客，深受人们的欢迎。

对当时的商家来说，还没有送货上门一说，王永庆增加的这一个服务项目等于是一项创举。即使是在今天，所谓送货上门，也不过是将货物送到客户家里并根据需要放到相应的位置，就算完事。但那时王永庆开创的送货上门并不仅此而已。

每次给新顾客送米，王永庆都会细心记下这户人家米缸的容量，并且问明这家有多少人吃饭，有多少大人、多少小孩，每人饭量如何，据此估计该户人家下次买米的大概时间，记在本子上。到时候，不等顾客上门，他就主动将相应数量的米送到客户家里。

如此细致的工作，有几人能想得到？仅此一举，就将粮店的生意由被动转为了主动，争取了大量的回头客。

王永庆的送货上门，不是将米送到家就完事了，还要帮人家将米倒进米缸里。如果米缸里还有米，他就将旧米倒出来，将米缸擦干净，然后将新米倒进去，将旧米放在上层，这样，陈米就不至于因存放过久而变质。

王永庆米店细致入微的服务深深感动了不少顾客，也赢得了很多顾客。

在送米的过程中,王永庆还了解到,当地居民中大多数家庭都以打工为生,生活并不富裕,许多家庭还未到发薪日,就已经囊中羞涩。由于王永庆是主动送货上门的,要货到收款,有时碰上顾客手头紧,一时拿不出钱,会弄得大家很尴尬。为解决这一问题,王永庆采取按时送米,不即时收钱,而是约定到发薪之日再上门收钱的办法,极大地方便了顾客。

精细、务实的服务使嘉义人都知道在米市马路尽头的巷子里,有一个卖好米并送货上门的王永庆。有了知名度后,王永庆的生意更加红火了。

经过一年多的资金积累和客户积累,王永庆自己办起了碾米厂。他在离最繁华热闹的街道不远的临街处租了一处比原来大好几倍的房子,临街的一面用作铺面,里间用作碾米厂。就这样,王永庆从小小的米店生意开始了他后来问鼎台湾首富的事业。

在事业发展壮大后,王永庆依然保持着注重每一个细节的管理经营理念和习惯。他的部属深深为王永庆精通每一个细节所折服。当然,也有不少人批评他"只见树木,不见森林",劝他学一学美国的管理,抛开细节只管大政策。针对这一批评,王永庆回答说:"我不仅掌握大的政策和决策,而且更注意点点滴滴的管理。如果我们对这些细枝末节进行研究,就会细分各个操作动作,研究各个动作和环节是否合理,是否能够将两个人操作的工作量减为一个人。如果可行,生产力就会因此提高一倍,甚至一个人兼顾两部机器,这样生产力就提高了四倍。"

成功者与失败者之间究竟有多大差别?人与人之间在智力和体力上的差异并不如想象中的那么大。很多小事,这个人能做,另外的人也能做,只是做出来的效果不一样,往往是一些细节上的功夫决定着完成的质量。

海尔总裁张瑞敏谈到对创新时的看法时说:"创新不等于高新,创新存在于企业的每一个细节之中。"确实,海尔集团在细节上创新的案例不胜枚举,仅公司内以员工命名的小发明、小创造,每年就有数十项之多,而且这些创新均已在企业生产、技术等方面发挥出越来越明显的作用。虽然每一个细节看上去都很小,但是这儿一个小变化,那儿一个小改进,就可以创造出完全不同的产品、工序或服务。

目前,许多企业的领导在寻求创新时,不管在技术创新还是在管理创新方面,总习惯于贪大求全,很少有"于细微处见精神"的细心和耐心。无数实践证明,创新往往存在于细节之中。细节是创新之源,要想获得创新,就必须明白"不择细流方以成大海,不拒杯土方以成高山"之理。

如果说创新是一种"质变",那么这种"质变"经过了"量变"的积累,就自然会达成大的变革和创新。很多事情看似简单却很复杂,看似复杂却很简单。企业的经营,只有重视细节,从细节人手,才能取得有效的创新。

6.创新的益处远远大于它的风险性

那些非常引人注目的创新领域,如微型计算机或生物遗传等高科技领域中,企业的失败率非常高,而成功的概率甚至幸存的概率却似乎相当低。企业家将资源从生产力和产出较低的领域转移到生产力和产出较高的领域,其中必然存在着失败的风险。但是,即使他们只获得勉强的成功,其回报也足以抵消在这一过程中可能遇到的风险。

——德鲁克

以上语录是德鲁克对创新中失败与收益的关系的描述。很多就地徘徊的企业往往过于害怕创新失败后的损失,却忽视了成功带来的巨大利益。创新是企业进步的原动力,它的益处远远大于它的风险性和损害性。

对任何企业来说,创新都是极为关键的要素。但在创新过程中,失败几乎不可避免。大部分产品未获成功,大部分并购效果不佳,大部分项目走入歧途,大部分创业公司最终失败。如果缺乏合适的结构和运营蓝图指引企业应对改变和挑战,那么,任何创新和创业活动都无法使企业保持活力。

以下列出的企业就不缺乏创新和新的业务模式，但仍然遭遇了失败：

Blockbuster的失误

1985年，Blockbuster在达拉斯开设了第一家门店。该公司成功顺应了市场从录像带向DVD的转型，很快成为美国家喻户晓的品牌。然而，随着Netflix和其他小公司推出DVD邮寄和视频点播服务，Blockbuster未能快速做出改变，而无所不在的门店则使其褪变成庞大的"恐龙"。Blockbuster别无选择，只能上百家地关闭门店，解决债务问题，并跟随市场的变化。此时的Blockbuster无力再引领市场。在韩国SK电信竞购Blockbuster失败之后，DishNetwork完成了对Blockbuster的收购，但最终仍放弃了将Blockbuster转型为Netflix竞争对手的计划。

索尼的滑坡

第一代Walkman随身听于1979年进入美国市场，并于80年代成为美国人生活中的必备工具，就像今天的iPod、iPad和iPhone一样。在电视机、照相机和视频摄录机等领域，索尼成为了市场的绝对领先者。随后索尼开始寻求成为一家综合性集团，涉足电影和音乐市场。然而，这导致了索尼核心产品线的滑坡。在索尼及其竞争对手从硬件转向软件的过程中，规模较小的公司，例如LG、三星、Vizio和苹果，迅速超过了索尼，并实现了更大的创新。

Sun的陨落

Sun创立于1982年。基于精简指令集SPARC处理器架构，以及一系列优秀的软件产品，Sun开发了领先的服务器和工作站，从而成为了硅谷的宠儿并获得了繁荣发展。Sun于90年代中期推出了Java语言，Java很快成为行业标准，使Sun成为市场领先者。然而".com"泡沫的破灭导致了客户的流失，并改变了企业应对技术需求的方式。随着PC性能越来越强大，市场对昂贵的Sun服务器需求越来越小。Sun被迫缩小规模，并于2010年1月以74亿美元的价格被甲骨文收购。

这些优秀企业的失败使行业思考这样一个问题：如何才能避免类似的厄运？问题并不像表面这么简单。

对于企业面临的复杂挑战,德鲁克总结了5个简单的问题:

企业的使命是什么?

用户是谁?

用户看重什么?

我们的结果如何?

我们的计划是什么?

对于这5点,结合创新力,现代的企业可以不加夸张地扩展为:

用户是否真的需要你的产品?你凭什么知道?

合作伙伴能否以低成本的方式提供你需要的一切?

你的组织是否已准备好提供产品?你的技术和商业团队是否围绕计划展开合作?

竞争对手是否能够以更简单、更廉价的方式满足用户需求?你是否在关注竞争对手?

可能出现什么错误?在你的组织中,是否所有人的声音都能得到倾听,包括你不想听到的声音?

在经典的《创新和创业》一书中,德鲁克指出,创新是一种介于感知和分析之间的精妙舞步。分析需要基于对变化的认知:"这需要你愿意承认,我的所知还不足以分析,但我将会找到更多信息。我将走出去,看看四周,提出问题并倾听回答。"

在一个充斥着无法回答的问题的时代,提出正确的问题或许就是解决问题的方法。"未来是一头难以捉摸的野兽"。在当今中国,面对的是不断变化的国际环境和不断出现的新问题。任何制度创新,本身就意味着从无到有、开风气之先,挫折、失败以及各种风险和不确定性总是必然的。所以,创新失败,实际上也存在潜在收益。

一家大企业中有个"革新迷",经他革新创造的几项工艺和器具,工效一下子提高了几十倍。就是这样一位"革新迷",最近却在一次创新中失败了,损失了几万元的材料费。正当他为此而苦恼不堪时,总经理不但没有批评和责怪他,反而向他颁发了3万元的"创新奖"。一些职工开始不解:这不是在鼓励犯错吗？总经理明确表态：不干事，永远不会犯错；干事多，犯些错在所难免，创新就会有失败。所以我要为失败者颁奖！

对改革创新失败的宽容，体现出了一种文明与进步。是为改革创新者加了一道护身符，撑起了一把保护伞，意义不可小觑。

改革创新是一种探索性的实践，前方之途，充满机遇，但也布满荆棘，充满坎坷。对改革创新者而言，创新需要勇气、胆识和毅力。美国发明家爱迪生在1001次实验后才成功发明了灯泡，莱特兄弟发明飞机，贝尔兄弟发明电话，无不是在痛苦和失败的废墟上崛起。美国硅谷之所以能取得成功，就在于创业者们达成了一个共识："失败是我们最重要的产品。"

有位哲人说过：世界上最清白、最立得直的是石头雕成的人，但它永远不会做事情。沙漠一望无垠、一毛不存，但流不出清泉碧水，长不出鲜花甜果。而敢为人先、敢吃"螃蟹"、敢吃"西红柿"的创新者，他们是崎岖道路上的跋涉者，是走向高峰的攀登者，他们正是通过失败的阶梯迈向成功的。

对于创新，成功时的美酒鲜花固然需要，但在失败的时候，一句鼓励的话，一声安慰，一个无言的帮助，一次真心的扶持，也许更重要。

美国3M公司有一句著名的格言："为了发现王子，你必须与无数个青蛙接吻。"对于失败，大可不必"一脸苦笑"，而应有"不经历风雨，怎么见彩虹"的宽容失败的豁达胸襟。

如果只以成败论英雄，只看结果说好汉，就会束缚改革创新者的手脚，压抑他们创新的热情。宽容失败，才能让人不怕失败，使人重拾信心，促人铁心实干。

在创新的过程中，有种现象要不得：今天投入了，恨不得明天就能见效益；一看到失败，就气急败坏，马上叫停。

企业理应提供一种"宽容"的文化氛围，这是激励创新动力和活力的必然要求，也是倡导锐意创新、摒弃浮躁的时代责任。摒弃那种"不求有功，但求无过"的作派，激发创新者的如火热情。

7.创新原则的另一个方面是禁忌

创新必须由普通人操作。

——德鲁克

德鲁克言简意赅地说："创新必须由普通人操作。"首先,他承认创新是一项艰苦的工作,而个人在成功地完成创新后进行回顾时,常常最大限度地淡化所投入的努力。实际上,我们依然找不到什么替代物可以取代辛苦的工作。同时,创新者需要借助自身的长处。否则,要想成功地实现突破将是件很困难的事,半吊子的人几乎不能完成什么创新活动。最后,由于创新改变了人们思考、行动以及工作的方式,这必然会伴随一系列挑战的出现。可能其他人会喜欢做个观察者而不是参与者,而创业家则不然,他们必须欣然接受这种改变。

德鲁克列出了三个禁忌:

首先,不要过于聪明。换言之,就是创新不应该成为一种证明一个人天马行空般善于创造发明的能力测试,而应该根据市场的需要解决特定的问题。

其次,不要分散自己的精力,一次做过多的事情。成功的创新是一个好的开始,不要一开头就让自己背上沉重的负担。

最后,不要为未来而创新,要为现在而创新,为此时此刻人们的需求而创新。德鲁克借用了爱迪生的故事作为一个伟大并具有历史意义的案例。当其他创业家在研制"未来的灯泡"时,爱迪生所关注的是制造"现在的灯泡"。他明白在哪里以及如何能获得技术,并且在实践中对资源加以利用以满足时代的需要。

此外,德鲁克还着重指出了创新原则的一些条件:

(1)不要急于否定一切。

一切现状都可能发生意想不到的变化。虽然你认为过去的技术和能力不可能在这一方面产生创新，但这并不表示不会出现其他方面的创新和突破。不要低估发展的速度，也许你认为几年后才有可能的创新，明天就产生了。早在1899年时，美国专利局局长曾声称"一切可以被发明的都被发明出来了"，现在再回顾这个历史观点，就显得异常可笑。

不管是谁，不管是什么样的环境，只要有创新意识存在，就蕴藏着无限的可能。如果一个经理人常用"不可能"来否决团队中的好创意，那么他就是在扼杀让团队进步的因素，这样的经理人无法带领团队进步。

传统3D电影要通过红蓝相间的廉价纸眼镜来观看，它们用起来非常不方便，而且看久了，容易引起头痛。著名导演卡梅隆认为一定可以找到办法改变这个状况。他在浏览水下拍摄的镜头时，提出了一个异想天开的创新建议："我们可不可以制造一个'圣杯摄像机'，一种高清晰摄像设备，同时可以播放二维图像和三维图像呢？"卡梅隆希望下一代摄像机可以便于携带、数字化、高清晰而且3D成像。

经过几个月的摸索和观察后，他们来到了索尼高清晰相机部，提出了自己的想法。他们试图说服索尼工程师，将专业级高清摄像机上的镜头和图像传感器从处理器中分离出来，然后将镜头和笨重的中央处理器分离，用电缆线连接。传统的3D摄像机约重450磅，而改进后的摄像机仅重50磅，双镜头成像。

起初，几乎所有人都认为这个想法不可能实现，但最终索尼同意建一条新的生产线，不过需要有原型。卡梅隆的伙伴佩斯着手研发。3个月后，他们将镜头放入摄像机里，摄像师能精确地控制3D图像。摄像机实验效果不错，三维成像准确，即使长时间观看，也不会引起头痛。

卡梅隆没有像其他人一样事先认定开发新的3D成像是不可能实现的，而是积极寻求实现办法，不断尝试，最终实现了创新。

(2)跳出固有经验。

福特曾在演讲中说过："几乎所有领导科学潮流的重要发明，均来自有天分而自由的心灵。事实上，在我所涉及的每一个范畴里面，作出重要贡献的几乎都是独立而不拘泥于传统的人。"封闭状态的个人经验,不能产生创新;真正有益于创新的个人经验,是持续增长的、开放吸收式的,它可能是不断从实践、书本或他人身上吸收并增长的。经理人应接受新观点、新知识,洞察市场新变化,乐于拥抱变化,敢于接受新挑战。这样的个人经验,才能成为创新意识的肥沃土壤,产生源源不断的创意。

一个科学统计显示,通过对1500~1960年间全世界1249名杰出科学家和1228项重大科研成果的研究统计,发现发明创造的最佳年龄是25~45岁。赫尔姆霍斯说:"如果你在40岁之前没能在荣誉的大门上刻上你的名字,那就无须再徒劳了。"朱镕基说过:"纵观世界科技发展史,成名的科学家大都在30岁左右。"

创新真的与年龄有关吗?其实不然。阻碍创新的不是年龄的增长,而是随着年龄的增长,人们越来越依赖自身封闭的经验。

几年前,电影市场上出现了效果非常好的3D影片,但连锁影院却不愿意采用这种新技术,因为每个影院约要投资10万美元进行设备更新。他们长期依赖于固有的播放设备赚取利润,不愿意尝试新的技术设备。2005年3月,在巴黎拉斯维加斯酒店和赌场举行的电影展览会上,有人宣称,"世界已迈入新的电影时代",如果现在的影院不及时调整设备,将来一定会遭受损失,感到后悔。当时仅有79家影院能够播放立体电影。但是此后5年间,能够放映立体电影的影院增加到了3000多家。这些改进设备的影院成功应对了新的电影时代的改变。

人们容易受限在长期固有的经验中,不愿意接受改变。但客观现实的变化并不会因为人们封闭的经验认识而停滞不前,当变化超过人们固守的现状时,做出改变往往已经来不及。

(3)聆听他人意见。

个人的想法和观点通常会受到自身的局限,面对同一个事物,人和人之间产生的想法可能是截然不同的。多聆听他人的意见,不仅可以启发自身的创新思考,还能有助于审视自己的观点是否正确可行。一味地坚持自己的观点,认为自己是对的,只能使自己做出偏执和武断的决定。

微软提倡一种"释放资讯"的管理方式,目的在于互通有无、资讯共用、相互协作。不论你是哪个部门或哪个专案小组,不论你是上级还是下级,都要尽可能地将自己目前的工作状况、专案思路、计划实施、遇到问题等资讯公布出来。如此一来,人们可以随时反馈自身的工作状况,借鉴他人的想法做法,共同提高。

(4)多角度、全方面处理问题。

过去发生的事情,毕竟只代表过去的某一种情况,它不足以代表今后的全部现象。发生任何事情,都需要从多个角度进行思考和观察。全方面地考虑问题,从全局利益出发。

柯达公司的孟宪光遇到过这样一件事。在山西的一个小县城,当地一个购买柯达胶卷的农民气急败坏地投诉胶卷质量问题。事实上,是该农民将胶卷的铁盒子撬开了,导致胶片全部曝光。就是在这样一个非常贫瘠、对拍照摄影几乎毫无所知的地方,孟宪光看到了一个具有较大潜力的市场。他成了柯达"相机播种计划"的策划人之一。在这片大多数人不看好的地方,两年时间里,柯达卖出了100万台相机,并开设了5000个柯达照相馆。

上述案例中,如果柯达公司因为个别事件对该区域市场产生片面认识,其将会损失整整一大片好市场。

贾德森为了解除系鞋带的麻烦而发明了拉链,并在1905年取得了专利权。一个叫霍克的军官看中了这项发明,决定建厂生产拉链。经过19年的时间,专门生产拉链的机器终于研发出来了。但是,这时候虽然生产了很多拉链,却没有人乐意用它替换鞋带。直到后来,一个服装店老板将拉链用在了包上,拉链才从此渗透到各个可用的领域。

不管是拉链的发明人还是制造商,都片面地看待了拉链的用途;而服装店老板却从其他角度扩展了拉链的用途,使得拉链在全世界传播开来。